LA LANGUE FRANÇAISE AU QUÉBEC

Conférences et allocutions

La langue française au Québec

Conférences et allocutions
(1980-1985)

par

Michel PLOURDE

Président du
Conseil de la langue française

Cet ouvrage a été publié
par le service des communications
sous la direction de Léo Gagné

Collaboration:

Sylvie Dugas
Service des communications
Denise Tremblay
Direction des études et recherches

Réal D'Amours

Dépôt légal – 2ᵉ trimestre 1985
Bibliothèque nationale du Québec
ISBN 2-551-09076-8

TABLE DES MATIÈRES

PRÉFACE

À maintes reprises depuis près de six ans, Michel Plourde, en sa qualité de président du Conseil de la langue française, a pris publiquement la parole. Parfois pour apporter des précisions sur la nature, le mandat et les réalisations de l'organisme qu'il dirigeait. À d'autres occasions, pour exposer ses analyses de la situation linguistique du Québec ou pour définir les conditions susceptibles d'assurer l'avenir de la francophonie mondiale. En présentant ainsi des communications, lors des nombreuses rencontres nationales ou internationales auxquelles il a participé, Michel Plourde ne faisait que remplir la mission qu'on lui avait confiée. Présider et diriger le Conseil était parmi les tâches qu'il avait certes à exécuter; conseiller et aviser le gouvernement, en collaboration avec ses collègues, relevait aussi de son mandat. Mais outre cela, un autre devoir lui était imposé lorsqu'il a accepté la fonction de président du Conseil : celui d'informer ses concitoyens des transformations qui, au cours des récentes années, sont venues modifier le statut ou la qualité de la langue française au Québec.

Dans l'accomplissement de cette dernière tâche, Michel Plourde s'est toujours distingué par la clarté que nécessite l'exposé d'une question aux multiples facettes et aux interrelations fort complexes; par la précision aussi de l'analyste qui fonde sa démonstration sur les données disponibles les plus récentes; par l'objectivité du chercheur qui n'oublie pas de fournir toute l'information dont il dispose à l'appui des thèses qu'il présente; et par la retenue de celui qui sait que bien des interrogations sont encore sans réponse et que l'interprétation des phénomènes sociolinguistiques exige beaucoup de prudence.

Les conférences et allocutions de Michel Plourde sont aussi imprégnées du souffle de celui qui adhère avec conviction à une cause dont il veut assurer la défense et l'illustration. Nous avons pu constater sa constance au travail, sa passion pour le développement du fait français en terre d'Amérique et l'amour qu'il a toujours porté à l'expression belle et juste dans ses écrits et ses paroles. Nous en avons souvent perçu les manifestations lors de sa participation à la rédaction des rapports et avis du Conseil ou au cours des échanges avec ses collègues sur la situation actuelle et l'avenir de la langue française au Québec.

Nous avons cru bon publier un choix des textes que Michel Plourde a écrits et communiqués de 1980 à 1985, principalement pour trois raisons. En premier lieu, ses travaux étaient difficilement disponibles, plusieurs étant encore inédits ou publiés dans des périodiques souvent introuvables au Québec. En second lieu, cette collection de plus de vingt textes, conférences et allocutions, forme un ensemble cohérent de points de vue et d'analyses tant sur les politiques, les législations linguistiques et leurs applications, que sur les situations linguistiques vécues au Québec. Peu d'observateurs politiques ont eu la possibilité d'étudier en profondeur les nombreuses questions soulevées par l'existence même et le développement d'une société de langue française en Amérique. Le président du Conseil de la langue française l'a trouvée dans l'exercice même de ses fonctions et nous avons pensé qu'il fallait que le plus grand nombre possible de Québécois puissent profiter des résultats de ses réflexions et de ses recherches. Enfin, c'est le cheminement même de la pensée d'un homme soucieux de respecter les droits linguistiques de chacun, avec ses certitudes, ses interrogations, ses efforts constants d'analyse, qui est présenté dans les textes que rassemble ce volume. Il nous a semblé utile de les porter à la connaissance de nos concitoyens puisque, à notre avis, seul l'examen nuancé et documenté de la réalité permettra qu'à la longue s'esquissent les solutions à apporter aux problèmes linguistiques du Québec. La contribution de Michel Plourde aura été essentielle à la réalisation de cette entreprise d'intelligence des faits et, partant, de lucidité.

Gérard LAPOINTE

PREMIÈRE PARTIE

Conférences et analyses

La Charte de la langue française du Québec

exposé publié dans la revue *AGECOP Liaison* de l'Agence de coopération culturelle et technique, n° 60, juillet-août 1981 (traduit en anglais)

Le 26 août 1977, l'Assemblée nationale du Québec adoptait la Charte de la langue française, ou loi 101, qui passe pour être une des législations linguistiques les plus complètes et les mieux articulées.

La Charte avait été précédée de deux autres lois linguistiques : la première, en 1969, touchait l'éducation ; la seconde, en 1974, visait les principaux secteurs de l'activité publique, mais ses objectifs restaient imprécis et les moyens pour les atteindre (comme, par exemple, les tests de vérification de la langue maternelle) provoquèrent bien des mécontentements.

Après l'élection du Parti québécois en 1976, le gouvernement accorda priorité à la question de la langue. Les études démographiques, le *Livre blanc*, les débats passionnés de l'opinion publique aboutirent à un projet de loi qui reçut largement l'appui de la population. Il est permis de dire que la Charte de la langue française du Québec est au coeur d'un projet de société qui prend ses racines dans un lointain passé et qui ne fait que s'affirmer davantage depuis les premiers jours de la Révolution tranquille des années 60.

Ce projet de société peut se résumer ainsi : il existe au Québec un peuple parlant français, qui est à l'origine même du Canada, et qui a décidé de se prendre en charge et de rester lui-même, avec sa langue et sa culture, en dépit de la conquête par l'Angleterre en 1760, et malgré la présence autour de lui de 250 millions de parlants anglais.

Objet et légitimité de la Charte

« Langue distinctive d'un peuple majoritairement francophone, la langue française permet au peuple québécois d'exprimer son identité ». Tels sont les premiers mots du préambule de la Charte, qui « reconnaît la volonté des Québécois d'assurer la qualité et le rayonnement de la langue française. »

La Charte fait du français la langue officielle du Québec et « la langue normale et habituelle du travail, de l'enseignement, des communications, du commerce et des affaires. »

L'intention du législateur n'est donc pas de s'attaquer aux minorités ethniques — à la communauté anglophone en particulier — mais d'amener celles-ci à respecter la langue de la majorité. L'unique objectif de cette loi est de permettre à la majorité — ce qui est normal — de s'exprimer et de vivre dans sa langue. L'anglais n'est pas banni du Québec, non plus que les autres langues, mais dans tous les secteurs de la vie publique le français acquiert son droit de cité légalement et légitimement.

On peut trouver étonnant qu'une loi s'emploie à protéger la majorité. Mais les justifications ne manquent pas. On se souvient encore au Québec de l'époque où le ministre des Finances se devait d'être anglophone et où la population avait de la difficulté à se faire servir en français dans les grands magasins. Les études démographiques, sociologiques et linguistiques publiées dans les années 70 s'accordaient à reconnaître que le Québec glissait progressivement vers une anglicisation dont rien ne laissait prévoir le ralentissement.

Dans les communications, comme dans tous les secteurs de la vie économique et sociale, la puissance d'attraction et l'omniprésence de l'anglais risquaient d'hypothéquer le Québec, et le contexte anglophone nord-américain rendra toujours précaire et difficile la survie linguistique des 5 millions de Québécois francophones.

De plus, l'attitude d'une partie de la communauté anglophone québécoise n'aide pas à la reconnaissance du fait français au Québec. Majoritaires partout ailleurs au Canada, les anglophones québécois acceptent mal leur statut de minoritaires; certains d'entre eux ont parfois tendance à chercher appui en dehors du Québec auprès de la majorité canadienne au lieu de s'associer résolument aux francophones. On a vu récemment un groupe d'anglophones demander que le gouvernement fédéral d'Ottawa étende sa juridiction sur l'éducation au Québec, alors que le domaine de l'éducation est constitutionnellement réservé aux provinces depuis 114 ans!...

On comprend dès lors comment naquit au Québec la volonté de protéger par une loi la langue de la majorité, ce qui est bien rare, avouons-le, et parfois même humiliant. Mais cette majorité québécoise est elle-même minoritaire dans l'ensemble canadien.

Idéalement, les législations linguistiques ne devraient pas être nécessaires. Mais la vie publique des sociétés a parfois besoin d'être réglementée. On parle beaucoup des droits individuels, et j'en suis. Mais l'aménagement linguistique et les droits linguistiques d'un État participent davantage de la nature des droits collectifs. La Charte de la langue française impose des limites ou des contraintes à la liberté individuelle lorsque celle-ci s'exerce publiquement: c'est le cas de la plupart des lois. Elle n'est pas injuste ou discriminatoire pour autant. Elle a en vue le bien commun, qui est de donner à la majorité le droit de s'exprimer dans sa langue.

D'autres pays ont aussi éprouvé le besoin de légiférer (par loi ou par décret) sur l'emploi des langues (la France et la Belgique) ou de prendre des mesures politiques pour l'établissement d'une langue officielle (Israël) ou le rétablissement d'une langue nationale (le Maroc).

Nous croyons qu'il sera difficile, dans l'avenir, d'éviter les législations à incidence linguistique, surtout dans les pays fortement soumis aux pressions et aux contacts d'une langue prépondérante, comme l'anglais. La France elle-même s'en rend compte, puisque le 10 décembre dernier, cinq ans après l'adoption de la Loi « Bas-Lauriol », elle mettait sur pied une commission parlementaire « visant à préciser les atteintes portées en France à l'usage de la langue française, à définir la situation de la langue française dans le monde, à analyser les raisons des difficultés qu'elle connaît actuellement, à proposer des mesures afin d'assurer au français le rôle qu'il mérite de langue de civilisation et de culture internationales et d'une manière générale à définir légalement une politique de la langue française. »

Le Québec, qui par sa Charte a déjà « défini légalement sa politique de la langue française », a été heureux de recevoir, en mars dernier, cette Commission de l'Assemblée nationale française, afin de lui faire part de son expérience en matière de politique et de législation linguistiques.

Contenu et efficacité de la Charte

La Charte de la langue française met l'accent avant tout sur le statut et l'utilisation du français. Elle définit les mesures à appliquer dans chacun des grands secteurs d'activités.

L'administration publique y est considérée en quelque sorte comme le cadre de la vie sociale : l'utilisation de la langue française est obligatoire dans les ministères et les organismes publics et parapublics et doit avoir, dans l'esprit du législateur, un effet d'entraînement sur les autres secteurs.

Le milieu du commerce et des affaires contribue largement à donner au Québec son visage français. En conséquence, l'affichage public et la publicité commerciale doivent se faire uniquement dans la langue officielle, c'est-à-dire en français. Les raisons sociales doivent aussi être en langue française, de même que les inscriptions sur un produit, les modes d'emploi, les catalogues, les brochures, les bons de commande, les factures et aussi les contrats d'adhésion. Les activités de consommation atteignent en effet chaque citoyen presque chaque jour et s'accompagnent d'un ensemble de messages et de communications qui conditionnent notre langage presque à notre insu.

L'éducation publique demeure cependant la base du développement d'une langue et de la préservation d'un peuple : la Charte de la langue française s'applique à réglementer strictement l'accès à l'école anglaise au Québec, afin surtout de contrecarrer la tendance anormale des immigrants et des allophones à rejoindre les rangs de la minorité anglophone.

Mais c'est avant tout vers le milieu de travail et le secteur des entreprises que se porte la préoccupation majeure de la Charte. Nous sommes ici au « centre » de la loi. L'usage du français, précisait le *Livre blanc*, « accompagnera, symbolisera, favorisera une reconquête par la majorité francophone du Québec de l'emprise qui lui revient sur les leviers de l'économie ». Désormais, avec la Charte de la langue française, tout Québécois a le droit de travailler en français et il est généralement interdit à un employeur d'exiger la connaissance d'une autre langue que le français pour l'accès à un emploi ou à un poste. Les entreprises québécoises ou établies au Québec doivent se soumettre à une analyse de leur situation linguistique et appliquer, à la satisfaction de l'Office de la langue française, un programme de francisation ayant pour but la généralisation de l'utilisation du français à tous les niveaux de l'entreprise et comportant, entre autres éléments : la connaissance du français chez les dirigeants et les autres membres du personnel; l'augmentation, à tous les niveaux de l'entreprise, y compris au sein du conseil d'administration, du nombre de personnes ayant une bonne connaissance de la langue française; l'utilisation du français comme langue du travail et des communications et l'utilisation d'une terminologie française.

La Charte de la langue française, avec ses deux cents articles, ne fait pas que promulguer les mesures à appliquer ; elle crée en même temps les mécanismes adéquats pour l'application de la loi et la surveillance de la situation linguistique. Cinq organismes ont ainsi été créés par la Charte. Un seul est en dehors de l'application directe de la loi : il s'agit du **Conseil de la langue française**, institué pour conseiller le ministre responsable de la Charte « sur la politique québécoise de la langue française et sur toute question relative à l'interprétation et à l'application de la présente loi». Le Conseil est aussi chargé, au moyen d'études, de recherches, de colloques et de consultations publiques, de « surveiller l'évolution de la situation linguistique au Québec quant au statut de la langue et à sa qualité. »

Les quatre autres organismes se situent en quelque sorte sur le terrain. L'**Office de la langue française** est le grand responsable de l'application de la loi. Il doit « veiller à ce que le français devienne, le plus tôt possible, la langue des communications, du travail, du commerce et des affaires dans l'Administration et les entreprises ». L'Office est aussi chargé de toute la recherche terminologique ; il doit normaliser et diffuser les termes et expressions qu'il approuve ; il peut instituer des commissions de terminologie et les déléguer auprès des différents ministères. C'est l'Office qui approuve les programmes de francisation des entreprises et qui décerne à celles-ci leur certificat de francisation.

Un autre organisme, la **Commission d'appel,** peut entendre les entreprises si celles-ci se voient refuser, suspendre ou annuler leur certificat de francisation par l'Office de la langue française.

La **Commission de surveillance**, pour sa part, est composée de commissaires-enquêteurs et d'inspecteurs. Elle est instituée « pour traiter des questions se rapportant au défaut de respect de la présente loi ». Elle reçoit les plaintes, établit les faits, détermine s'il y a eu contravention à la loi, met en demeure le contrevenant présumé de se conformer dans un délai donné et, une fois ce délai passé, si la contravention subsiste, transmet le dossier au Procureur général.

Enfin, la **Commission de toponymie** a compétence « pour établir les critères de choix et les règles d'écriture de tous les noms de lieux et pour attribuer en dernier ressort des noms aux lieux qui n'en ont pas encore aussi bien que pour approuver tout changement de nom de lieu ».

Forte de ces différents organismes qui totalisent un budget de 20 millions de dollars et mobilisent plus de 550 employés, la Charte de la langue française a déjà produit les résultats escomptés. Au 31 mars 1981, les 4 234 entreprises employant 50 personnes ou plus au Québec sont à l'heure de la francisation. Parmi les grandes entreprises employant plus de 100 personnes, 480 appliquent actuellement un programme de francisation; 1 600 ont obtenu leur certificat provisoire et 240 leur certificat permanent. Le processus de francisation des petites et moyennes entreprises a commencé plus tard, mais 55% d'entre elles sont résolument engagées dans les étapes nécessaires à l'obtention de leur certificat de francisation. Quelques commissions de terminologie ont été mises sur pied, notamment avec les ministères de l'Éducation et des Affaires sociales; l'Office de la langue française a ouvert dix bureaux régionaux; et des décisions ont été rendues par l'Office dans vingt cas particuliers où l'employeur exigeait la connaissance d'une autre langue que le français.

Au ministère de l'Éducation, le Bureau d'admissibilité à l'enseignement en anglais, depuis sa création, a rendu des décisions individuelles dans le cas de 60 000 élèves. Quant à la Commission de surveillance, elle a reçu plus de 6 000 plaintes depuis sa création jusqu'à l'an dernier. Elle a réussi à « régler » ou à faire entendre raison dans la plupart des cas et n'a finalement transmis qu'une demi-douzaine de dossiers au Procureur général.

Des études publiées par le Conseil de la langue française, notamment sur l'utilisation du français dans les commerces et les services publics et sur la situation linguistique dans les écoles primaires et secondaires, montrent, d'une part, une progression du pourcentage des consommateurs qui se font aborder ou qui se font servir en français au Québec, et d'autre part, un début de renversement de la tendance à la fréquentation de l'école anglaise. D'après d'autres études, publiées en 1980, 68% de la population estime que « l'utilisation du français au Québec est aujourd'hui plus répandue » et près de 80% des Québécois jugent que la loi a été efficace pour promouvoir l'utilisation du français dans les affiches publiques, les raisons sociales, l'étiquetage, les brochures et autres documents.

L'avenir de la Charte et de la langue au Québec

Le danger est grand de se laisser endormir dans cette fausse sécurité que procure la loi. La partie n'est pas encore gagnée pour le français au Québec. On s'accorde généralement à reconnaître qu'avec douze ans de législation linguistique, et surtout avec la Charte de la langue française qui continue de s'imposer dans la paix et l'équité, un mouvement sans retour s'est opéré au Québec vers le fait français. Cependant, lors d'une rencontre avec les entreprises tenue par le Conseil de la langue française en février dernier, dirigeants et employés sont tombés d'accord pour reconnaître qu'un support législatif était encore nécessaire au mouvement de francisation.

Une menace sérieuse pèse actuellement sur la Charte de la langue française du Québec. Il s'agit du projet de Charte canadienne des droits et libertés que le gouvernement fédéral veut faire agréer par Londres en même temps que le rapatriement de la Constitution canadienne. Au chapitre de l'éducation, domaine jusqu'ici réservé exclusivement aux provinces, le projet fédéral bousculerait toutes les dispositions de la Charte de la langue française en ouvrant largement la porte de l'école anglaise à de nouvelles catégories de citoyens y compris des immigrants. Les articles 16 et 52 du projet fédéral sont aussi très inquiétants pour l'avenir de là langue française au Québec. S'ils étaient adoptés, l'Assemblée nationale du Québec ne pourrait plus légiférer qu'en vue de favoriser la progression du français et de l'anglais vers un statut d'égalité. On comprend qu'il s'agit là d'un coup mortel porté à l'esprit et à la lettre de la législation linguistique québécoise.

Au-delà de cette menace extérieure, il y a le danger de l'inconscience chez les jeunes Québécois. Deux études du Conseil de la langue française, à paraître prochainement[1], montrent la tendance actuelle des Québécois, particulièrement chez les jeunes des niveaux secondaire et collégial, à s'abreuver abondamment aux médias anglophones et à la culture américaine. On remarque que la conscience linguistique de ces jeunes est loin d'avoir atteint le degré d'éveil souhaitable et que le rôle des éducateurs laisse également à désirer à ce sujet.

Il est donc important, à tous égards, que non seulement la Charte de la langue française, mais aussi tous les groupes concernés, soutiennent, alimentent et relancent constamment cette motivation et cette vigilance linguistiques sans lesquelles le Québec glisse fatalement vers l'anglicisation. On a vu cette année, au cours des derniers mois qui ont précédé la réélection du Parti québécois, quelques relâchements symptomatiques alliés à de faux espoirs. Mais nous croyons que de plus en plus tout le monde est définitivement convaincu que « ça se passe en français au Québec ».

En termes d'avenir, il faut apporter à la Charte de la langue française deux compléments indispensables qui sont déjà contenus dans la loi mais qui méritent d'être développés.

Je veux parler d'abord de la qualité de la langue. La Charte s'attache avant tout à assurer la place et le statut du français au Québec. Elle parle de la qualité de la langue, mais elle ne la définit pas et ne met pas en place tous les moyens de l'assurer. Il est heureux, à mon avis, que cette responsabilité soit laissée aux citoyens, aux groupes et aux organismes : il y a, dans la qualité de la langue, un aspect évolutif et dynamique qu'il ne convient pas d'enfermer dans la loi. Mais, en contrepartie, la qualité de la langue ne peut vivre et se propager qu'en prenant appui sur un large mouvement de sensibilisation, d'adhésion et de consensus : ce mouvement reste à faire au Québec.

Je veux parler ensuite des minorités culturelles. La Charte dit expressément que l'Assemblée nationale entend poursuivre son objectif linguistique « dans un climat de justice et d'ouverture à l'égard des minorités ethniques, dont elle reconnaît l'apport précieux au développement du Québec ». Cette phrase n'est pas une pure déclaration d'intention, et le gouvernement du Québec a fait connaître, en début d'année, sa politique à ce sujet dans son *Plan d'action à l'intention des communautés culturelles* (ou *Autant de façons d'être québécois*). Il reste à appliquer cette politique dans le vécu des gestes et des attitudes et à opérer les jonctions nécessaires entre les objectifs de francisation de la Charte et d'intégration des minorités.

La Charte de la langue française a besoin d'un troisième complément. C'est celui que le Conseil de la langue française a commencé de développer au moyen de rencontres avec le Haut Comité de la langue française à Paris et avec d'autres organismes voués au rayonnement du français, je veux dire : cette profonde communauté d'intérêts des pays francophones qu'il faut à tout prix consolider et resserrer pour donner à la langue française sa place d'honneur dans le monde.

NOTES

1. Édith BÉDARD et Daniel MONNIER, *Conscience linguistique des jeunes Québécois : influence de l'environnement linguistique chez les élèves francophones de niveau secondaire IV et V.* Également : Pierre GEORGEAULT, *Conscience linguistique des jeunes Québécois [. . .] de niveau collégial,* Conseil de la langue française, Québec, Dossiers n° 9 et 10, 1981.

Voir aussi : Sylvie BEAUCHAMP et Pierre BOUCHARD, *Le français et les médias. Les habitudes des Québécois,* Conseil de la langue française, Québec, Dossiers n° 11, 1982.

L'avenir de la langue française au Québec

conférence prononcée au colloque tenu par le Conseil
international de la langue française, à Grenoble
(Sassenage), septembre 1981

Je viens tout juste de terminer la lecture d'un volumineux document[1] que le Conseil de la langue française du Québec mettra entre les mains des participants au colloque international sur « L'avenir du français dans les publications et les communications scientifiques et techniques », colloque qui se tiendra à Montréal les 1er, 2 et 3 novembre prochain. Ce document fait la somme, en quelque sorte, des statistiques, des écrits et des témoignages qui ont été publiés jusqu'à ce jour sur le français, langue scientifique. Il s'agit là d'un sujet qui ne peut laisser personne indifférent, puisque, en dépit de la dynamique propre à la langue scientifique, dynamique qui a été analysée avec beaucoup de pénétration par Guilbert et Paytard[2], il semble bien qu'il ne peut y avoir de divorce complet entre l'avenir de la langue scientifique et l'avenir de la langue tout court.

On sort évidemment songeur de la lecture d'un tel document. Devant la régression constante du français et l'omniprésence de l'anglo-américain dans les publications et les communications scientifiques et techniques, les uns diront, avec Malraux : « Je crois à la puissance des États-Unis, mais je crois que la puissance est une chose et que l'histoire en est une autre. Carthage était puissante . . . » ; mais les autres, au nombre desquels plusieurs chercheurs et organismes scientifiques, se sont déjà rangés du côté de l'anglais, soit pour des raisons pratiques ou des intérêts professionnels, soit à cause d'un sentiment profond qui leur fait dire : « À quoi bon ? »

La situation qui prévaut dans ce secteur important de notre vie collective et individuelle est-elle transposable ? Peut-on lui accorder une valeur exemplaire ou la considérer comme un indice prévisionnel ? Bref, quel est l'avenir de la langue française dans le monde ?

Cette question soulève immédiatement un problème d'approche ou de méthodologie.

On chercherait vainement, par exemple, dans l'index des sujets des communications présentées aux deux congrès internationaux de linguistique appliquée de Montréal (1978) et de Lund (1981), les mots « avenir » (« *future* ») et « prospective » : ils n'y sont tout simplement pas[3].

Il est permis d'en conclure que les linguistes ne se précipitent pas de ce côté. D'autre part, dans une communication qu'il donnait ici même, à Sassenage, il y a quatre ans, le professeur Schmitt expliquait pourquoi « la planification linguistique ne jouit pas d'un grand crédit dans le monde des chercheurs[4] ». J'ai donc tendance à croire que les linguistes en général n'osent pas trop s'aventurer dans le monde des projections Z, à partir d'une planification Y, même traduite dans un aménagement Y^1 ou entourée de toutes les conditions X . . .

Cela laisse évidemment le champ ouvert aux démographes, aux sociologues, aux politicologues et, s'ils existent, aux prospectivistes. Pour ma part, j'ai tendance à me ranger du côté de ceux qui ne brandissent pas toujours la loi du nombre comme critère d'avenir et qui ont le goût de sortir un peu des limites de leur discipline pour tenter de saisir les promesses d'avenir contenues dans les tendances vives d'une société.

Comme mon collègue Pierre Auger, de l'Office de la langue française du Québec, abordera avec vous, je crois, l'avenir du français en tant que **corpus** linguistique, je m'attacherai pour ma part à l'avenir du **statut** de la langue française. Je n'ai ni l'ambition ni la prétention d'apporter à ce moment-ci une contribution scientifique à l'avancement de la prospective linguistique. Je me propose uniquement de soumettre à votre réflexion sur l'avenir du français quelques constatations que j'espère utiles et qui porteront presque complètement sur l'avenir du français au Québec, avec un mot de conclusion sur l'avenir du français dans le monde et particulièrement sur le rôle de la France.

***

On sait que la planification et l'aménagement linguistiques constituent une réalité fortement vécue au Québec depuis vingt ans. Il n'est donc pas défendu d'en tirer, si possible, une lecture de l'avenir.

Je voudrais me prémunir ici d'une précaution qui a sa place. L'exemple du Québec est excellent, mais il ne constitue pas nécessairement l'exemple par excellence, et n'est pas totalement transposable. Il mérite cependant d'être analysé, pour stimuler la réflexion et alimenter le débat.

Le contexte historique

Des dix provinces du Canada, le Québec est la seule dont la population est majoritairement francophone, à plus de 80%. Par ailleurs, la population du Québec, soit plus de six millions, représente le quart de la population totale du Canada, qui est majoritairement anglophone.

Je rappellerai en une page ce que vous savez déjà. Cette colonie d'Amérique qui s'appelait autrefois la Nouvelle-France, et qui fut conquise par l'Angleterre en 1760, a poursuivi pendant deux cents ans, à la fois à travers les mouvements patriotiques et les luttes parlementaires ou constitutionnelles, un long et pénible cheminement d'affirmation de soi, marqué par une allégeance têtue à la langue et à la culture de ses origines.

Malgré cela, et «sans remonter aux années (pas si lointaines) où le ministre des Finances du Québec se devait d'être un anglophone, chaque Québécois peut encore, en faisant appel à ses souvenirs, reconstituer l'époque toute proche où la langue

31

de travail, surtout à Montréal, était pratiquement l'anglais, où l'on avait de la difficulté à se faire servir en français dans les grands magasins, à communiquer en français dans le domaine des affaires et même dans certains services publics. Le visage extérieur de la métropole s'anglicisait de jour en jour et les jeunes immigrants, pour diverses raisons, venaient grossir annuellement les écoles et la communauté anglophones. Voilà la situation qui prévalait il y a vingt ans dans une province à forte majorité francophone.

Nombre d'études démographiques, sociologiques et linguistiques publiées à l'époque s'accordaient à reconnaître, statistiques à l'appui, que le Québec glissait progressivement vers une anglicisation dont rien ne laissait prévoir le ralentissement. On démontrait également que la présence de 250 millions d'anglophones autour des 5 millions de Québécois francophones rendait précaire et difficile la survie linguistique de ceux-ci, et que la majorité francophone du Québec, soit plus de 80%, était loin d'avoir, par rapport à la minorité anglophone de la même province, la force et l'avantage que lui conférait pourtant le nombre.

Ainsi donc, à cause de l'immense force d'attraction de l'anglais sur le plan de l'économie et des communications, la **majorité** francophone du Québec, perdue dans un océan anglo-saxon, et privée de tout support sérieux venant de l'extérieur, était en train de connaître une désintégration linguistique au contact d'une **minorité** plus puissante qu'elle[5]. »

Vers les années 60, le mouvement industriel et la concentration urbaine de l'après-guerre, conjugués à un nouveau sursaut de conscience nationale, permirent un regroupement et une détermination sans précédent des énergies vives de la majorité francophone qui, jusque-là prisonnière d'attitudes et de comportements minoritaires, commença à s'affirmer de façon cohérente et collective sur tous les plans, et en premier lieu sur le plan politique. C'est ce qu'on a appelé la « Révolution tranquille ».

C'est de cette époque que date la première intervention de l'État en matière linguistique, avec la création du premier

Office de la langue française en 1961. Dix ans plus tard, en 1972, une Commission d'enquête sur la situation de la langue française et sur les droits linguistiques remettait au gouvernement du Québec un volumineux rapport dont les conclusions s'appuyaient sur des enquêtes, des consultations et de nombreuses études démographiques, économiques, sociologiques et linguistiques. Dès lors, l'intervention de l'État en matière de langue devient très importante : avec les trois législations linguistiques successives, et surtout avec l'adoption de la Charte de la langue française par l'Assemblée nationale en 1977, le gouvernement du Québec, avec l'appui de la population, devient le maître d'oeuvre de la planification et de l'aménagement linguistiques du Québec[6].

[...] On peut d'ores et déjà prévoir des obstacles et des certitudes capables de déterminer le sort ou l'avenir de la langue française au Québec.

L'avenir de la langue française au Québec : les obstacles

Les obstacles sont de deux sortes : les embûches conjoncturelles d'abord, puis les dangers inhérents à la dynamique linguistique même que le Québec a choisie.

Les obstacles extérieurs

La menace extérieure la plus sérieuse qui pèse actuellement sur l'avenir de la langue française au Québec vient du projet de Charte canadienne des droits et libertés que le gouvernement fédéral veut faire agréer par le gouvernement de Londres en même temps que le rapatriement de la Constitution canadienne. Au chapitre de l'éducation, domaine réservé exclusivement aux provinces depuis la Constitution canadienne de 1867, le projet fédéral bousculerait toutes les dispositions de la Charte de la langue française en ouvrant largement la porte de l'école anglaise à de nouvelles catégories de citoyens y compris des immigrants. De plus, si les articles 16 et 52 du projet fédéral, qui sont les plus inquiétants pour l'avenir de la langue française au Québec, étaient adoptés, l'Assemblée nationale du Québec ne pourrait plus légiférer qu'en vue de favoriser la progression du français et de l'anglais vers un statut d'égalité, ce qui est proprement inacceptable pour le Québec. On sait en effet que le bilinguisme prôné par Ottawa est une vue de l'esprit qui ne correspond absolument pas à la réalité canadienne et qui joue toujours, en fin de compte, au désavantage du français. On comprend dès lors que les articles 16, 23 et 52 du projet Trudeau porteraient un coup mortel à l'esprit et à la lettre de la législation linguistique québécoise. C'est pourquoi le Conseil de la langue française a pris position publiquement sur ce sujet et, par ses études, a démontré les effets négatifs qu'aurait le projet fédéral sur l'avenir de la langue française au Québec[7].

Mais il n'y a pas que le «jeu fédéral» qui menace de l'extérieur l'avenir de la langue française au Québec, il y a le «jeu politique» tout court. Car même si le projet linguistique et culturel québécois est démocratiquement fondé sur le nombre et la légitimité, il risque toujours d'être compromis par l'arrivée au pouvoir d'hommes politiques dont les alliances et les intérêts seraient moins logés à l'enseigne francophone.

Il existe aussi d'autres menaces extérieures que je n'analyse pas ici, comme je ne parle pas non plus de la dénatalité ni du déficit des migrations au Québec[8].

J'en arrive aux obstacles internes.

Les obstacles internes

Depuis quelques années et surtout depuis 1977, l'État est devenu le principal agent de la dynamique linguistique[9], il a traduit celle-ci dans une législation brillamment articulée et il a confié à des organismes qui le prolongent le soin d'appliquer celle-ci efficacement et d'en évaluer l'impact. Cette réalisation constitue une formidable entreprise professionnelle de planification et d'aménagement linguistiques. Mais cette entreprise comporte aussi ses dangers.

1. Le premier danger est de se laisser endormir dans cette fausse sécurité que procure la loi. La partie n'est pas encore gagnée pour le français au Québec. Lors d'une rencontre tenue par le Conseil en février dernier[10], dirigeants et employés d'entreprises sont tombés d'accord pour reconnaître qu'un support législatif était encore nécessaire au mouvement de francisation du Québec. Mais une béquille législative ne doit pas enlever le goût de marcher, et il est à craindre que devant l'importance des moyens linguistiques mis en place par l'État — et qui cependant étaient proprement nécessaires — les citoyens et les associations qui jusque-là se consacraient résolument à la défense et à la promotion du français n'aient un peu démissionné de leur rôle, soit qu'ils se sentent désormais trop modestes, voire inutiles, soit qu'ils aient acquis la conviction, mais combien faussement, qu'ils sont maintenant protégés de toutes parts.

2. À cette première menace interne s'en ajoute une autre, qui tient à l'application même de la loi. L'étude que nous avons commandée l'an dernier au Centre de sondage de l'Université de Montréal démontre qu'au sein de la majorité francophone qui a donné son appui à la loi 101 et qui continue de croire qu'elle a produit d'excellents résultats, il se trouve un pourcentage appréciable de citoyens qui croient premièrement, que la loi 101 peut nuire à l'économie québécoise en faisant fuir les capitaux anglophones et, deuxièmement, qu'il n'est pas souhaitable que la loi soit appliquée de façon à se mettre à dos la population anglophone du Québec[11].

Or, justement, une partie de cette population anglophone, déçue de voir que le Parti québécois a été reporté au pouvoir le 13 avril dernier et que la loi 101 continuera de s'appliquer intégralement, tire actuellement parti de toutes les occasions qui lui sont offertes pour affirmer que ses droits sont brimés et ne se fait pas scrupule de comparer le gouvernement du Québec à un gouvernement nazi : il y a quelques mois, c'était une campagne de dénigrement du Québec téléguidée par certaines agences anglophones dans plusieurs journaux américains ; depuis trois semaines, c'est l'appel à l'opinion publique du Québec en faveur de la liberté d'expression des anglophones soi-disant menacée par l'affichage commercial unilingue français depuis le 1er septembre ; bientôt, ce sera le discours pathétique provoqué par la réforme des structures scolaires que prépare actuellement le ministère de l'Éducation. Or, il se trouve, parmi les journalistes et les éditorialistes francophones du Québec, des personnes enclines à prêter l'oreille à ces revendications et à demander des modifications ou des adoucissements à la loi avant même d'en avoir fait l'essai loyal jusqu'au bout. Cette attitude risque de diviser la population, de voir s'effriter chez une bonne partie de celle-ci la détermination politique qu'elle avait elle-même insufflée chez ses dirigeants et de faire renaître ce vieux complexe de culpabilité ou de concession face à la « minorité dominante » du Québec.

L'application d'une législation linguistique reste une entreprise délicate, j'en conviens, et la liberté d'un groupe, fût-il majoritaire, n'est digne de ce nom que dans le respect des minorités qui l'entourent. Loin de moi l'idée d'appuyer les positions de certains « revenchards monoglottes » dont l'attitude n'assurera jamais l'avenir de la langue française au Québec. Loin de moi également l'idée que le salut du Québec est dans une application « charriante » ou exagérée de la loi, comme quelques rares fonctionnaires ont pu en donner l'exemple.

Mais enfin, la Charte de la langue française a été conçue dans un climat de justice et d'ouverture, comme le dit expressément le préambule de la loi et comme l'affirmait aussi le *Livre blanc* qui l'a précédée[12]; elle s'est donné comme premier objectif, non pas de bannir l'anglais, mais de donner légitimement droit de cité partout à la langue française; elle a donné à un territoire, par voie démocratique, le droit de se proclamer officiellement français dans tous les secteurs de la vie publique, tout en accordant à sa minorité le droit à l'enseignement en anglais; elle autorise expressément l'usage d'autres langues dans certains secteurs et, de toute façon, n'empêche aucune personne physique au Québec de se faire servir dans sa propre langue. Elle n'a rien enlevé au traitement juste, voire généreux, que le Québec a toujours donné à sa minorité anglophone et qui a été reconnu publiquement par le premier ministre du Canada lui-même. La Charte de la langue française mérite donc d'être appliquée avec exactitude, et l'avenir de la langue française au Québec réside, pour une bonne part, dans cet équilibre sans cesse fragile de fermeté et de justice que pourrait compromettre à tout instant un relâchement collectif issu d'un ingénu besoin de bonententisme.

3. J'en arrive à un troisième obstacle non moins sérieux : c'est l'absence de conscience linguistique chez les jeunes du Québec. Le Conseil de la langue française publiera[13], le mois prochain, une étude qu'il a effectuée sur le degré de conscience linguistique des étudiants du secondaire et du collégial dans quatre régions types du Québec : les régions « homogènes » à plus de 90% francophones, comme la région de Québec ou du Saguenay – Lac-Saint-Jean, les régions « mixtes » comme celle de Montréal, et les régions limitrophes, en bordure des États-Unis ou de l'Ontario, comme l'Estrie ou l'Outaouais[14].

Je n'entrerai pas ici dans le détail de ces études. Je vous ferai grâce des chiffres et des tableaux et me contenterai de vous livrer deux des conclusions les plus significatives de cette recherche. La première est la suivante : dans l'ensemble, et sans faire les distinctions qui s'imposent selon les régions, les jeunes Québécois francophones s'abreuvent largement et librement à la culture anglo-américaine par le moyen de la musique, du cinéma et de la télévision. Pour un prix d'abonnement de cent dollars par année, le câblo-distributeur permet à chaque Québécois de capter quelque vingt chaînes de télévision dont une demi-douzaine seulement sont d'expression française, incluant la chaîne parisienne. Sur les chaînes américaines, les émissions les plus recherchées des jeunes sont, outre les films et les séries d'aventures, les spectacles de variétés et les « quiz ».

La seconde conclusion est la suivante : la conscience linguistique du jeune Québécois francophone (c'est-à-dire la connaissance de la réalité, de la démographie, de la législation et des enjeux linguistiques du Québec et du Canada), cette conscience linguistique donc est peu développée et, pour peu qu'elle le soit, c'est avant tout la famille ou les amis, et même les médias, qui en ont favorisé l'émergence, et non pas, comme on pourrait le croire, l'école et les enseignants, lesquels ne viennent malheureusement qu'en troisième lieu comme agents de conscientisation. Une remarque s'impose ici : cette dernière constatation rejoint une conclusion à laquelle le Conseil de la langue française est arrivé au terme de trois consultations régionales qu'il a effectuées au cours des deux dernières années (l'une au Saguenay – Lac-Saint-Jean, l'autre dans la région de Trois-Rivières, la troisième en Estrie), à savoir que le monde de l'enseignement, qui n'a pas été touché directement par les dispositions de la loi 101, comme l'ont été par exemple les entreprises ou le monde des affaires, semble être resté, en quelque sorte, en marge du mouvement de francisation du Québec et n'avoir pas suffisamment développé une conscience ou un intérêt collectifs face aux questions pourtant névralgiques du statut et de la qualité de la langue française au Québec.

À partir des deux conclusions de l'étude précitée, on peut s'interroger à bon droit sur les conséquences qu'elles peuvent avoir à long terme sur l'avenir de la langue française au Québec. Les jeunes forment la population de demain. Quelle conviction et quelle détermination manifesteront-ils pour la préservation d'une langue dont ils ne verront peut-être plus demain les racines culturelles ? N'y a-t-il pas en germe, dans la situation présente, un divorce prévisible entre le français, langue de travail, et l'anglais, langue de loisir et de culture ? Et si les deux premières menaces internes dont nous avons parlé tout à l'heure — à savoir la démission des groupes voués à la sauvegarde de la langue et le relâchement collectif face aux objectifs premiers de la Charte — venaient à se concrétiser, sur quelle sorte de motivation les jeunes pourraient-ils s'appuyer pour continuer à parler français ? Ne seraient-ils pas tentés de considérer le français, langue de travail, comme une mesure imposée, stérile et inutile dans un contexte anglo-américain où ils baigneront comme naturellement ?

On me dira qu'il ne faut pas dramatiser et que nous-mêmes, quoique à un moindre degré, nous avons également baigné dans la culture anglo-américaine, ce qui ne nous a pas empêchés de travailler résolument à la sauvegarde du français, à la fois langue de culture et langue de communication.

On me dira qu'il ne faut pas sous-estimer les forces d'attachement et de transmission culturels que constituent la famille et l'école. Peut-être bien, mais à la condition qu'elles-mêmes sortent de leur somnolence et opèrent à brève échéance une seconde prise de conscience. On me dira enfin, et c'est sans doute très juste, qu'il nous manque à ce sujet des études suivies, étalées sur plusieurs années, à partir desquelles on pourrait prévoir sans trop se tromper le comportement et les attitudes des jeunes Québécois placés dans ce nouveau contexte d'immersion culturelle et de contact linguistique résultant des développements récents des communications et de l'informatique.

L'avenir de la langue française au Québec : les certitudes

Je viens de parler de l'attitude des jeunes et cela me permet de délaisser enfin l'analyse des obstacles pour déboucher sur des perspectives d'espoir concernant l'avenir de la langue française au Québec.

En effet, la seule conclusion rassurante de l'étude que j'ai citée il y a un instant est l'expression, traduite en pourcentages, de l'attachement profond des jeunes Québécois pour la langue française. Il y a lieu de croire que cet attachement est le fondement même des trois certitudes qui assurent à la langue française un avenir en terre d'Amérique, à savoir : la constance historique, la dignité têtue de la résistance et le plaisir d'être soi-même.

La constance historique n'est rien d'autre que la récurrence factuelle et statistique, pendant plus de deux cents ans, dans les contextes sociaux et politiques différents, des mêmes prises de conscience et des mêmes préoccupations linguistico-culturelles manifestées collectivement à travers les institutions québécoises, qu'elles soient éducatives, religieuses, politiques ou économiques. Il s'agit là d'une garantie extrêmement sérieuse que l'on pourrait opposer, sous forme de réplique, à l'assertion d'un démographe à qui je demandais de définir les trois critères prévisionnels de l'avenir d'une langue et qui me répondait : le NOMBRE ! le NOMBRE ! le NOMBRE !

Car, en effet, il y a des certitudes tout aussi fortes que le nombre, et la dignité têtue de la résistance en est une. Rien de plus fort en effet qu'une enclave humaine cohérente, logique et obstinée qui, au lieu de choisir l'anéantissement par la guerre, décide de parier sur le temps et d'avoir tout le monde à l'usure, en choisissant d'abord de ne pas mourir, puis de se survivre à elle-même, ensuite de prendre goût à la vie, enfin de vivre vraiment à part entière, en prenant sa place au soleil dans la dignité sans concession mais aussi dans le respect des autres. Cette résistance toujours inattendue et toujours renouvelée, qui est le cas du Québec, inspire un étonnement et une crainte qui indiquent à ses voisins (linguistes et politiques) les limites d'intervention ou de réaction qu'il convient de respecter.

Et cette résistance est entretenue à son tour par le plaisir d'être soi-même, plaisir souvent douloureusement conquis. Permettez-moi de traduire ici librement une citation de Polk que Fishman met en exergue à ses deux essais intitulés *Language and Nationalism* :

> Il est facile pour nous qui parlons anglais, dit-il, sûrs que nous sommes dans l'impérialisme et même le colonialisme de notre langue — puisque nous avons conquis et colonisé, pour ainsi dire, tout un vocabulaire allemand, français, latin et arabe — de mépriser ce qui peut paraître puéril ou prétentieux dans la linguistique défensive. En sécurité dans le monde invulnérable de notre langue, nous ne pouvons pas réellement comprendre pourquoi les autres se tiennent désespérément devant nous dans un état de défensive. La langue n'est-elle pas, après tout, un simple moyen de communication et ne devrait-elle pas, comme telle, être jugée uniquement de façon pragmatique ? Si un meilleur moyen de communication existe, ne devrait-il pas être adopté ? Quel mérite réel y a-t-il à maintenir des langues inefficaces, moins employées ou même hors-circuit ? Les hommes d'affaires sérieux ont sûrement des tâches plus importantes à faire que de se questionner sur l'origine des mots, leurs significations étrangères, leur « pureté » linguistique.

> Mais pour les autres, ceux qui défendent leur langue, la question se pose à eux de façon bien différente. Ils ont trouvé dans leur langue non pas seulement un moyen de communication mais le génie de leur nation[15].

Cette conquête, par la langue, de son identité culturelle et nationale apporte au peuple qui l'a vécue une gratification et un bien-être tels qu'il ne saurait s'en départir. Ce sont là des certitudes qui permettent de prévoir l'avenir. Rien d'étonnant alors que les sondages effectués auprès de la population québécoise, aussi bien chez les anglophones que chez les francophones, montrent un accroissement annuel de la proportion de ceux qui croient que la langue française va continuer à gagner du terrain au Québec[16].

L'avenir de la langue française au Québec : compléter l'aménagement linguistique

Mais il est souhaitable que ces certitudes morales et historiques que nous avons dites, si fortes qu'elles puissent être, soient soutenues par une révision constante de l'aménagement linguistique et un ajustement périodique de la politique linguistique. C'est là-dessus que je voudrais terminer mes considérations concernant l'avenir de la langue française au Québec.

Dans son livre sur *L'aménagement linguistique*, Jean-Claude Corbeil pose deux principes[17] : le principe de la **globalité**, d'après lequel ce sont les communications institutionnalisées et non les communications individualisées qui déterminent les situations linguistiques voulues ; et le principe des **images**, selon lequel une situation linguistique voulue se révèle à la population par certaines de ses manifestations qui jouent le rôle d'images collectives et qui permettent à chacun de se construire (idéalement) à partir **de** et en cohérence **avec** l'image linguistique individuelle.

Il est sans doute prématuré de procéder à une évaluation du chemin parcouru depuis l'aménagement linguistique de 1977. Je risquerai cependant deux remarques, les deux ayant d'ailleurs des relations entre elles.

1. La première remarque se rapporte au principe de globalité et touche le système d'enseignement : il me paraît clair — et je l'ai déjà dit — que la Charte a réussi à toucher et à « aménager » des secteurs fort importants de communications institutionnali-

41

sées comme l'administration publique et, à un plus haut degré encore, le monde de l'économie, du commerce et de l'industrie. Elle a malheureusement négligé, dans sa planification, le système scolaire et son réseau privilégié de communications institutionnalisées. On s'explique le comportement de l'État : il aura voulu parer d'abord au plus pressé et s'attaquer avant tout au statut de la langue française dans les secteurs de la vie sociale où celle-ci est plus en contact avec l'anglais. Mais ce faisant, il aura laissé croire que le système scolaire et l'enseignement de la langue française (je ne dis même pas l'enseignement des langues) n'entrent dans l'aménagement linguistique, comme composante du principe de la globalité, que sous l'angle de la qualité, ce qui me paraît fort en deçà de la réalité.

Je prétends en effet que tout étudiant québécois francophone, par raison historique et contextuelle, est **virtuellement** et le plus souvent «actuellement» en état avancé de contact interlinguistique et que la question du statut et de l'importance relative de sa langue se pose déjà à lui avec tout ce que cela comporte d'images et de valeurs. Par conséquent, il aurait fallu que la Charte de la langue française, sans même parler à ce moment-ci de correction ou de qualité de la langue, prenne les dispositions nécessaires pour «aménager», à l'intérieur du système scolaire, les ressources, les préoccupations, les programmes et les communications en fonction du statut nouveau et de la nouvelle importance fonctionnelle et sociale que le Québec, en 1977, décidait d'accorder à la langue française. On comprend l'urgence d'une telle démarche quand on sait, d'une part, l'importance de l'éducation dans le développement des valeurs et des schèmes mentaux et, d'autre part, la nécessité de préparer les jeunes à des comportements linguistiques qui égalent, ou même dépassent, ceux que la Charte s'efforce d'instaurer dans d'autres secteurs de la vie publique.

2. Ma deuxième remarque se rapporte au principe des images et touche à la qualité de la langue. Elle est aussi plus difficile à exprimer. En gros, on pourrait dire ceci : je crois que dans la manière de procéder à son aménagement linguistique, le Québec n'a pas été capable de définir la situation cible qu'il souhaitait en matière de qualité de la langue et que, conséquemment, il n'a pas su établir de stratégie appropriée à cet effet. Le mot **qualité** a été lâché à deux reprises à l'intérieur de la loi, là où il est question du Conseil de la langue française, mais celui-ci, par pudeur ou par crainte du piège, ne s'est pas avancé le cou trop avant jusqu'à ce jour. Évidemment, l'entreprise n'est pas simple. On se refuse à définir ce qu'est la qualité, on ne veut plus attiser les vieilles querelles de linguistes, personne ne consent plus — et c'est bien fait — à s'ériger en Académie française, on sait bien que la qualité doit s'accommoder à la fois d'une pureté exempte de purisme et d'un pluralisme limité par la compréhension ; mais de là à passer aux actes, et surtout aux actions concertées et collectives, il y a un grand pas à franchir.

En ce qui concerne le Québec, mon opinion, qui n'engage absolument personne d'autre que moi-même, serait à peu près la suivante : ne cherchons plus de définitions, de critères pseudo-scientifiques, de consensus théorique ... Que les linguistes et les terminologues poursuivent leurs travaux et continuent de nous éclairer ou de nous fixer des balises. C'est très bien ! Mais ce n'est pas cela qui améliorera la qualité et le niveau de langue de la population québécoise en général. Il faut frapper l'imagination au moyen d'images ou d'exemples vivants auxquels les tout jeunes s'identifieront spontanément tout en se construisant linguistiquement : on devine immédiatement jusqu'à quel point les enseignants devront être dynamiquement engagés dans ce processus et quelle exploitation pédagogique constante ils devront faire à partir de modèles vivants à valoriser. Pour le reste de la population, la stratégie consistera, entre autres, à mettre sous les yeux des téléspectateurs, en remplacement des romans-feuilletons où, sous prétexte de nous renvoyer notre propre image, des auteurs s'attardent encore à nous entretenir dans un langage québécois déjà dépassé par le désir de la population, de nouveaux programmes capables d'emporter l'adhésion sur le plan du contenu et de la langue, c'est-à-dire une langue québécoise avec ses particularités certes, mais compréhensible par le reste de la francophonie. On se reportera à ce sujet aux communications présentées au colloque de Liège de mars 1980 sur la langue québécoise[19]. Jean-Claude Corbeil y reprend d'ailleurs quelques objectifs linguistiques qu'il avait déjà énoncés pour la francophonie et auxquels je souscris : celui de la coexistence des langues et de la coexistence des usages autour d'un noyau linguistique central qui assure l'intercompréhension, et en même temps un effort commun pour arrêter l'inventaire inlassable de nos différences en vue de favoriser davantage le sentiment de notre ressemblance.

3. Aux deux remarques que j'ai faites sur l'aménagement linguistique du Québec et qui peuvent être considérées comme des conditions de l'avenir de la langue française au Québec, on peut en ajouter une troisième d'ordre méthodologique, et qui est fondamentale : c'est la nécessité continue d'une connaissance approfondie de l'évolution de la situation de la langue. Le rajustement des stratégies linguistiques est à ce prix. Notons à ce sujet qu'en plus de la recherche terminologique de l'Office de la langue française et des subventions que cet organisme accorde chaque année à des chercheurs québécois, le Conseil de la langue française injecte annuellement un demi-million de dollars dans des recherches démographiques, sociologiques, linguistiques, économiques et juridiques. Il faut préserver à tout prix la rigueur et l'objectivité de ces recherches, trouver la méthode appropriée qui permette d'aboutir à la synthèse la plus incontestable possible pour décrire l'ensemble de la situation linguistique, et tirer de là des indicateurs valables pour le développement d'études prospectives.

***

En conclusion, je résumerai brièvement ce que j'ai dit, et je me permettrai quelques commentaires sur l'avenir du français dans le monde et sur le rôle de la France.

En somme, on s'accorde généralement à reconnaître qu'avec douze ans de législation linguistique, un mouvement sans retour s'est opéré au Québec vers le fait français. Pourtant, l'anglais continue d'exercer une puissante attraction dans tous les secteurs de la vie publique (un de nos chercheurs s'est même attaché à traduire en coefficients cette puissance d'attraction dans le domaine de la fréquentation scolaire). Il est donc important, à tous égards, que non seulement la Charte de la langue française, mais aussi tous les groupes concernés, soutiennent, alimentent et relancent constamment cette motivation et cette vigilance linguistiques sans lesquelles le Québec glisse irrésistiblement vers l'anglicisation.

L'avenir de la langue française au Québec repose sur certaines garanties que je me suis plu à appeler des certitudes, comme la tendance de l'histoire, la résistance têtue et le plaisir d'être soi-même. Mais outre que certaines menaces, dont les plus sérieuses sont le projet fédéral de Charte canadienne des droits et libertés et les revirements politiques aidés de l'extérieur, continuent de peser sur le Québec sans qu'il puisse les contrôler complètement, la dynamique linguistique du Québec devra, d'une part, s'efforcer de contrer les obstacles internes qu'elle a elle-même engendrés ou dont elle n'avait pas tenu suffisamment compte, à savoir : la démission des groupes jusqu'ici engagés dans la promotion de la langue au Québec, le relâchement possible d'une partie de la population devant l'application de la loi ou l'opinion publique, et le manque de conscience linguistique des jeunes Québécois ; elle devra, d'autre part, corriger des erreurs de tir et prévoir notamment des stratégies plus globales d'aménagement linguistique en milieu scolaire et dans le domaine de la qualité de la langue ; elle devra enfin ne pas se départir d'un centimètre de la stricte obligation d'études et de recherches qu'elle s'est rigoureusement imposée.

L'avenir du français au Québec et dans le monde : le rôle de la France

Mais tout cela serait peine perdue et l'on ne donnerait pas cher de l'avenir du français en terre d'Amérique si le Québec n'était rattaché par des liens fonctionnels et vitaux à la francophonie internationale. Or, je vais dire une vérité qui va de soi mais qu'il est bon de rappeler de temps en temps : c'est la France qui joue le rôle-clef dans cette histoire. Qu'on la considère comme source, mère, inspiratrice ou exemple, peu importe ! Elle est là, qu'on le veuille ou non, au coeur de la francophonie. Elle doit être présente, elle doit parler. Elle doit aussi écouter. Aujourd'hui, je me permettrai de lui adresser quelques mots, sachant que ma liberté de parole a son fondement même dans l'amitié que je lui porte et dans le besoin que je ressens de sa présence. C'est peut-être aussi ce message qu'il me ferait plaisir de transmettre au nouveau vice-président du Haut Comité de la langue française.

Vu de loin, le comportement linguistique de la France me paraît parfois difficile à comprendre. Il ne peut pas toujours, en tout cas, nous servir d'exemple. Qu'on me comprenne bien ! je ne suis pas en train de dire que la France devrait se donner une Charte de la langue française ! Et je sais parfaitement que les situations française et québécoise ne se ressemblent pas. La France n'est pas menacée linguistiquement de la même façon que le Québec. Mais elle est tout de même menacée aussi ! Et elle l'a bien senti puisqu'elle s'est donné, au cours des dernières années, diverses mesures pour parer aux événements, dont une loi et une commission parlementaire.

Mais l'impression d'ensemble reste un peu floue, soit que ces diverses mesures n'arrivent pas à s'articuler clairement autour d'une volonté politique déterminée, soit que la conscience linguistique collective n'ait pas encore atteint, en France, le seuil critique où l'alarme se met à sonner. À cet égard, et pour rejoindre les propos de mon introduction concernant l'usage du français dans les communications scientifiques, on reste choqué de voir certains organismes français prendre la chose de façon aisée et organiser en territoire français des colloques en anglais.*

---

* Cette communication a été donnée le 23 septembre. L'auteur ignorait donc qu'à la même date le ministre français de la Recherche et de la Technologie, monsieur Jean-Pierre Chevènement, écrivait aux dirigeants des organismes publics de recherche pour leur demander de prendre toute une série de mesures « destinées à marquer clairement la vocation du français comme langue scientifique », et leur annoncer que son ministère ne soutiendra plus, techniquement ou financièrement, « l'organisation en France de manifestations internationales qui seraient annoncées et qui se dérouleraient exclusivement en langue étrangère. »

Le moins que l'on puisse dire, c'est que la France donne là l'exemple de la facilité.

Et comment ne pas s'étonner quand, sur l'avion d'Air-Inter qui nous transporte de Paris à Grenoble (vol intérieur) on entend l'hôtesse, après nous avoir souhaité la bienvenue en français, enchaîner tout de go et comme naturellement «Welcome aboard. This is flight 5423 departing now for Grenoble», encore heureux qu'au lieu de Grenoble elle n'ait pas dit *Grenoble* (Gre-nō^u.b'l), comme on dit *Montreal* (Mɑ'n-trî-al). Non vraiment, je n'ai pu m'empêcher de me tourner vers mon collègue et de lui dire : Il a raison Jacques Thibau, nous sommes ici dans «la France colonisée.»

Un autre exemple qui m'a sauté aux yeux hier soir dans les rues de Grenoble, c'est cette affiche qui présente un imperméable-manteau baptisé l'*imperwear*. Qu'est-ce que c'est que ce mot ? Ce n'est plus de l'anglomanie, c'est de la barbarie à l'état pur, sans aucun souci de la beauté ni de l'euphonie.

Au risque d'exagérer un peu, je dirai que le Québécois est devenu passablement sensible à la signification, à la valeur et à l'importance que l'on accorde à une autre langue dans le déroulement de la vie quotidienne, et toute exagération de perspective, toute complaisance dans les positions respectives des langues en présence, risque d'éveiller chez lui le sens du ridicule comme devant une erreur de protocole ou un comportement trop mondain. Il ne faudrait tout de même pas que l'accumulation de comportements linguistiques en apparence anodins amène à la longue les Québécois à penser que la France continue d'enrichir la beauté de la langue française pendant qu'eux ont commencé de travailler à sa dignité. Et, dois-je l'ajouter, la France n'aurait pas raison de ne pas permettre aux Québécois d'être durs à son endroit.

L'avenir du français en France et dans le monde est une question complexe, j'en conviens, mais une chose est certaine, c'est que le rôle que la France est appelée à y jouer est intimement lié au rôle de ressourcement spirituel qu'elle a toujours joué dans le monde. Or, ce rôle de la France est inséparable de sa langue. On parle souvent de la technologie comme d'un impératif pour jauger de l'importance et de la place d'un pays dans le concert des nations. Et l'on voit les pays les plus avancés, soumis à la fascination du modèle américain, courir de façon effrénée pour rattraper une technologie dont les limites reculent sans cesse.

Pendant ce temps, et pour montrer jusqu'à quel point l'Amérique est enfermée sur elle-même, des penseurs ont prédit le cul-de-sac de la technologie, d'autres ont dit que l'Amérique n'avait plus de grand frère pour la guider et la conseiller. N'y a-t-il pas là un rôle taillé exprès pour la France ?

À quoi bon afficher une attitude de démission ou de complaisance, alors que le sens du relatif permet de jeter les bases d'une victoire à long terme, à égale distance entre l'exaltation et la nostalgie défaitiste. Car enfin, entre la disparition de la langue française et son hégémonie d'autrefois, il y a place pour un avenir, plus modeste certes, mais non moins sûr. Seule la France peut en jeter sérieusement les bases, pour peu qu'elle fasse preuve de détermination. Voilà le seul mot qui compte et que je voulais dire. D'une part, cette détermination ne peut prendre racine que dans l'estime de soi et dans la conscience du rôle spirituel important que la France n'a pas fini de jouer dans le monde.

D'autre part, cette détermination ne peut prendre forme de façon utile et efficace que si les quatre conditions suivantes sont réunies :

— une prise de conscience réelle par la France de la situation du français chez elle et dans le monde ;

— une planification clairement exprimée de son action et de son comportement linguistiques ;

— un leadership de coopération linguistique avec ses partenaires de la francophonie dans un climat de consensus et de non-compétition ;

— un sentiment de la durée et de la non-défaillance qui soit tonifiant pour elle-même et pour tous.

C'est à cette détermination de la France que je m'attends, ni plus ni moins, et c'est par là sans aucun doute que passe l'avenir de la langue française dans le monde.

NOTES

1. Maurice MERCIER, *L'avenir du français dans la science et la technologie.. Un défi aux chercheurs francophones ou aux francophones chercheurs*, Document de travail, Colloque international du Conseil de la langue française, Québec, novembre 1981.

2. Dans *La langue française*, revue trimestrielle, Paris, février 1973.

3. Voir les résumés (« abstracts ») des communications présentées à ces congrès, publiés par le C.I.R.B. et le L.L.B.A.

4. Christian SCHMITT, *La planification linguistique en français contemporain : bilan et perspectives*, Colloque du C.I.L.F., Sassenage, 16-20 mai 1977.

5. *Les droits linguistiques du Québec et le projet fédéral de Charte canadienne des droits et libertés. Positions du Conseil de la langue française*, C.L.F., Québec, Notes et documents, n° 3, p. 46.

6. Pour bien comprendre l'histoire linguistique du Québec des années 1960 à 1980, on consultera avec profit :
   — *La situation démolinguistique au Québec et la Charte de la langue française*, textes colligés par Michel AMYOT, Conseil de la langue française, Québec, Documentation n° 5, 1980.
   — Jean-Claude CORBEIL, *L'aménagement linguistique du Québec*, Guérin, Montréal, 1980, chapitres I et II.
   — Raymond BRETON et Gail GRANT, *La langue de travail au Québec, Synthèse de la recherche sur la rencontre de deux langues*, Institut de recherches politiques, Montréal, 1981, chapitre 2.

7. *Les droits linguistiques du Québec et le projet fédéral, op. cit.* Voir aussi : *Effets démolinguistiques de l'article 23 du projet fédéral de Charte des droits et libertés*, Conseil de la langue française, Québec, Notes et documents n° 8, 1981. Aussi : Notes et documents n° 10.

8. On consultera : Réjean LACHAPELLE et Jacques HENRIPIN, *La situation démolinguistique au Canada : évolution passée et prospective*, Institut de recherches politiques, Montréal, 1980.

9. Camille LAURIN, *La politique québécoise de la langue française*, Gouvernement du Québec, mars 1977.

10. Voir : *La francisation des entreprises*, Compte rendu de la rencontre des 11, 12 et 13 février 1981, Conseil de la langue française, Québec, Notes et documents n° 20, 1981.

11. Pierre BOUCHARD et Sylvie BEAUCHAMP-ACHIM, *Le français, langue des commerces et des services publics*, Conseil de la langue française, Québec, Dossiers n° 5, 1980, pp. 122-127.

12. Camille LAURIN, *op. cit.*, pp. 22-26.

13. Édith BÉDARD et Daniel MONNIER, *Conscience linguistique des jeunes Québécois : influence de l'environnement linguistique chez les élèves francophones de niveau secondaire IV et V*. Également : Pierre GEORGEAULT, *Conscience linguistique des jeunes Québécois [. . .] de niveau collégial*, Conseil de la langue française, Québec, Dossiers n° 9 et 10, 1981.

14. *Idem.*

15. Joshua A. FISHMAN, *Language and Nationalism*, Newbury House Publishers, Rowley, Massachusetts, 1972.

16. Chez les francophones, 85% en 1978 et 90% en 1979. Voir BRETON et GRANT, *op. cit.*, p. 92.

17. Jean-Claude CORBEIL, *op. cit.*, p. 116.

18. Colloque de Liège (25-28 mars 1980), *Langages et collectivités : le cas du Québec*, Leméac, Montréal, 1981 (en particulier pp. 279-280).

Les sondages et la gestion des politiques linguistiques

communication présentée au colloque « Sondages et droits du public », Montréal, avril 1982

> « Tout est un, tout est divers. Que de natures
> en celle de l'homme ! Que de vacations ! Et par
> quel hasard ! Chacun prend d'ordinaire ce qu'il
> a ouï estimer. Talon bien tourné. »
>
> (PASCAL, *Pensées*)

I

Dans ce bref exposé, je tenterai de répondre aux deux questions suivantes : Les sondages de l'opinion publique ont-ils aidé à l'élaboration, à la mise en place et à l'évaluation des politiques linguistiques au Québec ? Jusqu'à quel point et à quelles conditions l'administrateur public et l'homme d'État peuvent-ils gérer des politiques linguistiques à l'aide de sondages ?

Parmi les pays ou les États fédérés du monde qui ont éprouvé la nécessité de procéder à un aménagement linguistique, le Québec est sans doute un de ceux qui ont le mieux réussi à articuler et à mettre en place une politique linguistique avec l'aide et l'appui de l'opinion publique.

Pour les besoins de cet exposé, je distinguerai trois sortes de sondage de l'opinion publique : le sondage de **diagnostic ini-**

tial, le sondage de **mise en place**, le sondage d'**évaluation**. Ces sondages correspondent à trois moments d'une politique linguistique, depuis sa conception jusqu'à sa réalisation.

Le sondage de **diagnostic initial** joue un double rôle : il fournit la description de certaines réalités linguistiques d'une société donnée, et permet en même temps de mettre en lumière les secteurs où, théoriquement, l'intervention de l'État est la plus souhaitable. À cet égard, on doit reconnaître, pour le Québec, l'importante contribution de l'opinion publique à travers les études et les sondages effectués pour le compte de la Commission Gendron, ou Commission d'enquête sur la situation de la langue française et sur les droits linguistiques au Québec, dont les travaux se sont échelonnés entre 1968 et 1972.

Les enquêtes menées en 1971 par le Centre de sondage de l'Université de Montréal et par SORECOM, l'une sur l'utilisation du français dans le monde du travail, et l'autre sur plusieurs sujets dont la langue de consommation des médias, constituent d'excellents exemples de diagnostic initial fondé sur l'opinion publique et utilisable dans un processus d'aménagement linguistique.

Le législateur a effectivement tenu compte, à maints égards, du point de vue de l'opinion publique exprimé alors. Ainsi, la loi 22 de 1974 et la loi 101 de 1977 déclaraient toutes deux le français langue officielle du Québec et accordaient toutes deux une importance primordiale à la langue utilisée au travail, en reprenant spécifiquement à leur compte les recommandations de la Commission :

— établissement du français comme langue de communications internes en milieu de travail ;

— négociation des mesures de francisation avec les entreprises ;

— présence des francophones aux échelons moyens et supérieurs de l'administration des entreprises ;

— emploi d'une terminologie française au sein de l'entreprise ;

— etc.

56

Par contre, le législateur s'est montré moins préoccupé de corriger ou d'orienter dans la population une tendance à la consommation des médias susceptible de l'éloigner peut-être du fait français, alors que les sondages de 1971 accordaient presque autant d'importance à l'intervention gouvernementale dans ce secteur que dans le secteur de la langue de travail. On comprend cependant que pour bien des raisons (conflit de compétence fédérale-provinciale, société de libre concurrence, etc.) le législateur québécois ait dû chercher à assurer sa politique linguistique dans ce secteur par d'autres moyens qu'une loi linguistique.

La deuxième sorte de sondage, ou sondage de **mise en place**, a trait aux moyens utilisés pour mettre en opération une politique linguistique. Il s'agit du choix des mesures contenues dans la loi et de la création des organismes d'application et de contrôle de ces mesures.

Au cours des quelques mois qui précédèrent l'adoption de la Charte de la langue française en 1977, on se souvient qu'un débat animé eut lieu dans l'opinion publique, alimenté par des centaines d'interventions, autour du Livre blanc sur *La politique québécoise de la langue française* (Gouvernement du Québec, mars 1977, 67 pages) et autour des différentes mesures proposées par le gouvernement pour « faire du français la langue de l'État et de la Loi aussi bien que la langue normale et habituelle du travail, de l'enseignement, des communications, du commerce et des affaires. »

En mai 1977, *Le Devoir* faisait état d'un sondage qui montrait que 65 % des Québécois francophones appuyaient presque inconditionnellement le projet de loi n° 1. Un autre sondage, publié par une entreprise de presse torontoise en septembre 1977, montrait les Canadiens et les Québécois divisés au sujet de la loi 101 ; mais la crédibilité de ce sondage fut attaquée par des spécialistes qui voyaient dans la méthode et l'échantillonnage utilisés ainsi que dans le choix des questions une manoeuvre pour « influencer l'opinion publique » plus que pour la constater.

Quoi qu'il en soit, on pourrait considérer que l'aménagement linguistique de 1977 reposait sur l'opinion publique de deux autres façons : d'abord parce que celle-ci venait, au cours d'une élection, d'appuyer le programme du parti au pouvoir incluant sa politique linguistique ; ensuite parce que l'opinion publique avait déjà été interrogée dans les années 70 sur la nécessité de l'intervention gouvernementale dans les secteurs suivants : affichage et raisons sociales ; médias d'information ; langue de travail ; langue des immigrants ; langue de l'enseignement ; langue des services publics ; langue des manuels d'enseignement ; étiquetage. Les résultats favorisant l'intervention gouvernementale (sans nécessairement souscrire à une législation) se situaient entre 73% et 81% chez les francophones et entre 23% et 37% chez les anglophones (voir SORECOM, *op. cit.*, p. 195).

La troisième sorte de sondage est le sondage d'**évaluation** ou le sondage d'impact. Il a pour but d'évaluer les effets d'une politique linguistique, de mesurer le chemin parcouru depuis le point *A* jusqu'au point *B*. Idéalement, le point *A* correspond à la situation linguistique existant au moment d'un aménagement linguistique majeur : exemple, le mois d'août 1977, date d'entrée en vigueur de la loi 101. Le point *B* correspond au prélèvement d'une situation quelques années plus tard, par exemple 1981, et permet d'établir une comparaison avec la situation initiale du point *A*. Si nous prenons toujours comme exemple la Charte de la langue française, l'idéal eût été de fixer, pour le mois d'août 1977, le portrait de la situation linguistique dans chacun des secteurs touchés par la loi. Cela aurait permis de mesurer, dès les années 80, l'impact de la loi 101 dans tel ou tel secteur. Ce n'est malheureusement pas le cas dans la plupart des secteurs. En fait, dans l'optique de la loi 101, les premières études et les premières enquêtes publiées par le Conseil de la langue française au cours des deux dernières années doivent être considérées davantage comme une description de la situation initiale que comme une évaluation des situations créées par la loi 101.

Cela dit, et indépendamment de l'impact de telle ou telle loi, on a eu recours à l'opinion publique pour mesurer l'évolution de la situation linguistique au Québec depuis la fin des travaux de la Commission Gendron. Le Conseil de la langue française a publié ou s'apprête à publier des résultats d'enquêtes sur la langue des commerces et des services publics, sur la conscience linguistique des jeunes Québécois, sur la langue des médias et sur la langue de travail. L'Office de la langue française a également commandé quelques enquêtes dans le but de s'acquitter de son mandat. Enfin, dans une synthèse sur *La langue de travail au Québec* publiée en 1981, Breton et Grant font état de plusieurs autres sondages, incluant des sondages d'évaluation plus générale ou plus politique, comme par exemple sur le bien-fondé de la loi 22 ou de la loi 101 et sur la pertinence de l'intervention de l'État.

II

C'est surtout autour des sondages d'évaluation que se construit la gestion des politiques linguistiques, autant pour l'administrateur public chargé d'appliquer la loi que pour l'homme d'État responsable des ajustements et des orientations. Pour l'un comme pour l'autre, il n'est pas indifférent de savoir par exemple qu'en 1977, 77% des francophones et 38% des anglophones du Québec étaient d'avis que le français devait être la langue de travail et que, deux ans plus tard, chacun des deux groupes était de cet avis dans une plus forte proportion encore et « quelle que soit l'augmentation des dépenses que cela occasionne aux entreprises » (voir Breton et Grant, *op. cit.*, p. 27).

Pour l'un comme pour l'autre, il n'est pas indifférent non plus de savoir par exemple qu'en 1979, en dépit du fait que 83,5% des francophones étaient d'avis qu'« au Québec, les catalogues distribués par les marchands devraient être uniquement en français », 28,4% des répondants disaient avoir reçu, au cours des six derniers mois, des modes d'emploi unilingues anglais, et 22,7% des catalogues ou des dépliants publicitaires rédigés en langue anglaise seulement (voir Bouchard et Beauchamp-Achim, *Le français, langue des commerces et des services publics*, Conseil de la langue française, 1980, pp. 125 et 133).

La différence entre ces deux exemples, c'est que le dernier réfère à un sondage d'évaluation portant sur des faits et permet de mesurer le chemin parcouru d'un point *A* à un point *B* à l'intérieur d'une politique établie, alors que le premier exemple réfère à un sondage d'évaluation portant davantage sur des perceptions et davantage relié à des questions de principes, d'orientations politiques et d'options personnelles de base. Pour les besoins de notre propos, nous donnerons un nom à chacun de ces deux genres de sondage : nous appellerons le premier « factuel » et le second « perceptuel ».

Si l'un ou l'autre de ces sondages intéressent à la fois le gestionnaire public et l'homme d'État et peuvent susciter chez les deux des ajustements d'attitude ou de motivation et des actions circonstancielles reliées à l'application de la loi, il va sans dire que le domaine propre du gestionnaire public est l'évaluation factuelle et que l'homme politique, pour sa part, est concerné de très près par les sondages d'évaluation perceptuelle.

Jusqu'à quel point cependant et dans quelles conditions la gestion des politiques linguistiques à l'aide des sondages peut-elle servir la démocratie ? Jusqu'à quel point l'administrateur public et l'homme d'État, avec les distinctions qui s'imposent, sont-ils fondés à utiliser les sondages et à se laisser guider par eux ?

On pourrait faire ici plusieurs considérations, dont la plupart seraient communes sans doute à tous les sondages. Je me bornerai cependant à énoncer trois principes qui sont encore plus vrais, il me semble, pour la gestion des politiques linguistiques.

1. Principe de complémentarité. On obtiendrait une bonne caricature de ce principe au moyen des trois énoncés suivants :

— deux sondages valent mieux qu'un ;

— un sondage factuel plus un sondage perceptuel valent mieux que deux sondages perceptuels ;

— un sondage factuel plus un sondage perceptuel plus une autre source d'information statistique valent encore mieux.

Ainsi, par exemple, pour savoir si le français occupe une place accrue dans les entreprises montréalaises, on peut procéder à un sondage factuel auprès des employés, on peut y ajouter un sondage d'évaluation perceptuelle sur les méthodes employées par l'administration, on peut enfin recourir aux statistiques que l'Office de la langue française ou les entreprises elles-mêmes peuvent fournir à ce sujet sur les communiqués internes, les catalogues, les directives, etc. On aura compris que pour évaluer certaines situations linguistiques, comme les migrations interprovinciales ou la répartition des clientèles scolaires selon la langue, les données démographiques ou statistiques peuvent suffire à elles seules.

Au fond, ce principe de complémentarité touche à une question de méthodologie. Il sous-entend que le sondage a des limites et qu'il doit être utilisé de façon relative, en le complétant de préférence et en l'utilisant avec d'autres moyens d'information. En outre, le sondage a souvent recours à des procédés de simplification extrême et de globalisme qui éloignent de la complexité linguistique, comme par exemple la phrase suivante incluse dans un sondage en 1978 : « Cette loi devra être amendée car elle est trop dure pour les anglophones ».

Le sondage d'évaluation perceptuelle, en particulier dans le domaine linguistique, a besoin d'être objectivé par d'autres sources d'information, à cause de la diversité d'intérêts, d'expériences ou de croyances individuelles sur laquelle il repose et qui n'a parfois que très peu de rapport avec la question posée. N'est-ce pas Descartes qui, à propos des opinions des gens, disait, dans son *Discours de la méthode* : « Il y a peu de gens qui veulent dire tout ce qu'ils croient, mais aussi (. . .) plusieurs l'ignorent eux-mêmes ; car l'action de la pensée par laquelle on croit une chose étant différente de celle par laquelle on connaît qu'on la croit, elles sont souvent l'une sans l'autre ».

L'administrateur public et l'homme politique serviront donc au mieux la démocratie s'ils s'appliquent à recevoir l'opinion publique la plus juste et la plus scientifiquement constatée. N'est-il pas souhaitable en effet, pour la sécurité et le bien-être de la collectivité, que ceux-ci, en tant que responsables informés, se préoccupent d'éliminer le mieux possible les marges d'erreur et de dégager, à même les sources d'information disponibles, une lecture de l'opinion publique qui soit soustraite, en quelque sorte, au hasard, au disparate, à la fluctuation ?

2. Principe de relocalisation. L'homme public qui veut gérer des politiques linguistiques à l'aide de sondages doit, il me semble, avoir un deuxième principe dans sa poche : celui de la relocalisation. La politique linguistique est une sorte d'arbre avec des racines et des ramifications. Les résultats d'un sondage d'évaluation peuvent en être considérés comme des fruits. Ils peuvent paraître juteux ou encombrants. Replacés dans l'arbre, ils reprennent leur dimension et, pour le jardinier, ils lui redonnent une plus juste perspective. Il est même possible alors de dire si les fruits étaient mûrs, au profit de qui ils ont été cueillis, et si cela aide ou nuit à la croissance de l'arbre lui-même.

Selon l'opinion de certains hommes d'affaires francophones interviewés au début des années 70, le Québec allait droit au désastre économique si l'on imposait le français comme langue de travail. Huit ans plus tard, non seulement les Québécois francophones considéraient la langue de travail comme un droit, mais 69% d'entre eux la considéraient aussi comme un bon ou un excellent moyen de promouvoir l'usage du français ; un an plus tard, ce pourcentage était monté à 86% (voir Breton et Grant, *op. cit.*, p. 28). Pour les anglophones cependant, ce pourcentage était de 24% et tombait à 20% un an plus tard.

Cet exemple, comme bien d'autres qu'on observe quand on veut mesurer l'évolution d'une situation linguistique, nous apprend au moins deux choses : l'évaluation peut varier considérablement dans le temps ; elle peut aussi varier beaucoup selon les personnes, les groupes d'intérêts ou les communautés qui vivent le phénomène linguistique.

Quand il est question d'économie ou de services de santé, chacun sait à peu près où il se situe et quelles sont les exigences propres à assurer son bien-être et celui des Québécois. Mais si vous questionnez par exemple votre entourage francophone sur les conditions propres à assurer le bien-être linguistique du Québec, vous remarquerez qu'une personne sur trois commence d'abord par s'inquiéter du sort ou de la réaction de son voisin, de son employeur ou de sa bru avant de penser à ce qui est bon pour lui-même. Mon propos n'est pas de juger cette attitude, mais de faire remarquer combien un sondage d'évaluation peut être conditionné par des facteurs d'intérêt personnel, d'allégeance communautaire, d'appartenance politique, etc.

C'est ici que nous revenons à notre arbre. Il appartient à l'homme d'État légitimement élu et mandaté à cette fin de relocaliser les résultats des sondages dans une juste perspective, c'est-à-dire dans les rapports d'importance et de priorité qu'ils entretiennent avec les objectifs essentiels de la politique linguistique établie elle-même à partir de l'opinion publique. Sa tâche n'est pas facile : c'est une entreprise de haute sagesse qui se situe au-delà des intérêts partisans. Mais c'est la seule façon dont il peut servir la démocratie. À moins de cela, il se condamne à être ballotté d'un sondage à l'autre et il condamne l'administrateur public qui dépend de lui à gérer les politiques linguistiques de l'État à la petite semaine. L'élu responsable doit éviter le gouvernement de l'instantané. Entre ses mains, l'information reçue de l'opinion publique demande à être utilisée dans un contexte et dans une continuité. Pour l'avancement même de la collectivité, il doit connaître l'exacte position des branches sur le tronc, savoir attendre malgré les bousculades le mûrissement des fruits, et conserver une conscience toujours bien vive des racines.

3. Principe d'interfécondation. L'arbre me fournit une transition logique pour aborder mon troisième principe, que j'appelle le principe d'interfécondation. Je me représente parfois les sondages comme une multitude de ventouses appliquées périodiquement et sans pitié sur des milliers de bouches pour en tirer un suc incertain. Cette vision m'effraie peut-être davantage parce que j'ai eu la veine d'échapper jusqu'ici à cette forme de harcèlement intellectuel. Toujours est-il que je me sens pris parfois d'une immense sympathie envers cette personne sans chair et sans os qu'on appelle l'opinion publique. Je me demande si en fin de compte on n'est pas injuste à son endroit, avant d'avoir recours à elle et après l'avoir sollicitée.

Quand on prépare une élection, on se préoccupe beaucoup de sensibiliser l'opinion publique : on l'informe de mille manières, on lui présente un programme, des bilans ou des réalisations, on discute avec elle. Puis, on l'invite à voter. Excellent sondage ! Mais, en dehors de cela, combien de fois ne sollicite-t-on pas l'opinion publique sans l'informer adéquatement, sans la préparer, comme ça, tout d'un coup, avec des questions sorties de nulle part, entre la soupe et le dessert, ou en plein milieu d'une émission de T.V. ?

Au cours des consultations régionales du Conseil de la langue française, j'ai souvent remarqué que des personnes, par manque d'information, portaient des jugements sur la loi 101 à partir des perceptions qu'elles en avaient ou de ce qu'elles en avaient entendu dire, et que leur opinion était très souvent sans rapport avec le contenu de la loi, qu'elles n'avaient d'ailleurs jamais lue.

En 1980-1981, alors que le débat sur le projet constitutionnel battait son plein dans l'opinion publique et que la population avait eu l'occasion d'être informée abondamment de la portée réelle de l'article 23 sur l'accès à l'école anglaise au Québec, il m'est arrivé de rencontrer plusieurs personnes habituellement fort bien informées qui persistaient à croire que le projet fédéral ne faisait qu'imposer au Québec la clause Canada déjà prévue dans la loi 101.

Je suis d'avis par conséquent que, tout au moins dans le champ d'investigation de la langue, où l'opinion publique, plus souvent qu'autrement, se trouve brouillée par des interférences provoquées ou inconscientes, les sondages puissent être préparés par une information adéquate qui permette à l'opinion publique de s'exprimer librement et en toute connaissance de cause. C'est à cette condition que l'information recueillie prendra tout son sens et toute sa valeur aux yeux de l'administrateur public ou de l'homme d'État. En retour, et pour compléter le cycle de cette démocratie éclairante et éclairée, il devrait y avoir également un postsondage, une sorte de retour d'information vers l'opinion publique, accompagné des commentaires et des considérations auxquels aurait donné lieu l'application des deux principes précédents de complémentarité et de relocalisation.

Conclusion

Je conclus en un mot. Il me paraît abusif de parler de démocratie ou de gestion par sondage. Pour prêter une fonction aussi importante au sondage, il faudrait qu'il soit un instrument beaucoup plus infaillible et complet qu'il ne l'est en réalité. Il faut plutôt voir les sondages comme étant le moins mauvais des instruments pour connaître les comportements et les opinions de la population que comme un miroir qui reflète fidèlement la réalité. Il arrive souvent que des sondages se contredisent, ce qui veut dire qu'il y a de bons et de mauvais sondages. S'il advient qu'on prenne une décision sur la base d'un mauvais sondage, la démocratie se trouve usurpée par une pseudo-démarche scientifique. Il convient aussi de distinguer sondages et sondages. Je crains surtout les sondages éclair qui, en matière de langue, ne mènent pratiquement nulle part. C'est contre eux surtout qu'il faut se prémunir des trois principes que j'ai énoncés.

Le sondage est un instrument utile, surtout si la question à trancher est simple ; mais le gestionnaire ou l'homme public qui y verrait une panacée à son problème de prise de décision ne serait pas très sage.

Par ailleurs, le « Waterloo » des sondages c'est souvent de demander à un informateur mal informé de trancher le débat. On sait que la démocratie, la vraie, prend lieu et place quand tous les citoyens concernés sont bien informés des enjeux de la décision ; sinon, cela s'appelle une décision à la légère. Oui aux sondages, mais pourvu qu'ils ne constituent qu'un ingrédient de plus dans la marmite du druide.

Bilan de l'application des politiques linguistiques des années 70 au Québec

conférence prononcée au congrès « Langue et société au Québec », novembre 1982

Nous tenterons de dresser un bilan de l'application des politiques linguistiques des années 70 au Québec et de nous demander quel a été l'impact de celles-ci sur le plan socio-économique. Nous examinerons aussi quelles sont les attitudes des Québécois face aux interventions de l'État dans ce domaine et quels sont les principaux problèmes actuels. Nous nous demanderons en terminant quelles nous paraissent être les priorités du Québec en matière linguistique pour les cinq prochaines années.

Je me propose de dresser un bilan, mais je n'ai pas la prétention de mesurer scientifiquement le chemin parcouru. Mes constatations reposent cependant, en grande partie, sur les données des études réalisées depuis le début des années 70 sur la situation linguistique du Québec. Mesurer scientifiquement le chemin parcouru n'est possible que lorsque, dans un secteur déterminé, nous pouvons comparer des données récentes aux données d'il y a dix ans. Or, le portrait de la situation linguistique du Québec, tel que tracé il y a dix ans (notamment par la Commission Gendron) n'est pas complet. Et les données actuelles, telles que recueillies par exemple par le Conseil de la langue française, les centres de recherche et les maisons de sondage, ne touchent pas encore tous les secteurs. Comme nous n'avons pas non plus le portrait d'ensemble de la situation linguistique du Québec en 1977 au moment de l'entrée en vigueur de la Charte de la langue française, il est très difficile, du moins dans certains secteurs, d'isoler précisément.les résultats de la loi 101 par rapport aux effets plus généraux des politiques linguistiques telles que comprises par l'opinion publique avant même la mise en place des législations linguistiques. C'est donc plutôt le bilan global de l'application des politiques linguistiques québécoises des années 70 que je tenterai de tracer.

I
BILAN DÉTAILLÉ

Il me paraît clair que les politiques linguistiques du Québec, depuis une dizaine d'années, et surtout depuis l'entrée en vigueur de la Charte de la langue française, poursuivent au moins trois objectifs : assurer le caractère français du Québec par des mesures appropriées, donner aux francophones les moyens de s'épanouir et de réussir, intégrer en les respectant les communautés culturelles du Québec. De ces trois objectifs, c'est sans doute le premier qui a produit jusqu'ici les effets les plus visibles.

1. Assurer le caractère français du Québec par des mesures appropriées

On s'accorde en général à reconnaître que, pour garantir la viabilité d'un État linguistiquement isolé ou fortement soumis aux pressions d'une langue dominante, il est nécessaire d'exercer un contrôle sur deux facteurs déterminants pour la vie d'une nation : l'évolution démographique (immigration, éducation) et le développement des activités socio-économiques (travail, services, affaires).

a) L'évolution démographique (immigration et éducation)

Il y a 20 ans, en 1962, la répartition des bureaux de l'**Immigration** canadienne était symptomatique. Grande-Bretagne, six bureaux; pays germaniques, douze; États-Unis et Commonwealth, six; France, un; pays latins, deux; Amérique latine, aucun. Le peuplement des provinces canadiennes était orienté et inspiré d'Ottawa, dont les préférences anglo-saxonnes étaient évidentes. Presque rien n'était prévu pour susciter une immigration francophone ou latine capable de répondre aux aspirations québécoises. Le recensement de 1961, au chapitre de l'immigration, montre un taux d'accroissement de 23% en faveur de l'anglais contre un taux inférieur à 1% (0,46%) en faveur du français[1].

Le Québec a fortement réagi au cours des dernières années, et il a adopté diverses mesures susceptibles d'orienter davantage l'immigration vers la préservation et le développement du caractère français du Québec. D'abord, il s'est donné une loi sur l'immigration et un ministère de l'Immigration, créé en 1968. Il a ouvert à l'étranger une dizaine de bureaux de l'immigration québécoise[2] susceptibles d'attirer chez nous des immigrants culturellement plus enclins à s'intégrer à une société française ou du moins de donner aux futurs immigrants une information beaucoup plus adéquate sur le Québec et sur sa position linguistique et culturelle en Amérique du Nord. Enfin, il a créé au Québec des centres d'orientation et de formation pour les immigrants (COFI) dont l'objectif est d'assurer au mieux, en particulier par l'enseignement du français, l'intégration des immigrants à la société québécoise.

Entre 1968 et 1974, le pourcentage d'immigrants québécois parlant uniquement le français était de 21%. En 1981, il était passé à 31%. Par contre, le pourcentage d'immigrants parlant uniquement l'anglais, qui était de 38% à la même époque, avait diminué à 19% l'an dernier[3]. Il faut remarquer cependant que la moitié des immigrants venus au Québec l'an dernier ne parlaient ni le français ni l'anglais, ce qui met vivement en relief la nécessité de bien accueillir et de bien intégrer nos immigrants en milieu francophone.

Bref, les tendances sont encourageantes et les mesures qui ont été prises devraient nous rassurer pour l'avenir. Mais jusqu'à quel point sommes-nous à l'abri? Ainsi, dans la région de Montréal où se trouve concentrée la moitié de la population du Québec et où les francophones sont quotidiennement exposés à la présence de l'anglais, on sait que le taux d'accroissement de la connaissance de l'anglais a été plus fort entre 1961 et 1971 que le taux d'accroissement de la connaissance du français.*

Plusieurs facteurs, comme le phénomène d'urbanisation, la baisse de la natalité et les migrations interprovinciales nous incitent à être prudents. Nos tendances démographiques ne sont pas définitivement assurées. Plusieurs scénarios sont possibles, qui engagent l'avenir[5]. Une chose est certaine cependant. Si le Québec veut assurer le caractère français de son territoire, sa politique d'immigration et de population doit recourir à une planification serrée et adopter des mesures d'intégration vigoureuses et suivies, sous peine de voir les tendances se renverser d'elles-mêmes, puisque rien dans le contexte canadien et nord-américain n'est fait pour les soutenir.

La composition démographique du Québec n'a rien de commun avec celle des autres provinces canadiennes à prédominance anglophone et elle doit être préservée par des mesures appropriées.

Ces mesures ne touchent pas seulement l'immigration, mais aussi l'**éducation**, car l'école est le lieu d'importants transferts linguistiques et elle peut, de ce fait, modifier sérieusement cette composition démographique.

On pourrait s'attarder à décrire l'état de grossissement injustifié des écoles anglaises du Québec jusque vers la moitié des années 70. Tentés par l'aventure nord-américaine, les immigrants avaient tendance à confondre le Québec avec le grand

---

* On sait maintenant, en 1985, que le pourcentage de Québécois de langue maternelle anglaise de la région de Montréal qui se déclarent bilingues a augmenté de 35% à 53% entre 1971 et 1981. Mais cela ne doit pas nous donner le change, car si l'on compare les transferts linguistiques de 1981 par rapport à 1971 pour l'ensemble du Québec, on s'aperçoit que le solde est en faveur de l'anglais, qui a accru, par conséquent, son pouvoir d'attraction[4].

tout anglophone et la plupart d'entre eux n'hésitaient pas à envoyer leurs enfants à l'école anglaise. La loi 63, votée en 1969, en consacrant le principe du libre choix de la langue d'enseignement, ne faisait qu'encourager cette tendance. Elle fut vivement décriée par la majorité francophone. La loi 22, votée en 1974, exigeait des élèves désireux de recevoir l'enseignement en anglais de faire la preuve qu'ils connaissaient suffisamment cette langue (art. 41); elle imposait à cette fin des tests (art. 43) qui ont eu pour effet de mécontenter tous les groupes linguistiques. La loi 101, adoptée en 1977, est venue réglementer l'accès à l'école anglaise de façon claire et opérationnelle; l'article 73 précise en effet que «peuvent recevoir l'enseignement en anglais les enfants dont le père ou la mère a reçu au Québec l'enseignement primaire en anglais». Cette «clause Québec», comme on l'a appelée, avait surtout pour but, très légitimement d'ailleurs, d'amener vers les écoles françaises du Québec les enfants des immigrants, et aussi de ramener les jeunes francophones vers les écoles françaises.

En 1969-1970, 85,1% des jeunes allophones du Québec, soit 42 600 enfants, fréquentaient l'école anglaise. S'ajoutaient à ce nombre 1,6% de jeunes francophones, soit 22 500 élèves. Le nombre de ces derniers atteignait 31 000 (soit 2,5%) en 1974-1975, vers la fin de l'application de la loi 63, et le nombre des jeunes allophones dépassait alors les 54 000. Donc, à la «veille de l'entrée en vigueur de la loi 22, le tiers des élèves qui étudiaient en anglais n'étaient pas de langue maternelle anglaise[6].» Bref, de 1969 à 1976, le pourcentage des élèves étudiant en langue anglaise au Québec est passé de 15,6% à 16,6%.

Depuis l'entrée en vigueur de la loi 22, et surtout de la loi 101, le pourcentage des allophones fréquentant l'école anglaise est tombé de 80% à 54,6% en 1981-1982*. Le pourcentage des élèves étudiant en langue anglaise au Québec a diminué, pour passer de 16,6% à 13,1% en 1981-1982**, ce qui cependant est encore supérieur au pourcentage de 10,1% correspondant à la proportion d'écoliers de langue maternelle

* Et à 50,9% en 1982-1983[7].
** Et à 12,5% en 1982-1983.

anglaise[8]. Il faut se rappeler que la loi 101 a permis aux enfants légalement inscrits dans les écoles anglaises en 1977 de continuer à y recevoir leur enseignement. Il restait encore, l'an dernier, dans les écoles anglaises du Québec, 40 000 jeunes allophones et 14 000 jeunes francophones*.

Mais les tendances sont désormais visibles si l'on regarde du côté des enfants qui s'inscrivent à l'école pour la première fois. En 1971-1972, la proportion des allophones s'inscrivant à la maternelle française n'était que de 27,5%. En 1981-1982, elle a atteint 68,5%[10]. Il faut enfin souligner qu'un nombre important d'élèves admissibles à l'enseignement en anglais s'inscrivent malgré tout dans des écoles françaises, ce qui indique sans doute que plusieurs parents anglophones éprouvent maintenant la nécessité de donner à leurs enfants les moyens de s'intégrer plus efficacement à la société québécoise : ce nombre est passé de 5 175 en 1977-1978 à 9 200 en 1979-1980[11].

Le bilan de l'application des politiques linguistiques du Québec est donc encourageant dans ce secteur. **Était** encourageant, devrions-nous dire... Car le jugement Deschênes du 8 septembre 1982 est venu déclarer inopérantes les dispositions de la loi 101 réglementant l'accès à l'école anglaise, parce qu'incompatibles avec l'article 23 de la nouvelle Loi constitutionnelle adoptée en décembre 1981 par le Parlement du Canada**.

La nouvelle Constitution canadienne ouvre en effet les portes de l'école anglaise au Québec à trois catégories d'élèves qui n'y avaient pas droit jusqu'ici, dès lors que leurs parents sont citoyens canadiens : d'abord les élèves dont la langue maternelle est l'anglais (critère toutefois qui ne s'applique pas actuellement au Québec) ; ensuite les enfants dont les parents ont reçu leur instruction en anglais, au niveau primaire, n'importe où au Canada (c'est ce qu'on a appelé la « clause Canada ») ; enfin, les enfants dont un frère ou une sœur a reçu ou reçoit son instruction en anglais, au niveau primaire ou secondaire, n'importe où au Canada. La preuve présentée au juge Deschê-

---

* 37 300 et 12 200 en 1982-1983[9].
** Ce jugement a été maintenu en Cour suprême (août 1984).

74

nes sur la constitutionnalité du chapitre VIII de la Charte de la langue française montre que, en septembre 1981, l'école anglaise aurait pu, selon ces nouveaux critères, accueillir 4 900 élèves de plus. C'est là un effet minime qui n'aurait porté la fraction des élèves étudiant en anglais que de 13,1% à 13,5%. Cependant, compte tenu des modalités transitoires de la loi 101, il faut ajouter 16 000 autres écoliers visés par la Charte canadienne qui étudiaient légalement en anglais en 1981-1982. C'est ainsi que l'effet à long terme de la Charte des droits et libertés — une fois passées les modalités transitoires de la loi 101 — serait de l'ordre de 21 000 écoliers ainsi que tous leurs descendants. Notons cependant que l'effet de l'article 23 n'est pas uniforme sur le territoire du Québec, l'Outaouais étant la région la plus durement affectée. En effet, si la Charte canadienne s'était appliquée dès l'année scolaire 1981-1982, les classes anglaises de l'Outaouais auraient accueilli 17,1% des écoliers, au lieu de 13,7% : c'est là une conséquence qui aurait ramené le secteur anglophone d'enseignement de l'Outaouais à un niveau voisin de ce qu'on a observé avant la loi 101, soit 17,5%[12]. Les conséquences décrites ici sont liées aux mouvements migratoires interprovinciaux ; or, il semble que des résidents du Québec pourraient se prévaloir des dispositions de l'article 23 afin de placer eux aussi leurs enfants à l'école anglaise, ce qui aurait pour effet d'accroître encore la population scolaire étudiant en anglais. Quant au critère de la langue maternelle, il convient de rappeler qu'en droit positif il est inapplicable.

Concluons ce chapitre en disant que les politiques linguistiques québécoises des années 70 ont eu les effets positifs escomptés au chapitre de l'immigration et de l'éducation, mais que le contrôle du Québec sur son évolution démographique lui échappe en partie, notamment au chapitre de l'éducation, et qu'il devra avoir recours à des mesures compétitives et incitatives extrêmement dynamiques s'il veut assurer et développer le caractère français du Québec.

b) Le développement des activités socio-économiques (travail, services, affaires)

Mais pour atteindre cet objectif, le Québec doit aussi assurer le contrôle linguistique d'un autre secteur névralgique : celui du déroulement et du développement des activités socio-économiques. Qu'en est-il depuis dix ans ? Les politiques linguistiques du Québec ont-elles réussi à donner au français, dans ces secteurs de la vie quotidienne, une place prépondérante ?

En comparant les données des études de la Commission Gendron du début des années 70 avec les recherches récentes ou les données d'organismes comme le Conseil et l'Office de la langue française, on peut dresser un bilan assez précis de l'évolution du statut de la langue dans l'entreprise et les milieux de travail, les services publics, le commerce et les affaires.

A- En **milieu de travail**, on constate un progrès général de l'utilisation du français chez les travailleurs francophones entre 1971 et 1979. Les données au-delà de cette date ne sont que partiellement disponibles. « Les gains demeurent toutefois modestes puisque la proportion de ceux qui n'utilisent que le français au travail passe de 66% à 70% dans l'ensemble du Québec et de 48% à 55% dans le Montréal métropolitain ». Par contre, chez les travailleurs anglophones, pendant la même période, l'unilinguisme anglais a perdu du terrain au profit du bilinguisme : la proportion de ceux qui utilisent les deux langues a augmenté de 20%[13].

Le pourcentage d'utilisation du français a progressé de façon importante dans toutes les communications écrites des anglophones en milieu de travail, mais le français demeure relativement sous-utilisé (40% d'utilisation) dans les communications verbales des anglophones avec les francophones. Toutefois, pour ce qui est des francophones placés dans les mêmes situations de communication, ils utilisent encore moins le français avec les anglophones[14].

Ajoutons que le pourcentage des travailleurs francophones qui se sont vus exiger la connaissance de l'anglais pour obtenir leur premier emploi n'a pas diminué depuis 1970 : la proportion atteint les 20% en dehors de Montréal et dépasse les 40% pour Montréal. Par contre, toujours dans la région de Montréal, le pourcentage des anglophones de qui on exigeait le français n'atteint pas les 30%[15].

Au chapitre de la francophonisation, c'est-à-dire de l'accroissement du nombre de francophones, le milieu de travail a enregistré des gains par rapport à 1971 : la proportion de 5 ou 6 francophones pour un anglophone a augmenté de 2 ou 3 (il s'agit ici d'une moyenne, car la situation varie selon les secteurs). On constate que «plus la proportion des francophones s'accroît dans un secteur, plus l'usage du français progresse» dans l'entreprise[16].

Malgré les aspects positifs de ce bilan, on est obligé de conclure que la langue française, aujourd'hui comme en 1971, n'occupe pas dans le monde du travail au Québec la place qui lui revient. Elle ne s'impose pas avec autant de force que l'anglais dans les situations de communications prestigieuses du marché. Les administrateurs anglophones ont moins besoin du français que les administrateurs francophones n'ont besoin de l'anglais. Ces derniers utilisent même davantage l'anglais qu'en 1971 pour effectuer leur travail. Et le français ne fait pas le poids avec l'anglais dans les communications de travail des allophones. Le marché du travail continue de soumettre les francophones, plus que les anglophones, à de fortes exigences de bilinguisme. Force est de constater enfin que, si la langue française est largement utilisée dans les postes subalternes et en particulier par les ouvriers manuels ou peu scolarisés, elle n'occupe pas encore, loin de là, toute la place qui lui revient, comme langue de la majorité, dans les situations de travail plus importantes, notamment parmi ceux qui prennent les décisions[17].

Il est vrai qu'il est encore trop tôt pour constater le plein effet des programmes de francisation que les entreprises doivent appliquer conformément à la loi. Tous ces programmes, négociés par l'Office de la langue française, doivent être en place avant le 31 décembre 1983. D'après les chiffres fournis par l'Office[18], au 31 août 1982, sur 1 599 grandes entreprises visées par la loi, 1 195 devaient soumettre un programme de francisa tion. Or, 93% de ces entreprises ont déjà soumis leurs programmes de francisation, et 76% des programmes ont été approuvés. Pour ce qui est des petites et moyennes entreprises (de 50 à 100 employés), 72% d'entre elles (soit 1 500) possèdent déjà leur certificat de francisation ou ont fait approuver par l'Office leurs programmes de francisation.

Ce bilan est certes encourageant et il faut s'en réjouir. Mais il reste beaucoup à faire. En février 1981, le Conseil de la langue française réunissait, à Montréal, une soixantaine de représentants d'entreprises et d'agents de la francisation, justement pour faire le point sur la francisation. Outre les ressources investies, on a reconnu, de façon générale, l'énergie et la détermination avec lesquelles l'Office de la langue française et la plupart des entreprises se sont attaqués au processus de francisation, et les résultats positifs de ces efforts. Le diagnostic posé alors était clair : malgré des réticences éparses, le processus est bien enclenché, mais le mouvement n'est pas irréversible : il serait contre-indiqué d'apporter maintenant des modifications à la loi.

Le mouvement de francisation des entreprises ne s'arrêtera pas ; mais la francisation elle-même ne sera irréversible qu'avec une vigilance constante et elle est loin d'avoir atteint tout le monde. Même après le 31 décembre 1983, il restera encore 364 000 petites entreprises qui emploient moins de 50 personnes au Québec et qui, par conséquent, ne sont pas touchées par les programmes de francisation. Plus des deux tiers de ces entreprises sont situées dans le Grand Montréal, et on peut supposer que plusieurs ne fonctionnent pas en français, même si les dispositions générales de la loi concernant la langue du travail et des affaires s'appliquent aussi à elles.

À mon avis, la moitié de la francisation reste encore à faire, nous ne sommes qu'à mi-chemin. Ajoutons encore qu'environ 230 centres de recherche et sièges sociaux d'entreprises continuent de fonctionner et de travailler principalement en anglais, dans le cadre même de la loi 101, en raison de leurs relations étroites avec l'extérieur du Québec et en vertu d'ententes particulières négociées avec l'Office : c'est là le prix qu'il faut payer, semble-t-il, pour notre appartenance au monde anglo-américain . . .

B- C'est sans doute dans les **services publics**, le **commerce** et les **affaires** que le caractère français du Québec s'est affirmé le plus visiblement depuis dix ans.

On peut faire au moins quatre constatations positives. D'abord, le nombre de francophones a sensiblement augmenté entre 1971 et 1979 dans les divers groupes professionnels reliés aux secteurs dont nous parlons, entraînant par là une augmentation du pourcentage d'utilisation du français. Ainsi, par exemple, chez les employés des services, le nombre de francophones a augmenté de 9% et l'usage du français de 5,2%. Chez les vendeurs, les pourcentages d'augmentation sont de 30% et de 4,7%. Chez les employés de bureau, 62% et 11,5%. Chez les employés des transports et des communications, 280% et 15,4%*.

Ensuite, la clientèle francophone elle-même est consciente et reconnaît qu'elle réussit mieux qu'il y a dix ans à se faire aborder et servir en français dans les restaurants, les hôtels, les grands magasins, les services municipaux et hospitaliers et les moyens de transport public. Près de 75% des personnes interrogées en 1979 « affirment qu'il leur arrive rarement ou jamais de se faire aborder en anglais dans les commerces et les services publics », ce qui constitue une amélioration certaine, mais lente, par rapport à la situation qui prévalait au début des années 70[19].

En troisième lieu, le français a fait des progrès remarquables dans les documents et communications écrites à l'intérieur des services, du commerce et des affaires. Les comptes de taxes et les contraventions rédigés uniquement en anglais semblent être devenus des exceptions. On note également des progrès appréciables pour ce qui est des factures, des formulaires de commande ou d'inscription et des contrats d'adhésion. Dans le monde du travail, on enregistre un gain de 17,8% depuis 1971 en faveur des formulaires rédigés uniquement en français[20].

---

* Pour ce qui est de l'augmentation du nombre de francophones, le pourcentage représente le coefficient de croissance relative.

Par contre, du côté des modes d'emploi, près de 30% des personnes interrogées il y a trois ans affirmaient encore avoir reçu au moins un mode d'emploi unilingue anglais au cours des six derniers mois. Quant aux catalogues et aux dépliants publicitaires, dont l'importance est névralgique pour les progrès de la francisation puisqu'ils sont des outils de référence et agissent comme des multiplicateurs, des progrès non négligeables ont été accomplis, mais plus de 20% d'utilisateurs affirment encore en avoir reçus en version unilingue anglaise[21].

Enfin, la francisation la plus visible est celle de l'affichage public, de la publicité commerciale et des raisons sociales, qui constituent en très grande partie le visage public du Québec.

À cause des articles 58 et 69 de la loi 101, d'importants changements ont été effectués depuis quatre ans, particulièrement au cours des deux dernières années, et il n'échappe aux yeux de personne que le visage extérieur du Québec, notamment celui de Montréal, est devenu beaucoup plus français.

Un relevé de la Commission de surveillance de la langue française[22], montre qu'au mois d'août 1982, sur 2 596 établissements commerciaux dont l'affichage extérieur a été vérifié, 76% d'entre eux affichaient conformément aux dispositions de la Charte de la langue française, 18% affichaient en français et en anglais, et 6% en anglais seulement. Un effort important a été fait également pour la francisation des raisons sociales, mais il serait plus juste de dire qu'à cause du processus d'incorporation des compagnies et des dispositions mêmes de la Charte (voir articles 67 et 68), plus de 50% des modifications aux raisons sociales ont été faites vers le bilinguisme plutôt que vers l'unilinguisme français[23].

Mais, dans le secteur des activités socio-économiques, comme dans celui du développement démographique, le Québec a encore du chemin à parcourir pour assurer de façon évidente son caractère français. Des progrès visibles ont été réalisés, mais la situation actuelle n'est pas irréversible : il suffit d'un relâchement chez les principaux agents de la francisation ou d'un léger flottement dans la conjoncture politique pour remettre immédiatement en cause les acquis linguistiques d'un secteur donné. Bref, pour rester français, le Québec doit déjà faire preuve de vigilance. Pour progresser et se développer en français, il n'a d'autre choix que d'apporter son énergie à l'application quotidienne de mesures appropriées, lesquelles n'ont pas toutes besoin d'ailleurs d'être des mesures législatives.

2. Donner aux francophones les moyens de s'épanouir et de réussir

Un deuxième objectif, du moins implicite, de nos politiques linguistiques était de donner aux francophones les moyens de s'épanouir et de réussir. De ce côté, les effets des politiques linguistiques ont été moins visibles, et l'atteinte de ce second objectif paraît plus éloignée dans le temps. Quatre études du C.L.F. permettent de conclure ainsi : l'une porte sur les disparités de revenu au sein de la main-d'oeuvre hautement qualifiée au Québec[24] ; l'autre sur les disparités de revenu selon la langue[25] ; la troisième sur la langue de travail, incluant la place des francophones dans l'entreprise[26] ; la quatrième sur la place des francophones dans les postes de cadres des secteurs public et privé[27]*.

On peut tirer les constatations suivantes de ces études :

a) De manière générale, le revenu d'un anglophone unilingue est de beaucoup supérieur à celui du francophone unilingue ; l'écart est moindre entre le revenu d'un anglophone bilingue et celui d'un francophone bilingue, mais il joue presque toujours en faveur de l'anglophone. Il convient évidemment d'apporter des nuances selon les secteurs d'emploi et les catégories professionnelles.

b) Même si le nombre de francophones a augmenté (de deux ou trois pour un anglophone) sur le marché du travail entre 1971 et 1979, et même si cette augmentation a été spectaculaire dans le secteur des transports et des communications et chez les employés de la construction, cela ne veut pas dire que ce mouvement a entraîné

---

* On peut ajouter une cinquième étude publiée depuis : c'est celle qui porte sur l'appartenance des entreprises au Québec[28].

une promotion socio-économique significative du groupe francophone au Québec, et nous sommes obligés de constater que la présence et l'importance des francophones demeurent faibles dans des secteurs qui orientent davantage l'économie, comme la haute administration et les marchés extérieurs. Il y a un lien direct entre francisation et francophonisation et si, par exemple, dans le secteur de la finance, le pourcentage d'usage du français est le plus faible (72,4%) de tous les secteurs, cela est sans doute dû en grande partie au fait qu'on ne trouve dans ce secteur que 4 ou 5 francophones pour un anglophone[29].

c) Les politiques linguistiques n'ont pas encore réussi, à elles seules, semble-t-il, à donner aux francophones la confiance nécessaire pour s'affirmer suffisamment et prendre toute la place qui leur revient dans le monde du travail et les activités socio-économiques du Québec. L'étude sur la langue du travail le montre bien : c'est encore le plus souvent le francophone qui baisse pavillon et emprunte la langue de son interlocuteur non seulement quand celui-ci est unilingue mais aussi bilingue. Cette attitude est révélatrice de personnes qui ne sont pas encore arrivées à reconnaître pleinement à leur langue le caractère d'autonomie et de légitimité que lui confère pourtant collectivement la société québécoise. De plus, maint travailleur francophone, habitué à des postes subalternes, relie à tort la question de la langue à celle de son statut dans l'entreprise et se contentera de s'ajuster à l'anglophone surtout si celui-ci est son supérieur. « Les progrès du français réalisés depuis 1971 sont liés au statut hiérarchique des interlocuteurs : l'usage du français s'est accru surtout lorsque le francophone est patron et l'anglophone est subordonné (+9,3%). Les progrès sont deux fois moins importants (+4,6%) lorsque l'anglophone est patron[30]. »

d) Enfin, jusqu'à quel point les francophones ont-ils pris leur place comme propriétaires des entreprises québécoises ? La francophonisation et la francisation seraient

82

sans doute grandement favorisées par le développement d'institutions contrôlées par des francophones. La propriété des entreprises au Québec s'est sans doute accrue au profit des francophones depuis 1960, surtout dans le secteur manufacturier, mais qu'en est-il maintenant?*

3. Intégrer en les respectant les communautés culturelles du Québec

Cela constitue un troisième objectif escompté de nos politiques linguistiques. Le préambule de la Charte de la langue française « reconnaît l'apport précieux des communautés culturelles au développement du Québec » et les assure que le Québec est résolu à « faire du français la langue normale et habituelle du travail, de l'enseignement, des communications, du commerce et des affaires », « dans un climat de justice et d'ouverture » à leur endroit.

C'est également un principe du Livre blanc sur *La politique québécoise de la langue française* : « on doit respecter les minorités, leurs langues, leurs cultures[32]. »

L'application des politiques linguistiques québécoises a-t-elle respecté ces principes ?

---

* L'étude de Raynauld et Vaillancourt que le C.L.F. a publiée par la suite permet de répondre à cette question. Entre 1961 et 1978, la propriété des entreprises au Québec s'est accrue au profit des francophones dans presque tous les secteurs de l'économie. Dans le secteur manufacturier, on remarque une croissance du contrôle francophone dans 19 sous-secteurs sur 20. Cette croissance a été très marquée dans la construction, les transports (à cause surtout du transport scolaire), les services publics et aussi le secteur financier (à cause surtout du Mouvement Desjardins)[31]. Nous constatons donc que la francisation des entreprises et des affaires au Québec peut désormais compter sur les francophones non seulement comme acteurs, mais aussi comme metteurs en scène, réalisateurs et producteurs de nos activités socio-économiques. Les politiques linguistiques du Québec ne sont certes pas responsables à elles seules de ce changement social, mais on peut se réjouir qu'elles se soient accompagnées, pour plusieurs Québécois, d'un indice de réussite, d'épanouissement et de promotion socio-économiques.

- Disons d'abord que plusieurs gestes ont été posés pour **respecter** les communautés culturelles :

  — développement des cours PELO pour l'enseignement des langues d'origine ;

  — création du ministère des Communautés culturelles qui a été associé à celui de l'Immigration ;

  — élaboration et mise en place d'une politique gouvernementale à l'intention des communautés culturelles (« Autant de façons d'être Québécois ») ;

  — publication et diffusion en diverses langues de l'information gouvernementale dans certains ministères, à l'intention des communautés culturelles ;

  — campagnes de publicité, notamment dans les écoles, pour développer le sens de l'accueil aux autres et sensibiliser les jeunes à la diversité culturelle ;

  — possibilité prévue par la Charte de la langue française pour les communautés culturelles d'utiliser publiquement leurs langues dans les médias et les organes d'information, les activités religieuses et culturelles et aussi dans les entreprises employant au plus quatre personnes.

- Plusieurs gestes ont également été posés pour **intégrer** les communautés culturelles au Québec français :

  — développement des cours de français dans les COFI ;

  — mise en place de la politique gouvernementale à l'intention des communautés culturelles par la création d'un comité pour l'implantation de cette politique (CIPACC) ;

  — mais surtout, application de la Charte de la langue française : obligation de fréquenter l'école française, promulgation du français comme langue officielle, adaptation au nouveau contexte de travail où le français doit être la langue habituelle et normale des échanges et du travail.

Quels effets ont produit ces gestes posés ?

a) Nous l'avons vu, un correctif important a été apporté du côté de la fréquentation scolaire : la situation n'est pas encore parfaite, mais les communautés culturelles ont commencé à prendre résolument le chemin de l'école française ; il faudra encore quelques années cependant pour que, les anciens cédant la place aux plus jeunes, les ghettos ethniques et culturels puissent s'ouvrir au point qu'il ne soit plus possible, comme c'est le cas maintenant, de passer toute sa vie à Montréal en ne parlant que le grec, l'italien ou le portugais, ou en ne parlant que l'anglais et sa langue d'origine.

b) En 1979, chez les travailleurs anglophones de Montréal, le français n'était utilisé qu'à 51% dans les meilleures situations, c'est-à-dire lorsqu'il s'agit de communiquer avec des subordonnés francophones. Chez les allophones de Montréal, le pourcentage général d'usage du français au travail a augmenté de près de 12% entre 1971 et 1979, mais l'unilinguisme anglais au travail demeure plus répandu chez eux (30%) que l'unilinguisme français (20%)[33].

c) On a calculé l'indice d'équilibre exprimant « la capacité de la main-d'oeuvre d'un groupe linguistique donné de combler tous les postes effectivement bilingues qu'elle détient sur le marché ». Cet indice montre une forte avance des francophones par rapport aux anglophones (152 par rapport à 65). « Les francophones seraient proportionnellement plus bilingues que nécessaire et les anglophones le seraient moins ». Quant aux allophones, aujourd'hui encore, ils maîtrisent mieux l'anglais écrit que le français, même si leur français oral progresse de façon sensible : en 1979, 37% d'entre eux seulement évaluaient comme bonne ou excellente leur aptitude à écrire le français par rapport à 60% pour l'anglais. « Cette situation illustre bien les conséquences de l'attraction plus forte de l'anglais chez les allophones ; leur intégration linguistique québécoise s'est effectuée à l'avantage de l'anglais ». Force est de constater que le bilinguisme gagne du terrain en milieu de travail, au détriment surtout de l'unilinguisme français.

Si on demande aux travailleurs bilingues la langue qu'ils préfèrent utiliser au travail : le français, l'anglais, ou les deux, 50% des francophones répondent le français (ce qui ne traduit pas un attachement ou une agressivité très remarquables), près de 55% des anglophones répondent l'anglais, et les allophones se partagent de la façon suivante : 30% préfèrent l'anglais et 19% le français. « Puisque les francophones sont fortement majoritaires au Québec, on aurait pu s'attendre à ce que la dynamique du bilinguisme serve davantage leur langue que l'anglais[34]. » Malheureusement, ce n'est pas le cas, et les politiques linguistiques n'ont pas encore réussi à intégrer de façon décisive au mouvement de francisation du Québec les communautés culturelles.

d) Il faut en convenir cependant, ce mouvement n'a été résolument amorcé qu'il y a sept ou huit ans. C'est bien court pour en cueillir les fruits, car une dynamique sociale impliquant à la fois des facteurs économiques, psychologiques, sociaux et culturels met plusieurs années à se refaire ou à prendre une autre direction et doit constamment être soutenue par des motivations d'ordre collectif et personnel. C'est cette motivation sans doute qui a été la moins visible et la moins ressentie par les communautés culturelles au cours des dernières années. En cela, nos attitudes, comme francophones, n'ont pas toujours aidé. Il nous est difficile de concilier en une synthèse dynamique et attrayante le respect des communautés culturelles et leur intégration (nous ne disons pas leur assimilation) à notre société. C'est à peine si nous commençons collectivement à considérer ce respect comme autre chose qu'une obligation mêlée d'indifférence. Nous sommes donc loin d'avoir généralisé chez nous des attitudes d'accueil et d'ouverture qui ont leurs exigences, certes, mais qui conduisent à des découvertes et à des liens de connaissance et d'amitié sans lesquels la véritable intégration n'est pas possible. Et cette intégration elle-même, pour être efficace et durable, ne doit-elle pas reposer avant tout sur l'action de multiplicateurs et d'alliés au sein même des communautés culturelles que nous aurions pris la peine d'apprivoiser et chez qui nous aurions eu l'habileté de susciter l'attrait de notre langue et de notre vie françaises? Si le respect n'est qu'un devoir, il ne peut mener qu'à la coexistence; si l'intégration n'est qu'une obligation, elle ne peut qu'aboutir à un rejet. L'objectif clairement recherché par la politique linguistique du Québec est tout autre et ne peut être réalisé que par un effort commun à base d'estime réciproque: aucune motivation n'est possible sans cela.

II
LE PRÉSENT ET L'AVENIR

Nous avons tenté jusqu'ici, chaque fois que cela était possible, de dresser un bilan chiffré de l'application des politiques linguistiques des années 70 au Québec, à partir de trois objectifs qu'elles se proposaient d'atteindre. Avant de nous résumer, de cerner quelques problèmes actuels et de dégager des priorités d'avenir, demandons-nous d'abord quelles sont actuellement les attitudes des Québécois face aux politiques linguistiques du Québec.

1. Attitudes des Québécois face aux politiques linguistiques du Québec

À plusieurs reprises, des maisons de sondage ou des organismes comme le C.L.F. ont voulu vérifier les attitudes des Québécois face à la situation linguistique, aux politiques linguistiques québécoises et à leur application. Il sera instructif et utile de faire le point à ce sujet, en distinguant le contenu des politiques linguistiques et leur application.

Tous les groupes linguistiques du Québec s'accordent à reconnaître, de façon générale, mais selon des pourcentages variables, les progrès accomplis en termes de présence du français et des francophones dans les différents secteurs de l'activité sociale et économique du Québec. En 1979, 87% des anglophones, 70% des francophones et 70% des allophones percevaient un accroissement de l'usage du français dans les commerces et les services publics au cours des cinq années précédentes. Nous ne reviendrons pas sur les chiffres que nous avons déjà donnés concernant la langue de travail. Nous avons également identifié quelques secteurs où l'usage du français et la présence des francophones sont déficitaires. Nous nous attarderons plutôt à tenter d'évaluer le degré de consensus qui existe autour du contenu des politiques linguistiques québécoises et de leur application.

a) Le contenu des politiques linguistiques québécoises

En compilant les résultats des sondages sur une vingtaine d'énoncés relatifs au contenu ou au fondement des politiques linguistiques québécoises, on peut tirer les conclusions suivantes:

— Les francophones tiennent avant tout (par ordre d'importance du consensus) à ce que les immigrants qui s'établissent au Québec apprennent le français en premier (progrès de 1,5% de cette perception depuis 1971); à ce que toute personne qui demeure au Québec sache parler français (recul de 1,2% de cette perception depuis 1971); à ce que le français soit la langue de travail au Québec; à ce que les commerçants et les services publics abordent leurs clients en français au Québec; à ce que les catalogues soient rédigés uniquement en français (à moins que le client n'en demande une version anglaise); à ce qu'aucun produit ne soit vendu avec une étiquette unilingue anglaise; et à ce que les francophones exigent de parler français en toute occasion au Québec.

Ces affirmations, tirées de deux études différentes faites, soit auprès d'usagers, soit auprès de travailleurs, recueillent, chez les francophones, des pourcentages d'adhésion allant de 82% à 95%, ce qui est très fort[35]. Un autre sondage effectué auprès des cadres du secteur public et du secteur privé montre que 94% des cadres francophones estiment eux aussi que le français doit être la langue de travail au Québec; que 89% d'entre eux croient que toute personne qui demeure au Québec devrait savoir parler français; et que 83% se disent convaincus que les grandes entreprises du Québec devraient mettre sur pied des programmes de recrutement destinés à francophoniser le plus possible les postes de haute direction[36].

— Chez les anglophones et les allophones, les priorités ne sont pas les mêmes et les pourcentages d'adhésion sont beaucoup plus faibles : ils s'étalent entre 14% et 78%. Par ordre d'importance du consensus, les anglophones et les allophones croient : à 73% et 78% respectivement, que toute personne qui demeure au Québec devrait savoir parler français (c'est un recul de 11% et de 8% par rapport à 1971); à 57% et 71% respectivement, que l'immigrant qui s'établit au Québec devrait apprendre le français en premier (il s'agit d'un progrès de 17% et de 10% sur 1971); à 50% et 59% respectivement, qu'un produit ne devrait jamais être vendu avec une étiquette unilingue anglaise; à 38% et 48%, que les catalogues devraient être uniquement en français; à 29% et 46%, que le français devrait être la langue de travail au Québec; à 23% et 46%, que les commerçants et les services publics devraient aborder leurs clients en français; à 14% et 40%, que les francophones devraient exiger de parler français en toute occasion au Québec.

L'attitude des cadres non francophones des secteurs public et privé est beaucoup plus encourageante : 82% des cadres anglophones et 91% des cadres allophones estiment que toute personne qui demeure au Québec devrait savoir parler français; 60% et 55% respectivement croient que le français doit être la langue de travail au Québec; mais seulement 44% et 56% souhaitent que les grandes entreprises mettent sur pied des programmes de recrutement de francophones.

b) L'application des politiques linguistiques

Les données que nous possédons ont trait surtout à l'application de la loi 101 et sont assez révélatrices de l'état d'esprit qui prévaut au Québec.

Sur la légitimité de l'initiative prise par le Québec de recourir à des mesures législatives d'ordre linguistique, le consensus est significatif : 85% des francophones et 60% des allophones, mais seulement 42% des anglophones croyaient en 1979 qu'« il était temps que le gouvernement permette aux Québécois de **vivre** en français. » Mais 90% des francophones, 55% des anglophones et 66% des allophones croyaient qu'« il était temps que le gouvernement permette aux Québécois de **travailler** en français[37]. »

Les résultats des sondages sur une douzaine d'énoncés relatifs à l'application de la loi 101 permettent de tirer les conclusions suivantes* :

— la grosse majorité des trois groupes linguistiques du Québec croient que la loi 101 permettra d'améliorer la qualité du français au Québec (francophones 90%, anglophones 65% ; allophones 81%) ;

— la majorité des francophones et des allophones et près de la moitié des anglophones croient à l'efficacité d'une loi comme la loi 101 pour préserver le français au Québec (francophones 74,5% ; anglophones 43,7% ; allophones 63,3%) ;

— cependant, seuls les francophones croient majoritairement que l'application de la loi 101 ne peut pas nuire à l'économie du Québec (francophones 57,3% ; anglophones 9,4% ; allophones 24,1%)[38] ;

— enfin (fait extrêmement intéressant à noter), parmi les cadres de l'entreprise, 60,4% estiment que les politiques linguistiques du Québec doivent être renforcées ou lais-

---

* Les trois groupes linguistiques connaissent mal la loi 101 et la croient plus sévère qu'elle n'est en réalité ; 30% des francophones souhaitent une libéralisation de la loi, alors que le pourcentage monte à 80% chez les anglophones, et à 58% chez les allophones[39].

sées telles quelles, et seulement 39,6% estiment qu'elles doivent être restreintes[40].

2. Bilan général et impact psychologique

Résumons-nous! Si, à la lumière des études qui ont été faites, nous regardons le chemin parcouru depuis dix ans, que pouvons-nous conclure? D'abord que le bilan est positif et que la langue française se porte mieux au Québec. Nous constatons en particulier:

— une prise en main de nos politiques d'immigration, d'information et d'accueil aux immigrants susceptibles de favoriser davantage le fait français;

— un accroissement appréciable de la proportion d'élèves dans les écoles françaises qui correspond davantage au pourcentage de la population francophone du Québec;

— un progrès certain de l'usage général du français au Québec, que ce soit dans l'administration publique, dans le monde du travail, dans les services, le commerce et les affaires, en particulier dans les documents écrits et l'affichage public;

— une augmentation de la proportion des francophones dans le monde du travail, une légère augmentation de la présence des francophones dans les postes de direction et d'encadrement des entreprises et un accroissement de la propriété des entreprises par les francophones;

— un recul de l'unilinguisme anglais en milieu de travail;

— un appui clairement majoritaire de tous les groupes linguistiques du Québec à l'intervention du gouvernement pour permettre enfin aux Québécois de travailler et de vivre en français;

— une préférence très majoritaire des cadres francophones et une préférence majoritaire des cadres allophones des secteurs public et privé pour le maintien et même le renforcement (et non l'adoucissement) des politiques linguistiques actuelles du Québec;

— la croyance généralisée chez tous les groupes linguistiques du Québec que la loi 101 permettra d'améliorer la qualité du français au Québec ;

— un progrès de la conviction chez tous les groupes linguistiques du Québec voulant qu'un immigrant qui s'établit au Québec doit apprendre le français en premier ;

— un recul chez tous les groupes linguistiques du Québec de la croyance qui voulait que l'anglais demeure inévitablement la langue des affaires et de la finance au Québec ;

— un recul aussi chez tous les groupes linguistiques du Québec de la croyance voulant que le français ne se prête pas aux exigences de la technique moderne.

Voilà, sommairement notés, les points de progrès marqués par la langue française au Québec depuis dix ans, tels qu'on a pu les vérifier au moyen d'études chiffrées.

Mais les études n'ont pas encore réussi à pénétrer toute la réalité linguistique observable. De plus, les chiffres ne rendent pas compte de tout. L'application des politiques linguistiques permet de faire un bilan de l'impact visible, certes, mais comporte aussi un impact psychologique. Par conséquent, d'autres constatations peuvent encore être ajoutées au bilan positif que nous avons dressé à partir, là aussi, de l'observation de la réalité ou de témoignages fréquemment entendus.

L'élaboration et la mise en place d'une politique linguistique au Québec a eu un impact psychologique certain sur les individus et la société.

En proclamant le français langue officielle du Québec, la loi 22 et la loi 101 ont contribué efficacement à faire reculer chez un très grand nombre de francophones le sentiment historiquement ressenti d'être minoritaires chez eux. Pour la première fois dans leur histoire, au plus haut niveau d'un pouvoir politique légitime, on leur a dit clairement leur place, qui est la première, et on leur a conféré le droit plein et entier, chaque jour, partout et en toute circonstance, de pouvoir utiliser leur langue sans avoir à s'excuser ou à demander la permission. Il ne faut pas considérer comme négligeable cet effet premier de nos politiques linguistiques. Loin de nous l'idée que tous les Québécois aient eu besoin d'une législation linguistique pour rester eux-mêmes et s'affirmer dans leur langue. Mais pour bon nombre d'entre eux, il n'était pas si facile de tenir leur place dans un univers fortement soumis à l'anglais.

Le Québécois francophone d'aujourd'hui jouit donc d'un avantage appréciable par rapport à son concitoyen de 1970 : il est désormais en position de confiance et de sécurité : il sait qu'il possède désormais un droit réel au respect de sa langue et de son identité. En plus de lui conférer un sentiment d'assurance, cette reconnaissance officielle de sa langue fait naître chez lui un sentiment nouveau de fierté et l'amène progressivement à découvrir la capacité inouïe de la langue française d'exprimer les mille réalités de la vie contemporaine.

Il faut également porter au crédit de nos politiques linguistiques le développement, au Québec, d'une expertise linguistique qui a accompagné notre prise de conscience collective en matière de langue. Car la langue, chez nous, a changé de registre. Fini les discours de survivance ! La langue est devenue un élément de la vie même de notre société. Elle n'est plus une simple affaire culturelle ; elle est devenue une affaire d'État, une chose sérieuse qu'on planifie et qui entraîne des budgets. Il est normal maintenant de donner le pouls de la langue comme on donne celui de l'économie, et de produire des rapports, des études et des recherches sur l'état et les besoins de la langue dans tel ou tel secteur. L'Office de la langue française a 20 ans d'existence, le Québec en est à sa 3ᵉ législation linguistique, la Commission Gendron, le Conseil de la langue française et les autres organismes linguistiques ont produit nombre d'études qui marquent l'avance du Québec dans ce domaine. Bref, il y a maintenant au Québec un **agir** linguistique et une expertise certaine, en matière de langue, à laquelle on fait appel dans les rencontres internationales et qui est de plus en plus reconnue.

Mais au-delà de cette expertise, l'application des politiques linguistiques a également accentué le débat sur la langue et provoqué en quelque sorte le développement d'une conscience linguistique québécoise. Née de l'affirmation de soi et de la mise en lumière de la légitimité des revendications francophones, cette conscience collective évolue entre les discours partisans et les analyses lucides, s'affirme parfois trop fortement pour se culpabiliser ensuite, se montre tantôt exigeante et tantôt complaisante, et cherche le difficile chemin de son équilibre dans une vision qui assure le respect de soi-même et des autres. Cette dynamique engendre des tensions, certes, mais il faut la considérer aussi comme un facteur ultimement positif dans notre cheminement collectif.

Mais notre bilan général comporte aussi un volet moins positif qu'il convient d'examiner maintenant. La langue française, avons-nous dit, a fait des progrès au Québec depuis dix ans; mais nous sommes obligés de constater, chiffres en main, que dans bien des secteurs ces progrès sont encore lents et qu'une bonne partie du chemin reste encore à parcourir. Nous constatons en particulier:

— une proportion encore relativement faible de ceux qui n'utilisent que le français au travail dans la région de Montréal et un pourcentage important des travailleurs montréalais francophones obligés de connaître l'anglais pour obtenir un emploi;

— une sous-utilisation du français dans les communications entre anglophones et francophones;

— un accroissement de l'utilisation de l'anglais chez les administrateurs francophones;

— une sous-représentation des francophones dans les postes de commande et de décision;

— un certain nombre d'entreprises qui n'ont pas commencé à appliquer un programme de francisation;

— un nombre considérable d'entreprises de moins de 50 personnes à qui l'Office n'a pas pu demander une analyse de leur situation linguistique en vertu de l'article 151 de la loi;

— un pourcentage non négligeable d'affiches commerciales non conformes à la loi ;

— une conformité minimale et moyenne des raisons sociales aux dispositions de la Charte ;

— la crainte assez répandue chez tous les groupes linguistiques du Québec, y compris les francophones, que l'application de la loi 101 ne compromette la santé économique des entreprises ou n'éloigne les investisseurs étrangers ;

— une préférence marquée des anglophones pour un adoucissement des politiques linguistiques actuelles du Québec ;

— un faible pourcentage des travailleurs anglophones et seulement la moitié des travailleurs allophones qui croient que le français doit être la langue de travail au Québec[41].

Voilà en gros ce qu'on a pu vérifier au moyen des études et des chiffres. Mais, ici comme pour le volet positif de notre bilan, les chiffres ne disent pas tout. Il convient d'ajouter d'autres constatations d'ordre psychologique ou social.

L'application des politiques linguistiques au Québec a eu un impact majeur sur la communauté anglophone. Celle-ci est passée, en quelques années, de la perception de sa position relativement sécure et confortable qu'elle occupait dans notre société, à un sentiment aigu et existentiellement ressenti d'être devenue minoritaire, ce qu'elle était déjà en fait. Cet état d'insécurité n'est pas dû uniquement aux politiques linguistiques, car bien des facteurs y ont contribué, comme la dénatalité, le déficit des migrations interprovinciales et le déplacement économique vers l'Ouest du pays. Mais les politiques linguistiques du Québec, et notamment la loi 101, en plaçant les anglophones devant la réalité inéluctable du fait français, ont ajouté à leur panique et polarisé leurs frustrations.

C'est ainsi que souvent, en dehors d'une connaissance précise de la loi 101 et de ce qu'elle permet de faire, on a colporté un peu partout l'image d'une loi épouvantable et rigide. Ce grossissement dramatique a peut-être servi momentanément un groupe ou l'autre, mais il ne peut aider personne. Il risque d'abord de retarder inutilement l'adaptation de la communauté anglophone au Québec français et de braquer la majorité des francophones. Et s'il touchait une partie des francophones, comme cela s'est remarqué à l'occasion, ceux-ci ne tarderaient pas à comprendre finalement ce qui est largement reconnu au Canada, à savoir que le traitement réservé par le Québec à sa minorité anglophone est beaucoup plus généreux que ce qu'on trouve ailleurs. Le problème, à la vérité, est plus profond que celui de l'application de tel ou tel article de la loi 101 avec lequel on ne serait pas d'accord. La réalité, c'est qu'une partie de la communauté anglophone n'a pas encore réussi à reconnaître et à admettre la prépondérance du français au Québec ou son statut de langue officielle et se comporte souvent comme si les deux langues devaient être égales. Nous avons donc encore du chemin à parcourir pour que le français atteigne au Québec le statut prévu par la Charte.

Un autre facteur de freinage à ajouter à notre bilan est celui de la conjoncture juridico-constitutionnelle, ou ce qu'on a appelé la guerre des deux Chartes. Deux légitimités s'affrontent ici, la légitimité canadienne et la légitimité québécoise, toutes deux légalement fondées, toutes deux appuyées par des pouvoirs démocratiquement élus, mais opposées l'une à l'autre par leurs conceptions et leurs principes sur quelques points précis, dont l'accès à l'école anglaise. Nous avons dit dans notre première partie qu'une véritable politique linguistique est impossible sans un contrôle réel de l'évolution démographique incluant les populations scolaires. Pour ce faire, l'État concerné doit jouir du pouvoir législatif nécessaire en matière d'éducation et de langue, ce que la Constitution de 1867 accordait en exclusivité aux provinces. La nouvelle Constitution canadienne votée en 1981 est venue perturber cet état de fait et de droit en grugeant le pouvoir des provinces à ce chapitre. Il est peut-être consolant de constater, dans un sondage récent, que 80% des cadres francophones des secteurs public et privé estiment que le pouvoir législatif en matière de langue et d'éducation doit être du ressort exclusif des provinces[42], mais pour le moment, la balance ne penche pas en faveur des francophones, car le jugement du juge Deschênes (confirmé par le jugement de la Cour d'appel)* sur l'accès à l'école anglaise au Québec, en rendant inopérant le chapitre VIII de la Charte de la langue française, a démontré que le Québec ne possède plus l'intégrité de son pouvoir législatif en cette matière et que, par conséquent, il ne contrôle plus entièrement un élément majeur de sa politique linguistique.

Rappelons enfin que le Québec avait déjà perdu, en décembre 1979, un autre élément majeur de sa politique linguistique, lorsque la Cour suprême déclara inconstitutionnel le chapitre III de la loi 101, qui voulait faire du français la langue de la législation et de la justice au Québec. On se souviendra que la Cour ré-imposa l'anglais au Québec, mais que personne, au cours du débat constitutionnel, ne réussit à imposer également le français dans la législation et les tribunaux de l'Ontario.

3. Problèmes actuels

Nous venons de dresser un bilan de l'application des politiques linguistiques. Nous tirons de ce bilan le constat suivant : nous n'avons pas encore atteint nos objectifs ; dans plusieurs secteurs nous n'avons parcouru jusqu'ici que la moitié du chemin.

Nous avons déjà parcouru la moitié du chemin, diront les optimistes : c'est excellent, la tendance est résolument amorcée, il faut nous laisser le temps de franchir les autres étapes. C'est très juste. Pourtant, sans être trop alarmiste, nous voulons examiner les obstacles qui nous empêchent d'aller plus vite et qui peuvent, à la limite, compromettre la réalisation de nos objectifs.

Le premier obstacle, ce sont les francophones eux-mêmes. Nous faisons nous-mêmes obstacle, par certaines de nos attitudes, au progrès du français.

Un sondage effectué auprès des travailleurs québécois eux-mêmes montre que «chez les francophones, trois obstacles

---

" ... et finalement par la Cour suprême (août 1984).

majeurs nuisent à un plus grand usage du français. Le premier concerne la crainte de compromettre ses chances d'avancement (55,2%), le second est lié à la gratification qu'ils retirent de l'usage de l'anglais (44,8%) tandis que le troisième évoque les représailles possibles au plan des relations humaines. Donc la possibilité de faire un plus grand usage du français au travail se heurte à un mélange de satisfaction et d'appréhension chez les francophones». À ce sujet, nous en sommes au même point qu'il y a dix ans. (Il est intéressant de noter que «chez les anglophones, c'est la crainte de compromettre son rendement qui constitue le plus fort obstacle à l'usage du français (66,2%).» Les anglophones sont également d'accord à 45,3% avec l'énoncé suivant: «Je n'ai pas de raison de parler français puisque la plupart des gens comprennent très bien l'anglais[43].»).

Rappelons aussi ce que nous avons dit plus haut à savoir que, dans ses communications orales avec un anglophone, le francophone baisse pavillon facilement et adopte beaucoup plus vite la langue de son interlocuteur, surtout si celui-ci est un patron.

Ces perceptions et ces comportements traduisent peut-être un certain manque de confiance, individuel ou collectif. En dépit du droit qui leur est donné, plusieurs francophones préfèrent encore céder leur place, au lieu d'occuper la place qui leur revient en toute légitimité. Ils obéissent encore à la crainte et n'ont pas encore réussi à se libérer d'un certain sentiment de sujétion.

L'établissement de la prépondérance du fait français au Québec n'est pas seulement la responsabilité de l'État: elle incombe à chacun. Cela signifie qu'on devrait utiliser d'abord la langue française et aider les autres à en faire usage. Il est concevable qu'on puisse éprouver de la satisfaction à parler anglais parfois. Mais il ne faut pas profaner ce sentiment. Parler anglais par crainte pour soi-même ou par soumission au patron ou à l'interlocuteur, c'est peut-être manquer à sa responsabilité et ne respecter ni l'anglais ni le français. À la longue, c'est aussi encourager l'unilinguisme anglais ou favoriser une sorte de bilinguisme à sens unique pour francophones seulement. Bref, c'est travailler à l'encontre de la reconnaissance du fait français au Québec.

Le second obstacle à la réalisation de nos objectifs linguistiques est peut-être notre manque de perspective. Nous avons quelque difficulté à opérer les reculs nécessaires et à maintenir une vision globale de nos objectifs essentiels. Cela nous empêche de garder le cap coûte que coûte sur le but que nous nous étions fixé. Il suffit parfois de quelques assauts ou de quelques opposants pour faire naître l'hésitation ou effriter notre consensus.

Ce manque de perspective s'explique de plusieurs façons : idéalisme, tendance à la généralisation ou à la particularisation, confusion des notions, environnement culturel.

Idéalisme d'abord. Les Québécois francophones sont foncièrement généreux et préfèrent la bonne entente. Ils se sont fixé comme objectif de donner à la langue française au Québec une place prépondérante et un droit de cité plein et entier. C'est une entreprise légitime mais exigeante. Les mesures qui en découlent ne peuvent pas faire autrement que de déranger et de déplaire parfois, si l'on veut que la langue française reprenne du terrain et occupe la place qui lui revient. Il semble que certains aient cru naïvement qu'une politique linguistique centrée sur la prépondérance d'une langue dans un État bilingue puisse se développer quotidiennement sans susciter des ennuis, des attaques, des revendications.

Tendance à la généralisation ensuite. Il est rare qu'une loi n'ait pas ses lacunes ; il est rare aussi qu'elle soit toujours parfaitement bien appliquée. Bien sûr, si elle entraîne des injustices ou donne lieu à des interventions discrétionnaires, il faut les dénoncer. De même, des ajustements d'application et d'interprétation peuvent toujours être effectués, comme il y en a eu depuis deux ans pour la loi 101, à propos par exemple des tests linguistiques, de la langue des communications internes dans les écoles anglaises, de la langue des personnes séjournant au Québec de façon temporaire. Mais s'insurger contre la loi 101 à cause d'un ou deux articles contestés, ou bien à cause du

« hambourgeois » ou de la « barbotine », ce serait généraliser de façon injustifiée et perdre de vue les objectifs essentiels.

Ce manque de perspective ne joue d'ailleurs pas seulement dans le sens de la généralisation, mais aussi de la particularisation, puisqu'à certains moments, on voudrait nous faire croire que le Québec se singularise par l'emploi d'une législation linguistique, alors que plusieurs pays dans le monde y ont eu recours. Le Conseil de la langue française poursuit, depuis plusieurs mois, des études portant sur les politiques et les législations linguistiques à travers le monde en relation avec les droits fondamentaux des individus et des groupes ; et dans le panorama qu'il compte livrer à la population d'ici deux ans, on pourra constater que le Québec, au contraire de ce qu'on laisse parfois entendre, ne fait pas figure d'interventionniste outrancier en ces matières et qu'il affiche même, dans le concert des provinces et des nations, une ouverture plus généreuse que bien d'autres à l'endroit de la langue minoritaire.

Il y a encore une autre explication au manque de perspective dont nous parlons. C'est que nombre de Québécois connaissent mal la loi 101 ou ne l'ont pas lue du tout[44], et fonctionnent à partir de notions embrouillées et de perceptions approximatives. Il nous a été donné, à l'occasion de nos rencontres ou de nos consultations régionales, d'entendre les affirmations les plus saugrenues comme celles-ci :

« La loi 101 défend de parler anglais au Québec. »

« Si la loi 101 est attaquée à plusieurs reprises, c'est qu'elle n'est pas bonne. »

« On ne peut plus, depuis la loi 101, recevoir du gouvernement des services en anglais. »

« Après 1983, tous les organismes municipaux et scolaires et les services de santé devront fonctionner uniquement en français. »

« La loi 101 a forcé les écoles anglaises à faire disparaître leur dénomination anglaise sur les édifices publics. »

« Tous les contrats passés au Québec doivent être en français. »

Quantité de faussetés semblables circulent dans l'opinion publique, alors que la réalité est tout autre. La loi 101 n'empêche personne d'être bilingue ou trilingue au Québec et de se faire servir, comme individu, dans une autre langue que le français ; elle empêche seulement le bilinguisme institutionnel, qui joue toujours, on le sait bien, au détriment du français. Et même alors, on a déjà souligné que la Charte de la langue française, bien qu'elle ait pour objectif d'assurer la primauté du français, « fait une grande place à la langue anglaise en lui donnant même, à certains égards, comme dans l'enseignement, un statut juridique au-delà des obligations constitutionnelles qui étaient celles du Québec en 1977. La loi 101 ne consacre pas 8 articles sur 213 à imposer l'usage exclusif du français. Encore faut-il constater que la grande majorité de ces 8 articles comportent ou permettent des dérogations ou des exceptions importantes à l'unilinguisme français qu'ils exigent. » Et on a fait état de mesures nombreuses et importantes qui ont été prises par des organismes gouvernementaux, comme la Régie de l'assurance-maladie, la Commission de santé et de sécurité au travail et la Régie de l'assurance-automobile, pour fournir leurs services en anglais aux citoyens qui le demandent[45].

Un dernier facteur qui rend difficile pour plusieurs francophones le maintien d'une juste perspective et d'un consensus face à l'énoncé et surtout face à l'application de nos politiques linguistiques, c'est notre immersion totale en milieu culturel et socio-économique anglo-américain. Nous sommes américains, nous voulons le demeurer, nous retrouvons plus facilement nos valeurs et nos habitudes de vie aux États-Unis que dans n'importe quel pays francophone, nous laissons volontiers la musique et les médias américains pénétrer dans notre vie, comme de récentes études du C.L.F. l'ont démontré clairement[46], et nous nous considérons comme faisant partie du marché américain dont nous sommes à l'affût des plus récents produits de consommation. Bref, notre environnement culturel et économique est largement américain. Déjà, par conséquent, nous sommes soumis à une puissante attraction de l'anglais.

Ajoutons à cela les mille et une relations de famille et d'affaires que nous entretenons depuis des générations avec nos concitoyens anglophones. Ajoutons enfin l'existence d'un gouvernement central fort, historiquement perçu comme obéissant d'abord aux intérêts du Canada anglophone. Le résultat en est, finalement, que plusieurs francophones, habitués de vivre dans ce « milieu » anglophone, sont devenus, fortement et inconsciemment, « conditionnés » à l'anglais et ils ont l'impression, très faussement d'ailleurs, que lutter pour la prépondérance du français au Québec, c'est s'opposer à tout ce qui est anglais ou américain.

Il est donc important, si nous voulons atteindre nos objectifs linguistiques et renforcer, pour ce faire, l'indispensable consensus des francophones, que ceux-ci apprennent à se donner, face à leur action linguistique, un sens des perspectives qui leur fait parfois défaut.

4. Priorités d'avenir

Si nous nous tournons vers l'avenir et que nous nous demandons maintenant comment nous pourrions parcourir cette moitié du chemin qu'il nous reste à faire, ce que nous venons de dire pourrait bien constituer la première de nos priorités pour les cinq prochaines années.

Il est extrêmement important en effet, pour l'atteinte de nos objectifs, que les francophones développent des attitudes saines et vigoureuses par rapport à la langue, c'est-à-dire d'abord une conscience de la légitimité de nos objectifs qui ne laisse place à aucun faux sentiment de culpabilité ; ensuite une fierté de notre langue qui lui donne, autant que possible, la première place en toute circonstance ; enfin une vigilance et une ténacité qui assurent la continuité de notre action.

L'engagement convaincu et tenace des Québécois à vouloir développer de façon dynamique le fait français en Amérique du Nord constitue en lui-même un projet de société capable de galvaniser encore bien des énergies.

Une remarque s'impose. Ces attitudes ne visent pas à faire du Québec un ghetto. Elles sont tout à fait compatibles avec le respect du droit des autres et avec une ouverture sur les autres langues et les autres cultures. Il est important en effet que se développe, au cours des prochaines années, en même temps que l'affirmation pleine et entière du fait français, le goût et l'enseignement des autres langues susceptibles de favoriser une plus grande ouverture du Québec sur le monde.

Mais nous avons, comme Québécois, une responsabilité première envers la langue française. À quoi servirait une loi qui s'emploierait à imposer une langue dont nous ne défendrions que mollement les intérêts ? Il faut se méfier de nous-mêmes et de notre longue patience : nous montrons les dents en temps de crise, et quand nous croyons que la partie est gagnée, nous rentrons en nous-mêmes dans un silence débonnaire. « Maintenant que la loi 101 existe et que des organismes gouvernementaux s'occupent de la langue, tout est réglé : il n'y a plus de danger », aurions-nous la tentation de dire. Erreur d'optique et fausse sécurité. L'État nous donne les moyens d'atteindre nos objectifs et de les défendre, les moyens d'exercer nos droits. Mais la langue n'est pas avant tout une cause gouvernementale et elle ne peut ultimement se développer et prendre sa place que si ceux qui la parlent sentent l'importance de la défendre et d'exercer envers elle leur responsabilité quotidienne. La planification linguistique du Québec a fait jouer un grand rôle à l'État en matière de langue et, depuis dix ans, les groupes, les mouvements et les associations qui se consacraient volontairement à la défense de la langue ne font plus entendre leur voix aussi souvent qu'autrefois. Il faut le déplorer et souhaiter qu'au cours des prochaines années il y ait une nouvelle prise de conscience, à la base, de nos responsabilités individuelles et collectives face à la langue.

Il n'est pas souhaitable pour autant que l'État se départisse, à moyen terme du moins, de la responsabilité qu'il a assumée, mais il devra peut-être prévoir des ajustements au rôle qu'il s'est donné.

Il importe avant tout de maintenir le cap sur les objectifs fondamentaux de nos politiques linguistiques et de traverser la crise actuelle sans remettre en cause le projet de société qui les sous-tend. À partir du bilan que nous avons dressé, il est clair que le statut de la langue française n'est pas encore suffisamment assuré au Québec pour qu'il puisse se passer du soutien d'une législation linguistique. Pourra-t-il jamais s'en passer d'ailleurs, puisqu'on ne voit pas comment la langue française, minoritaire dans l'ensemble canadien et nord-américain, pourrait, laissée à elle-même et soumise aux mille pressions de l'environnement anglophone, non seulement conserver son statu quo, mais ne pas reculer. Il faut donc bien éviter de se laisser tromper par les propos de ceux qui croient que « la langue française se porte très bien au Québec et qu'il suffirait de lui enlever son corset pour qu'elle se porte mieux ».

Tout en maintenant le cap sur nos politiques linguistiques, un effort important devrait être tenté pour mieux les expliquer et les faire comprendre et pour les re-situer, comme nous l'avons dit, dans une perspective d'ensemble qui fasse clairement voir à la population ce que fait exactement le Québec par rapport à ce que font exactement les autres provinces et les autres pays, et la légitimité de son action par rapport aux déclarations internationales relatives aux droits individuels et aux droits des minorités. Le Conseil de la langue française, qui a le pouvoir, de par la loi, d'entendre la population et de l'informer, aurait sans doute un rôle important à jouer à ce sujet dans un avenir prochain.

Il faut aussi mieux faire connaître la loi, ce qu'elle dit vraiment, et aussi ce qu'elle permet. À cet égard, le ministre responsable de l'application de la Charte de la langue française pourrait sans doute, au profit de la communauté anglophone et des autres communautés culturelles, et par les médias de communication appropriés, faire connaître toutes les circonstances publiques où il est permis d'utiliser une autre langue que le français.

Il appartient aussi au ministre responsable de voir à ce que la loi trouve partout une juste application, qui n'excède pas ce qui est demandé et qui n'aille pas non plus en deçà. Certes, la juste mesure n'est pas toujours facile à trouver et la langue ne nous situe pas d'emblée dans des domaines facilement quantifiables.

Mais jusqu'ici l'Office de la langue française a favorisé une approche basée sur la négociation, qui a eu d'excellents résultats et qui a su tenir compte de situations particulières prévalant dans certaines entreprises. Pourvu que toutes les mesures soient prises pour éviter les dispositions arbitraires et les trop grandes disparités et pour prévenir, chez les fonctionnaires, des interventions discrétionnaires toujours possibles, ce style doit être maintenu jusqu'après le 31 décembre 1983, date à laquelle les entreprises devront détenir leur certificat de francisation. Mais cette échéance ne signifie pas que tous les éléments des programmes de francisation seront alors automatiquement appliqués et que la francisation aura atteint complètement et irréversiblement ses objectifs. Le croire serait s'illusionner. Des ajustements de rôle sont prévus, mais il faudra encore compter sur l'intervention de l'Office pour assurer, avec et à l'intérieur des entreprises, le suivi indispensable de la francisation.

On parle beaucoup du coût de la francisation des entreprises. On dit que la francisation a ajouté un coût additionnel aux entreprises. On en parle comme d'un fardeau plutôt que d'un actif au profit des travailleurs francophones. Au fond, il faudrait savoir ce qui l'emporte finalement : le profit de l'entreprise en termes de chiffres, ou le profit des travailleurs, ou les deux à la fois ? On fait comme si l'entreprise était un être autonome qui peut ignorer les frontières et qui n'aurait à tenir compte que de ses profits et non pas de ceux de la société dans laquelle elle s'inscrit. Il faut récuser cette façon de voir.

Un directeur commercial devenu, à la demande du gouvernement irlandais, un des grands responsables du dossier linguistique en Irlande, M. Sean O'Clearigh, disait récemment que la compagnie Toyota faisait sa réclame publicitaire en gaélique et non pas en anglais, même si presque tous les Irlandais parlent l'anglais. Comme on lui demandait si Toyota vendait de cette façon plus d'automobiles en Irlande, il a répondu « non, mais, ajoutait-il, la compagnie Toyota, qui sait calculer, estime qu'il est très important de servir ses clients et de faire travailler ses employés dans leur langue. »

Un marché de 6 000 000 de francophones en Amérique du Nord, c'est peut-être insignifiant pour des entreprises, mais c'est important pour un peuple, et bien des entreprises qui savent calculer s'efforcent de servir ce marché dans sa langue, au nom du respect de la diversité des peuples et pour éviter que le marché mondial ne débouche finalement sur un nivellement linguistique universel qui ne serait profitable qu'aux entreprises et qu'à la langue anglaise. Dire que la francisation a imposé un coût additionnel aux entreprise, c'est prendre la chose à rebours : c'est reconnaître que les entreprises vivaient comme si elles étaient ailleurs qu'au Québec ; c'est admettre qu'elles ne se situaient pas dans le contexte francophone normal et légitime du Québec et qu'elles ne profitaient qu'à elles-mêmes ou à des intérêts extérieurs. Revenir au normal entraîne peut-être des coûts, qui sont d'ailleurs minimes[47]. Mais trop s'en plaindre, n'est-ce pas reconnaître qu'on se laisse tirer l'oreille pour répondre aux attentes légitimes des Québécois ?

Mais ce que nous avons dit jusqu'ici sur les attitudes des francophones et sur l'application de nos politiques linguistiques ne pourra se réaliser pleinement que le jour où notre système d'éducation aura un rôle déterminant sur notre conscience linguistique. C'est par là que je voudrais terminer.

L'étude en quatre volets du Conseil de la langue française sur la conscience linguistique des jeunes francophones est extrêmement révélatrice à ce sujet. Bien qu'ils demeurent, semble-t-il, très attachés à leur langue maternelle, les jeunes baignent pour une bonne part dans un univers culturel dont la langue française est absente et ils ne connaissent que superficiellement la situation et les enjeux linguistiques qui préoccupent le Québec depuis dix ans. Les enseignants de tous niveaux ont donc un rôle primordial à jouer auprès des jeunes à cet égard. Il leur appartient de sensibiliser leurs étudiants à la situation difficile du français en Amérique du Nord et de développer chez eux des attitudes de fierté et de responsabilité face à la place prépondérante qu'ils doivent donner à leur langue et à l'usage qu'ils doivent en faire en tout temps. Il leur appartient aussi de donner aux jeunes le goût de bien parler leur langue, d'employer en tout temps la terminologie appropriée et d'expérimenter les mille possibilités du français à exprimer aussi bien les sentiments que les choses techniques. Si l'école remplissait vraiment cette fonction, si elle inculquait vraiment à l'enfant une conscience aiguë de notre réalité linguistique, une connaissance articulée de notre langue et une conviction profonde de son importance et de sa beauté, nous ferions sans doute des pas de géant, car le temps que nous prenons, soit à réapprendre notre langue, soit à nous reconvaincre de nos objectifs et à refaire nos consensus, nous le mettrions désormais à occuper notre place, à nous ouvrir nous-mêmes plus largement sur le monde et à intéresser les autres à notre langue au moyen d'un enseignement de qualité compétitif et dynamique dont la renommée pourrait déborder les frontières du Québec et attirer chez nous, plutôt qu'en France ou à Toronto, les non-francophones désireux de découvrir les beautés de la langue française.

NOTES*

1. Statistique Canada, recensement de 1961.

2. Londres, Bruxelles, Paris, Lisbonne, Rome, Buenos Aires, Mexico, Port-au-Prince, Bangkok, Hong Kong. Le bureau de Montréal dessert les États-Unis.

3. Chiffres fournis par M. Réjean Lachapelle, ministère de l'Immigration du Québec, octobre 1982.

4. Voir : Charles CASTONGUAY, « Le français au Canada de 1971 à 1981 : une situation encore plus précaire », *Le Soleil*, 6 juin 1983, p. A-11.

5. Voir : Réjean LACHAPELLE et Jacques HENRIPIN, *La situation démolinguistique au Canada : évolution passée et prospective*, Institut de recherches politiques, Montréal, 1980.

6. Claude ST-GERMAIN, *La situation linguistique dans les écoles primaires et secondaires, 1971-72 à 1978-79*, Conseil de la langue française, Québec, Dossiers n° 3, 1980, p. 87.

7. Michel PAILLÉ, « La Charte de la langue française et l'école : bilan et orientations démographiques », *in* Conseil de la langue française, *L'état de la langue française au Québec : Bilan et prospective*, Québec, septembre 1983, édition provisoire, pp. 6-9.

8. *Ibid.*, p. 4.

9. *Ibid.*, p. 7.

10. Claude ST-GERMAIN, *op. cit.*, p. 95 ; pour l'année 1982-1983 : 70,2% ; cf. ministère de l'Éducation, fichier « Élèves standard », données non publiées.

11. Michel PAILLÉ, *op. cit.*, p. 8, note 9.

12. Michel PAILLÉ et Claude ST-GERMAIN, *La question linguistique dans le domaine scolaire*, p. 9, dans Procureur général du Québec, *Preuve présentée au juge Deschênes sur la constitutionnalité du chapitre VIII de la Charte de la langue française*, M.E.Q., juillet 1982, pp. 32-45.

---

* Les références indiquées aux notes 4, 7, 28 et 39 ont été ajoutées après novembre 1982.

13. Daniel MONNIER, *L'usage du français au travail*, Conseil de la langue française, Québec, Dossiers nᵒ 15, 1982, 121 pages [voir pp. 38-39].

14. *Ibid.*, p. 43 ; pp. 38 et 42.

15. *Ibid.*, pp. 70-71.

16. *Ibid.*, pp. 59-61.

17. *Ibid.*, p. 87.

18. Chiffres fournis par l'O.L.F., septembre 1982.

19. Pierre BOUCHARD et Sylvie BEAUCHAMP-ACHIM, *Le français, langue des commerces et des services publics*, Conseil de la langue française, Québec, Dossiers nᵒ 5, 1980, pp. 89 et 132.

20. MONNIER, *op. cit.*, p. 27.

21. BOUCHARD et BEAUCHAMP-ACHIM, *op. cit.*, pp. 107-108.

22. Commission de surveillance de la langue française, septembre 1983.

23. Daniel SENÉCAL, *Évaluation de l'impact de la francisation des raisons sociales*, Office de la langue française, Québec, août 1982, pp. 26-32.

24. Robert LACROIX et François VAILLANCOURT, *Attributs linguistiques et disparités de revenu au sein de la main-d'oeuvre hautement qualifiée du Québec*, Conseil de la langue française, Québec, Dossiers nᵒ 6, 1980.

25. Robert LACROIX et François VAILLANCOURT, *Les revenus et la langue au Québec (1970-1978)*, Conseil de la langue française, Québec, Dossiers nᵒ 8, 1981.

26. MONNIER, *op. cit.*

27. Arnaud SALES, Noël BÉLANGER et Benoît-Guy ALLAIRE, *Langue, groupes linguistiques et positions d'encadrement et de direction dans les secteurs privé et public au Québec*, version préliminaire, Conseil de la langue française, Québec, octobre 1982.

28. André RAYNAULD et François VAILLANCOURT, *L'appartenance des entreprises : le cas du Québec en 1978*, Conseil de la langue française, Québec, Dossiers nᵒ 19, 1983.

29. MONNIER, *op.cit.*, p. 72.

30. *Ibid.*, p. 29.

31. André RAYNAULD et François VAILLANCOURT, *op.cit.*

32. Gouvernement du Québec, *La politique québécoise de la langue française*, mars 1977, p. 22.

33. MONNIER, *op. cit.*, pp. 41, 44-45.

34. *Ibid.*, pp. 74, 84, 98-99.

35. Voir : BOUCHARD et BEAUCHAMP-ACHIM, *op. cit.*, p. 125, et MONNIER, *op. cit.*, pp. 108 et 113.

36. SALES *et al.*, *op. cit.*, p. 21.

37. Voir : BOUCHARD et BEAUCHAMP-ACHIM, *op. cit.*, p. 123, et MONNIER, *op. cit.*, p. 108.

38. *Ibid.*

39. *Sondage sur la connaissance de certaines dispositions de la Loi 101*, rapport de Sondagex, Conseil de la langue française, Québec, Notes et documents n° 35, juin 1983.

40. Parmi les anglophones, 26% croient que les politiques linguistiques doivent rester telles quelles ou être renforcées et 74% estiment qu'elles doivent être restreintes ; chez les allophones, les pourcentages sont de 61,8% et 38,2% respectivement (Voir : Sales *et al.*, *op cit.*, p. 4).

41. Il est intéressant de noter cependant que la proportion atteint les 60% chez les cadres anglophones (*Ibid.*, p. 10).

42. Mais 75% des cadres anglophones pensent le contraire (*Ibid.*, p. 21).

43. MONNIER, *op. cit.*, pp. 101-102.

44. Sondage de Sondagex, *op. cit.*

45. Michel SPARER, texte présenté au colloque sur « L'égalité juridique des langues au Canada », Université Laval, novembre 1982.

46. Voir : *Conscience linguistique des jeunes Québécois*, tomes I à IV, Conseil de la langue française, Québec, Dossiers n°s 9, 10, 13 et 14, 1981-1983, et aussi *Le français et les médias*, Conseil de la langue française, Québec, Dossiers n° 11, 1982.

47. Éconosult, *Étude sur les avantages et les coûts de la francisation*, Office de la langue française, 1980.

La politique et la législation linguistiques du Québec

conférence prononcée devant le Conseil consultatif de la
« Generalitat » de Catalogne, Barcelone, novembre 1982,
(traduite en espagnol et en catalan)

Le problème du statut et de la coexistence des langues constitue une préoccupation majeure dans les États contemporains. Des phénomènes nouveaux comme l'urbanisation massive, les migrations internationales ou interrégionales, la renaissance des sentiments nationaux ou la conquête de l'autonomie politique ont modifié profondément les relations interlangues et intergroupes. Ils ont forcé plusieurs États, plusieurs pays, à se redéfinir linguistiquement ou, du moins, à clarifier par des mesures appropriées, souvent législatives, les rapports linguistiques qui doivent exister à l'intérieur des limites territoriales d'une société donnée.

Désireux d'approfondir et de comparer les diverses mesures linguistiques d'ordre légal que se sont données les États contemporains, le Conseil consultatif de la Generalitat de Catalogne a organisé ce cycle de conférences. Je suis heureux et très honoré d'avoir été invité par M. le président Villavicencio à exposer devant vous la politique et la législation linguistiques que le Québec s'est données, à l'intérieur du Canada, pour répondre à ses besoins et tenter de résoudre ses problèmes. J'espère par là pouvoir apporter une contribution utile à la réflexion que vous poursuivez actuellement.

La législation linguistique du Québec ne peut pas se comprendre si on n'en explique pas d'abord les fondements historiques, politiques et sociaux. C'est par là que je commencerai.

I. Description de la situation du Québec

A. Situation historique

Au cours de la première moitié du XVIIe siècle, la France fondait en Amérique, sur les rives du fleuve Saint-Laurent, les villes de Québec, de Trois-Rivières et de Montréal, et prenait possession d'un vaste territoire qu'on appelle la Nouvelle-France. Une partie correspondait au Canada actuel. Mais le territoire s'étendait jusqu'à l'embouchure du Mississipi, et le gouverneur de la Louisiane rendait des comptes au gouverneur de Québec.

La Nouvelle-France fut conquise par l'Angleterre en 1760 et, pendant les cent ans qui suivirent, les anciens colons français firent l'apprentissage de leur vie commune avec leurs conquérants anglais. Ils eurent à lutter âprement pour la défense de leur religion et de leur langue et pour la reconnaissance de leurs institutions parlementaires. Un découpage territorial regroupa finalement la plupart des Anglais dans le Haut-Canada, aujourd'hui l'Ontario, et la plupart des Français dans le Bas-Canada, aujourd'hui le Québec.

En 1867, les quatre provinces situées au-dessus des États-Unis, au nord du 45e parallèle, c'est-à-dire le Québec, l'Ontario, la Nouvelle-Écosse et le Nouveau-Brunswick, qui possédaient déjà leur gouvernement propre, se regroupèrent pour former le Canada et se donner un gouvernement central dans un système fédératif. La Constitution qui sanctionnait ce regroupement fut votée à Londres et s'appelle le British North America Act. Elle n'a jamais été abrogée.

Le peuplement du Canada se poursuivit et d'autres provinces s'intégrèrent à la fédération canadienne. Le Canada compte aujourd'hui dix provinces, s'étalant de l'Atlantique au Pacifique, plus deux Territoires au Nord-Ouest, où vivent surtout des populations autochtones. Ces provinces ne sont pas égales en population et en étendue. La plus petite compte

122 000 habitants. Les deux plus grandes sont le Québec et l'Ontario, mais alors que l'Ontario est majoritairement peuplé d'anglophones et compte une importante minorité francophone de 500 000 personnes, le Québec, à l'inverse, est majoritairement peuplé de francophones et compte une importante minorité anglophone (600 000 sur un total de 6 000 000 d'habitants). La population totale du Canada est de 24 400 000 habitants.

En 1931, le Statut de Westminster accordait au Canada son autonomie politique, mais le Canada refusa de rapatrier immédiatement sa Constitution, parce qu'il y avait mésentente entre le gouvernement central et les gouvernements des provinces sur le partage des pouvoirs entre les deux ordres de gouvernement et surtout sur la formule d'amendement à la Constitution.

Plusieurs conférences fédérales-provinciales eurent lieu au cours des dernières années pour tenter de trouver une solution à ce problème. Elles aboutirent toutes à un échec. Au centre de ce problème, il y avait la question du Québec français. Toutes les autres provinces sont à majorité anglophone; seul le Québec est à majorité francophone, et il exige que soit reconnue sa spécificité culturelle et linguistique, ainsi que les mesures d'ordre constitutionnel et législatif capables d'assurer son identité nationale. Deux grandes commissions d'enquête étudièrent les questions de bilinguisme au Canada et examinèrent les facteurs susceptibles de favoriser l'unité canadienne. Elles recommandèrent une certaine autonomie linguistique et culturelle des provinces mais le gouvernement central d'Ottawa ne voulut jamais mettre à exécution les recommandations de ces commissions.

En 1976, les citoyens du Québec portèrent au pouvoir le Parti québécois. Le gouvernement de ce parti actuellement en place s'est fixé comme objectif la souveraineté du Québec et son association au reste du Canada. Il a tenu, au mois de mai 1980, un référendum national sur cet objectif auquel la population n'a pas souscrit majoritairement (le vote des non-francophones ayant emporté la balance).

Au cours de la campagne qui a précédé ce référendum, le gouvernement central d'Ottawa, aux mains du Parti libéral, avait promis à la population du Québec que, si elle votait non, la nouvelle Constitution canadienne verrait à satisfaire les aspirations légitimes des Québécois.

Ainsi donc, entre l'été 1980 et l'automne 1981, une nouvelle ronde de discussions constitutionnelles, décisive cette fois, fut entreprise entre Ottawa et les provinces et aboutit finalement à la signature d'une entente entre toutes les provinces anglophones, à l'exclusion du Québec, qui n'y trouvait pas les garanties suffisantes pour la préservation de son identité culturelle et linguistique. La nouvelle Constitution canadienne, augmentée d'une Charte des droits et libertés, fut donc votée à Londres et rapatriée au Canada, contre la volonté du gouvernement du Québec, en avril de cette année.

Voilà, très sommairement décrits, les jalons historiques qui vous permettront de comprendre les mesures qu'a adoptées le Québec en matière linguistique.

B. Situation politique et sociale

Précisons maintenant la situation politique.

La Constitution de 1867, toujours en vigueur, définit les deux ordres de gouvernement et opère un certain partage des pouvoirs qui, nous l'avons dit, a toujours été un objet d'interminables disputes, car pendant longtemps et surtout à la faveur de la guerre qui lui accordait des pouvoirs plus larges, le gouvernement fédéral a eu tendance à être **centralisateur**, ce qui a provoqué, chez certaines provinces et surtout le Québec, une réaction d'autonomie permettant de mieux affirmer sa spécificité culturelle et ses besoins propres.

Le gouvernement fédéral et le gouvernement provincial de chaque province possèdent, l'un et l'autre, leur corps législatif et consultatif propre, leur administration respective et aussi leur assemblée de députés élus. Chaque province élit des députés pour le gouvernement provincial et pour le gouvernement fédéral. Les deux ordres de gouvernement sont souverains dans les domaines respectifs de leur compétence, et le gouvernement provincial n'est pas subordonné, comme tel, au gouvernement fédéral. Ils ont seulement des pouvoirs différents qui, en principe, ne sont pas censés se recouper.

Le gouvernement fédéral a surtout compétence dans des domaines qui touchent l'ensemble du pays, comme la défense nationale, les postes, les transports interprovinciaux, la monnaie, etc. Le gouvernement provincial a surtout compétence dans tout ce qui touche la vie quotidienne des citoyens : l'éducation, la culture, la santé, la protection du citoyen. Il existe aussi des domaines où les deux gouvernements ont une compétence concurrente (droit du travail, droit des compagnies) et d'autres domaines, comme l'immigration, où, par entente avec Ottawa, le Québec joue un rôle décisif.

En matière de langue, la Constitution de 1867 ne comportait que deux articles mais d'importance majeure pour le développement du Canada et pour le sort réservé à la langue française. D'abord l'article 133 obligeait le Québec, et le Québec seul, à pratiquer le bilinguisme dans la législation et les tribunaux. Les provinces à majorité anglaise étaient exemptées de cette obligation.

L'article 93 donnait aux provinces le pouvoir exclusif de légiférer en matière d'éducation. Comme le système d'enseignement était divisé selon la religion et non pas selon la langue, cet article ne fut pas interprété par les tribunaux comme protégeant les minorités linguistiques, et c'est ainsi que les francophones du Manitoba et de l'Ontario se virent refuser le droit à des écoles françaises, alors qu'au Québec on était beaucoup plus généreux et on donnait à la minorité anglophone le droit à ses propres écoles.

En fait, le Québec donna également plus d'extension que nécessaire à l'obligation de bilinguisme que lui imposait l'article 133 pour ce qui a trait aux tribunaux et à la justice. On peut donc dire que, pendant les cent ans qui suivirent la Confédération de 1867, le Québec lui-même, au lieu de favoriser le développement du français dans ses institutions publiques, favorisa plutôt l'usage des deux langues.

Dans la première moitié du XXe siècle, il n'y eut que deux tentatives visant à assurer un certain statut à la langue française au Québec. En 1913, une Ligue des droits du français fut fondée pour essayer de rendre le français obligatoire dans le commerce, les services publics, la dénomination des noms de lieux. En 1937, un projet de loi voté à la législature visait à donner au texte français des lois la primauté sur le texte anglais en cas de divergence. Mais les milieux anglophones protestèrent et la loi fut retirée l'année suivante.

Pourquoi le Québec agit-il ainsi entre 1867 et 1960 ? Pourquoi favorisa-t-il l'extension du bilinguisme institutionnel ? Pourquoi laissa-t-il l'anglais acquérir de plus en plus de privilèges ? Pourquoi le Québec a-t-il aidé, au cours de cette période, à promouvoir davantage le statut de l'anglais que celui du français ? À ces questions, on peut donner sept réponses, sept explications ou attitudes[1] dont la plupart n'existent plus aujourd'hui :

a) L'attitude non interventionniste de l'État québécois. C'était l'époque de la philosophie libérale héritée du XIXe siècle. Il ne fallait pas toucher au secteur privé notamment. Mais on peut s'étonner de constater qu'en matière de langue le gouvernement n'est même pas intervenu dans le secteur public.

b) La méfiance des Québécois envers leur gouvernement. À cette époque, le métier de député n'avait pas le prestige qu'on lui accorde aujourd'hui et les citoyens du Québec n'étaient pas prêts à reconnaître que le gouvernement était le haut lieu de la vertu.

c) L'espoir généreux d'un traitement égal des francophones dans les autres provinces. En traitant bien les anglophones, les Québécois francophones espéraient que leurs compatriotes des autres provinces seraient aussi bien traités.

d) Le repli sur soi de la population. Le Québec était formé de campagnes éparpillées. Le désir des francophones de prendre en main leur propre économie n'était pas encore éveillé : on avait tendance à considérer que cela était l'affaire des Anglais.

118

e) La perception d'être minoritaire. C'était l'époque où les Québécois francophones se considéraient plus comme une minorité au sein du Canada que comme une majorité au Québec.

f) Le caractère défensif du combat linguistique. Celui-ci avait surtout pour objectif de se défendre contre l'envahissement de l'anglais. L'idée n'était pas encore venue aux Québécois francophones que le combat linguistique pouvait être une affirmation positive de soi-même dans tous les secteurs.

g) La primauté accordée à la qualité de la langue. À cause de l'éloignement de la France et du contact quotidien avec l'anglais, la préoccupation linguistique se portait davantage vers le bon parler français, vers la qualité de la langue. Les Québécois francophones ne songeaient pas encore à assurer le statut du français dans l'économie, le travail, l'Administration.

Les sept raisons que nous venons de donner ont été profondément modifiées par les phénomènes d'urbanisation, de socialisation et de modernisation du Québec. Mais on peut encore s'étonner de ce que les francophones n'aient pas réagi plus tôt. En effet, au contraire des Flamands ou des Afrikaners, les Québécois francophones avaient toujours eu en main le contrôle de leur pouvoir politique. Ils auraient donc pu intervenir pour promouvoir davantage chez eux la langue française. Mais il a fallu attendre cette espèce de conscientisation collective qui marqua les années 60 au Québec. « La Révolution tranquille », comme on l'a appelée, opéra au Québec de profondes transformations. Ce fut à la fois un réveil social et politique, un rapprochement inusité entre la population et le gouvernement.

L'État prit en charge et « nationalisa » l'éducation, la santé, le bien-être, les immenses ressources naturelles. Il se créa alors une fonction publique puissante occupée très majoritairement par les francophones. On faisait maintenant confiance au gouvernement; la puissance n'était plus à Ottawa mais à Québec. Au cri de « Maîtres chez nous », un nouveau rapport de forces s'établit entre francophones et anglophones. Les francophones commencèrent à ne plus accepter la disparité de salaire et de statut social avec les anglophones. L'État se fit de plus en plus présent dans la stimulation de l'économie. L'interventionnisme d'État faisait place à l'idéologie libérale. Le combat linguistique ne prenait plus des allures défensives mais conquérantes. Désormais, ce qui importait, c'était la primauté accordée à la place de la langue française dans l'économie et le travail. Les francophones, devenus réalistes devant le traitement accordé aux minorités francophones des autres provinces, se tournaient vers eux-mêmes et considéraient que la meilleure chance de salut des francophones du reste du Canada, c'était de construire un Québec fort, là où les francophones sont nettement majoritaires. C'est à partir de cette époque que l'on entend souvent répéter l'affirmation suivante : Il faut faire du Québec une province ou un État aussi français que l'Ontario est anglais. Et ceci me rappelle ce que disait le professeur Senelle, de Belgique, l'autre soir dans cette même salle, lorsqu'il reconnaissait que la paix est impossible à maintenir dans un État culturellement hétérogène, si les frontières linguistiques ne sont pas clairement établies. C'est pour cela d'ailleurs que la Belgique a évolué vers un unilinguisme total des régions.

C. Situation démographique

Ceci m'amène à dire un mot de l'évolution démographique du Québec.

Traditionnellement, les Québécois francophones étaient issus de familles nombreuses qui assuraient facilement la survie du groupe. Mais avec le phénomène mondial de la baisse de la natalité, le jeu de l'immigration défavorable aux francophones et les migrations des provinces anglophones vers la province française du Québec, le groupe francophone commençait à diminuer sensiblement. Les études démographiques démontraient clairement qu'il fallait corriger la situation[2]. Il était devenu nécessaire de prendre des mesures linguistiques vigoureuses, surtout que les trois quarts des immigrants, au lieu d'envoyer leurs enfants à l'école de la majorité française, les envoyaient dans les écoles anglaises : la population scolaire anglophone était donc devenue beaucoup plus grosse que la proportion relative d'anglophones dans la population. Les chiffres du recensement de 1961 montraient que l'immigration, orientée et dirigée par Ottawa, favorisait une augmentation de 23% en faveur de l'anglais contre 1% en faveur du français. La langue anglaise étant très forte dans l'économie et le monde du travail, les francophones étaient en train de s'assimiler.

II. La politique linguistique du Québec

La première législation linguistique du Québec fut une erreur. La loi 63, votée en 1969, au lieu de corriger la situation scolaire que nous venons de dire, donnait purement et simplement aux citoyens (incluant les immigrants) le choix de la langue d'enseignement. Elle fut vivement décriée par les francophones.

Entre temps, le gouvernement avait créé une Commission d'enquête (Gendron) sur la situation linguistique et les droits linguistiques au Québec. Cette Commission poursuivit des études nombreuses et articulées et commença à remettre son rapport au début des années 70.

La loi 22, votée par le Parlement du Québec en 1974, proclamait le français langue officielle du Québec et chargeait une Régie de voir à l'implantation du français dans l'administration publique et les entreprises. Dans le domaine scolaire, il fallait que l'enfant, pour être inscrit à l'école anglaise, fasse la preuve d'une connaissance suffisante de l'anglais : à cet effet, la loi établissait des tests qui ont eu l'art de mécontenter tous les groupes linguistiques.

Quand le Parti québécois arriva au pouvoir en 1976, il avait déjà fait de la langue une priorité de son programme. Il connaissait toutes les données de la Commission Gendron, il commanda d'autres études, publia et soumit à la consultation populaire son énoncé de politique sur la langue française, déposa et fit voter en 1977 sa grande loi sur la langue, la loi 101, connue sous le nom de *Charte de la langue française*.

A. Principes de la Charte (loi 101)

— La loi 101 exprimait les constats de la Révolution tranquille. Pour une grande majorité, il était devenu clair qu'il fallait rejeter le bilinguisme, car le bilinguisme entraîne la dégradation de la langue française (emprunts, traduction) et il favorise l'unilinguisme des anglophones. Il faut donc favoriser l'unilinguisme français au Québec, puisque la chance de survie des francophones, c'est un territoire français au Canada.

Il faut dire aussi que le bilinguisme instauré par le gouvernement fédéral dans ses institutions en 1969 (Loi sur les langues officielles) n'avait pas été un succès aux yeux des francophones. Pour plusieurs, définir le Canada comme un pays bilingue, c'était une vision de l'esprit, car il n'est pas facile de se faire servir en français en dehors du territoire québécois. On n'a d'ailleurs qu'à consulter les rapports annuels du Commissaire aux langues officielles pour constater le jugement sévère qu'il porte à ce sujet.

— Dans l'esprit de la Charte de la langue française, la langue n'est pas un simple mode d'expression mais un milieu de vie[3]. Pendant les années de la Révolution tranquille, le Québec a connu une extraordinaire production littéraire, artistique et poétique et ceci consacrait la valeur de la langue française comme expression d'un milieu de vie. À cela la Charte de la langue française vient ajouter la valeur de la langue dans l'économie, dans le monde des affaires et du travail.

— La Charte de la langue française affirme le principe légitime selon lequel les immigrants doivent rejoindre le groupe majoritaire francophone, notamment en ce qui a trait à l'éducation, à la fréquentation scolaire. Par ailleurs, la loi affirme le respect qu'il faut avoir pour les minorités, pour leur langue et leur culture.

— La Charte de la langue française établit la prépondérance du français au Québec, ce qui est une question de justice et de légitimité pour la majorité francophone.

B. Contenu de la Charte[4]

Les premières lignes du préambule de la Charte en résument l'esprit. Il m'apparaît utile et important de les lire avec vous :

> Langue distinctive d'un peuple majoritairement francophone, la langue française permet au peuple québécois d'exprimer son identité.
>
> L'Assemblée nationale reconnaît la volonté des Québécois d'assurer la qualité et le rayonnement de la langue française. Elle est donc résolue à faire du français la langue de l'État et de la loi aussi bien que la langue normale et habituelle du travail, de l'enseignement, des communications, du commerce et des affaires.
>
> L'Assemblée nationale entend poursuivre cet objectif dans un climat de justice et d'ouverture à l'égard des minorités ethniques, dont elle reconnaît l'apport précieux au développement du Québec.

La Loi 101 déclare donc que le français est la langue officielle du Québec. Elle énonce ensuite les droits linguistiques fondamentaux des Québécois : tout Québécois a le droit de communiquer en français, de s'exprimer en français, de travailler en français, de consommer en français et de recevoir son éducation en français (voir annexe).

La Charte de la langue française touche quatre grands secteurs :

1) Le premier est comme **le cadre** de cette législation : il s'agit de l'administration publique et parapublique, qui doit donner le ton, l'exemple. Ainsi, le gouvernement, les ministères et les autres organismes de l'Administration ne doivent être désignés que par leur dénomination française ; ils doivent rédiger et publier leurs textes et documents dans la langue officielle. Mais lorsqu'une personne physique, un citoyen, s'adresse à l'Administration dans une autre langue que le français, celle-ci s'efforce de le servir dans sa langue. Des efforts ont été faits par le gouvernement du Québec, au cours des dernières années, pour rendre disponibles en plusieurs langues les textes et documents de l'Administration. Des services comme la Régie de l'assurance-maladie du Québec ou la Régie de l'assurance automobile, ont pris plusieurs mesures pour servir dans leur langue

des citoyens anglophones du Québec. Sur ce chapitre, je suis d'accord avec ce que disait le professeur Senelle l'autre soir : c'est toujours le citoyen qu'il faut protéger contre l'Administration et non l'inverse.

L'Administration n'utilise également que le français dans l'affichage sauf lorsque la santé ou la sécurité publiques exigent aussi l'utilisation d'une autre langue. C'est ainsi qu'à l'Hôpital Santa Cabrini, dans un quartier italien de Montréal, on peut lire sur une affiche « Sortie » et « Uscita ». Il faut noter également que les organismes municipaux ou scolaires, les services de santé et les services sociaux qui fournissent leurs services à des personnes en majorité d'une autre langue peuvent afficher à la fois en français et dans une autre langue et peuvent utiliser à la fois le français et une autre langue dans leur dénomination et leurs communications internes.

Pour être nommé, muté ou promu à une fonction dans l'Administration, il faut avoir de la langue officielle une connaissance appropriée à cette fonction. Il faut noter à ce sujet que le gouvernement du Québec est en train de prendre les mesures nécessaires pour recruter plus d'anglophones et d'allophones à l'intérieur de la fonction publique. Les professionnels qui pratiquent au Québec (médecins, avocats, infirmières) doivent également démontrer qu'ils possèdent une connaissance du français appropriée à l'exercice de leur profession. S'ils n'ont pas suivi, à temps plein, à compter du niveau secondaire, au moins trois années d'un enseignement donné en langue française, ils doivent se soumettre à une série de tests élaborés et administrés par l'Office de la langue française. Certains citoyens anglophones ont trouvé cette pratique discriminatoire et ont eu recours au tribunal. Mais le jugement Pinard a rejeté leur prétention il y a moins de six mois*.

La Charte de la langue française avait aussi proclamé que le français devait être la langue de la législation et de la justice, mais ces dispositions de la Charte ont été déclarées inconstitutionnelles en décembre 1979 par la Cour suprême du Québec,

---

* Des modifications ont été apportées à ce chapitre de la loi en décembre 1983.

124

puisque l'article 133 de la Constitution de 1867, dont je vous ai dit un mot précédemment, imposait le bilinguisme au Québec dans ce secteur. Cette obligation du Québec, que ne partagent pas les autres provinces anglophones, a été dénoncée à l'occasion de la dernière ronde constitutionnelle dont je vous ai parlé : peine perdue ! le Québec n'a pas réussi à s'y soustraire, et personne n'a réussi à l'imposer à l'Ontario où vit pourtant une importante minorité francophone.

2) Le deuxième secteur touché par la Charte de la langue française constitue en quelque sorte **le visage public** du Québec et, de ce fait, revêt une importance symbolique assez grande à laquelle les Québécois francophones tiennent beaucoup : il s'agit de l'affichage public, du commerce et des affaires.

Sous réserve de quelques exceptions prévues par la loi ou par les règlements de l'Office de la langue française, l'affichage public et la publicité commerciale se font uniquement en français. Cinq ans après l'entrée en vigueur de la Charte de la langue française, 76% des établissements commerciaux se conforment à cette disposition de la loi. Un commerçant anglophone récalcitrant s'est présenté devant la Cour pour contester cet article de la loi, mais le jugement Dugas ne lui a pas donné raison*.

Les inscriptions sur un produit, les documents qui accompagnent un objet ou un produit, les modes d'emploi et les certificats de garantie doivent être rédigés en français, de même que les menus et les cartes des vins. Cependant, le texte français peut être assorti d'une ou plusieurs traductions. De même les catalogues, brochures, dépliants et autres publications de même nature doivent être rédigés en français ainsi que les formulaires de demande d'emploi, les bons de commande, les factures, les reçus et les quittances. Enfin, les raisons sociales doivent être en langue française, mais elles peuvent être assorties

---

* Cependant, en décembre 1984, un jugement de la Cour supérieure du Québec statuait à l'inverse, dans le cadre de la nouvelle Constitution canadienne.

d'une version dans une autre langue pour utilisation hors du territoire du Québec.

3) Le troisième secteur touché par la législation linguistique québécoise est **fondamental** : il s'agit de l'enseignement. La loi 22 qui a précédé la Charte avait eu recours au critère de la langue maternelle, c'est-à-dire la première langue apprise et encore comprise. En fait, ce critère s'était révélé inapplicable. Comment en effet contrôler la véracité de celui qui allègue que, par exemple, l'anglais est sa langue maternelle ? La Charte de la langue française a recours à un critère beaucoup plus opérationnel et vérifiable : celui de la fréquentation scolaire des parents. J'ouvre ici une parenthèse : comme je l'ai déjà dit, le Québec s'est montré généreux envers sa minorité anglophone et il a établi depuis longtemps, à même les deniers publics, des écoles publiques et des commissions scolaires à toutes fins pratiques anglophones, même si le système scolaire est réparti selon la confessionnalité et non selon la langue. Mais la Charte de la langue française ne permet plus aux enfants d'immigrants de fréquenter l'école anglaise. Ne sont désormais autorisés à fréquenter l'école anglaise que les enfants dont le père ou la mère a reçu au Québec l'enseignement primaire en anglais.

Grâce à cette loi, le Québec a réussi, depuis cinq ans, à renverser les tendances qui prévalaient. Il y a dix ans, moins de 24% d'allophones s'inscrivaient à la maternelle française. L'an dernier, ce pourcentage a atteint 68%.

Malheureusement, la nouvelle Constitution, qui a été rapatriée contre la volonté du gouvernement du Québec, contient une clause qui va directement à l'encontre des dispositions de la Charte de la langue française à ce chapitre. En fait, elle ouvre les portes de l'école anglaise au Québec à trois nouvelles catégories de citoyens canadiens et, selon l'application qu'on en fera au Québec, entre 5 000 et 30 000 élèves iront grossir les rangs de l'école anglaise. Certains citoyens anglophones se sont déjà prévalus des dispositions de la nouvelle Constitution et ont porté leur cause devant le tribunal. Le 8 septembre dernier, le juge en chef de la Cour supérieure du Québec rendait un jugement dans lequel il donnait priorité à la nouvelle Constitution sur la Charte de la langue française et déclarait inopérant le chapitre de la loi québécoise sur la langue de l'enseignement.

4) Enfin, le quatrième secteur touché par la Charte de la langue française est sans doute, dans l'esprit même de cette loi, le secteur le plus important.

Il s'agit de la langue du travail et des entreprises : donc, un secteur hautement stratégique, qui constitue **l'axe majeur** de la Charte. Désormais, en vertu de la loi, il est interdit à un employeur d'exiger pour l'accès à un emploi ou à un poste la connaissance d'une langue autre que le français, à moins que l'accomplissement de la tâche ne nécessite la connaissance de cette autre langue. Malheureusement, nous constatons encore, après cinq ans d'application de la loi, que, dans la région de Montréal, 40 % des travailleurs francophones se voient encore exiger la connaissance de l'anglais. Il est aussi interdit par la loi à un employeur de congédier, de mettre à pied, de rétrograder ou de déplacer un membre de son personnel pour la seule raison que ce dernier ne parle que le français.

La loi demande aux grandes et aux moyennes entreprises (à l'exception des petites entreprises employant moins de 50 personnes) de procéder à l'analyse de leur situation linguistique et d'appliquer, s'il y a lieu, à la satisfaction de l'Office de la langue française, un programme de francisation qui a pour but la généralisation de l'utilisation du français à tous les niveaux de l'entreprise. Ce programme comporte : la connaissance du français chez les dirigeants ; l'augmentation à tous les niveaux de l'entreprise, y compris au sein du conseil d'administration, du nombre de personnes ayant une bonne connaissance du français ; l'utilisation du français comme langue du travail et des communications internes ; l'utilisation du français dans les documents de travail de l'entreprise, notamment dans les manuels et les catalogues ; l'utilisation du français dans les communications avec la clientèle, les fournisseurs et le public ; l'utilisation d'une terminologie française ; l'utilisation du français dans la publicité ; une politique d'embauche, de promotion et de mutation appropriée. Au mois de septembre dernier, plus de 75 % des entreprises concernées avaient déjà fait approuver leur programme de francisation. L'échéance prévue par la loi est le 31 décembre 1983.

Ces mesures ont réussi à généraliser l'usage du français au travail et dans les entreprises et à augmenter le nombre des francophones à tous les échelons de l'entreprise. On remarque cependant quelques difficultés et même quelques réticences de la part de certains travailleurs francophones habitués à travailler en anglais ou ayant reçu leur formation avec une terminologie anglaise. Dans les communications orales entre travailleurs, on remarque également une tendance plus facile de la part des francophones à emprunter la langue de leurs interlocuteurs anglophones.

5) Quels moyens la loi se donne-t-elle pour atteindre ses objectifs?

Trois organismes ont été prévus pour appliquer la loi. Disons tout de suite que le Conseil de la langue française, dont je suis le président, est différent de ces trois organismes en ce sens qu'il ne voit pas directement à l'application de la loi. Le mandat du Conseil est de donner des avis au gouvernement sur la politique linguistique du Québec et sur toute question relative à l'interprétation et à l'application de la loi. Par conséquent, il doit bien connaître la loi et aussi son application. En second lieu, le Conseil doit poursuivre des études et des recherches sur l'évolution de la situation de la langue française dans tous les secteurs de la vie publique et sociale au Québec. Enfin, le Conseil peut entendre les individus et les groupes qui ont des commentaires ou des suggestions à faire sur l'application de la loi ou sur l'évolution de la qualité ou du statut de la langue.

Le principal organisme exécutif est l'Office de la langue française. Il est essentiellement chargé de deux grandes missions: d'abord, la francisation des entreprises, ensuite le développement de la terminologie française. C'est l'Office qui négocie les programmes de francisation avec les entreprises; c'est lui également qui établit des commissions de terminologie avec les différents ministères et qui publie à la *Gazette officielle du Québec*, pour les normaliser, les termes et expressions qu'il approuve. L'Office a publié également plusieurs lexiques ou glossaires de nature à aider les entreprises ou les commerces : par exemple, un lexique de l'automobile, un lexique de la plomberie, un lexique de l'alimentation, etc.

Un deuxième organisme s'appelle la Commission de surveillance de la langue française*. Cet organisme est composé d'inspecteurs et de commissaires enquêteurs, qui reçoivent les plaintes des citoyens qui se sentent lésés dans l'application de la loi. Par exemple, si je n'arrive pas à me faire servir en français dans un magasin ou dans un restaurant, si on me présente des formulaires ou des contrats d'adhésion rédigés uniquement en anglais, etc., je peux porter plainte auprès de la Commission. Depuis cinq ans, la Commission a reçu plus de 7 000 plaintes. Dans la très grande majorité des cas, elle a réussi à régler à l'amiable avec les personnes ou les entreprises concernées, qui ont accepté finalement de se conformer à la loi. La Commission n'a finalement transmis que six dossiers au Procureur général du Québec pour des poursuites. Or, le Procureur général du Québec n'a pas intenté de poursuite. Une remarque s'impose ici : quand on dit que la loi 101 est très dure, c'est qu'on la connaît mal et qu'on ne sait pas comment elle est appliquée. Il est bon de faire remarquer également que seulement huit articles sur les 213 que comporte la loi demandent l'usage exclusif du français, et encore certains de ces articles prévoient des exceptions.

Le troisième organisme est la Commission de toponymie qui a été instituée pour établir les critères de choix et les règles d'écriture de tous les noms de lieux et pour attribuer en dernier ressort des noms aux lieux qui n'en ont pas encore aussi bien que pour approuver tout changement de nom de lieu.

Tous ces organismes créés par la Charte de la langue française emploient près de 500 personnes à plein temps et totalisent un budget annuel de plus de 20 000 000 $. Les amendes prévues pour une infraction à la loi peuvent aller de 25 $ à 5 000 $, mais autant dire tout de suite que ce n'est pas de

---

* Depuis les modifications apportées à la loi en 1983, cet organisme s'appelle la Commission de protection de la langue française.

là que les organismes linguistiques tirent leurs sources d'approvisionnement!...

C. Évaluation et conclusion

Vous me permettrez maintenant de conclure en disant un mot des effets de la loi et des attitudes des Québécois.

La Charte de la langue française est reconnue pour son efficacité et elle a eu d'excellents résultats. Depuis cinq ans, le Québec a enregistré un progrès certain de l'usage général du français, que ce soit dans l'administration publique, dans le monde du travail, dans les services, le commerce et les affaires, en particulier dans les documents écrits et l'affichage public. Les Québécois, particulièrement à Montréal, réussissent beaucoup mieux qu'autrefois à se faire servir en français dans les magasins, les restaurants, les hôtels et les services publics. On note également une augmentation de la proportion des francophones dans le monde du travail et une légère augmentation de la présence des francophones dans les postes de direction et d'encadrement des entreprises. Nous avons déjà eu l'occasion de noter l'accroissement appréciable de la proportion d'élèves dans les écoles françaises, proportion qui correspond davantage au pourcentage de la population francophone du Québec. Le Conseil de la langue française a tenu à Québec, juste avant vos quatre conférences, soit les 11, 12 et 13 novembre, un congrès d'envergure où il a fait le point sur l'application des législations linguistiques du Québec et sur les résultats qu'elles ont donnés. J'ai déposé auprès du Conseil consultatif de la Generalitat une copie du bilan de l'application des politiques linguistiques des années 70 au Québec, bilan détaillé que j'ai eu l'occasion de livrer aux participants lors de ce congrès: c'est avec plaisir que je vous y réfère[5].

L'établissement d'une politique linguistique forte au Québec a également eu des résultats heureux sur les perceptions des Québécois. Par exemple, tous les groupes linguistiques du Québec croient généralement que la loi 101 permettra d'améliorer la qualité du français au Québec; on note également chez tous les groupes linguistiques du Québec un progrès de la conviction voulant qu'un immigrant qui s'établit au Québec doit apprendre le français en premier. On remarque également chez tous les groupes linguistiques du Québec un recul de la croyance qui voulait que l'anglais demeure inévitablement la langue des affaires et de la finance au Québec ; on note aussi un recul de la croyance voulant que le français ne se prête pas aux exigences de la technique moderne.

Tous les groupes linguistiques du Québec reconnaissent qu'il était temps que le gouvernement du Québec intervienne pour permettre enfin aux Québécois de travailler et de vivre en français. Quant aux politiques linguistiques actuelles du Québec, plusieurs anglophones souhaiteraient des adoucissements, notamment au chapitre de l'affichage public et des tests linguistiques pour professionnels, mais un sondage récent auprès des cadres des entreprises a démontré une préférence très majoritaire des cadres francophones et une préférence majoritaire des cadres allophones des secteurs public et privé pour le maintien et même le renforcement (et non l'adoucissement) des politiques linguistiques actuelles du Québec.

Je crois qu'il est utile de redire deux choses. D'abord, la Charte de la langue française n'a pas été rédigée dans un esprit négatif, dans le dessein de bannir quelque langue que ce soit du Québec. Elle poursuit un but éminemment positif et légitime : celui de permettre à tout citoyen québécois de s'exprimer en français et de vivre en français chaque jour. C'est également une loi pleine de souplesse, et qui est appliquée avec souplesse et dans un esprit de justice et d'ouverture à l'endroit des communautés culturelles. Deuxièmement, tout le reste du Canada (y compris le premier ministre du Canada et les premiers ministres des provinces anglophones) a reconnu le traitement généreux que les Québécois ont toujours accordé à leur minorité anglophone sur leur territoire. Voilà deux garanties rassurantes. Le Québécois n'est pas d'un naturel belliqueux : il préfère la cohabitation pacifique. Cependant, le Québec ne veut plus être dominé culturellement, économiquement, linguistiquement. Il veut être lui-même, il veut qu'on reconnaisse sa spécificité. Rien de plus normal et de plus légitime. La nouvelle Constitution canadienne ne reconnaît pas cette spécificité ; bien plus, elle va directement à l'encontre de la Charte de la langue française. Qu'arrivera-t-il dans l'avenir? Le mouvement pour l'autonomie culturelle et linguistique du Québec ne date pas d'aujourd'hui. Tous les gouvernements de tous les partis qui se sont succédé à Québec depuis 1960 l'ont réclamée. Je ne crois pas qu'on puisse prévoir dans un avenir immédiat l'abandon de ce projet collectif qui tient chèrement au coeur des Québécois. Dans sa conclusion, l'autre soir, le professeur Senelle disait que l'unité de la Belgique résidait bien plus qu'on ne le croyait dans la personne du Roi. Je ne crois pas que les Québécois peuvent en dire autant de la Reine du Canada!

NOTES

1. Voir : José WOEHRLING, *Le concept de langue officielle et l'évolution des modes juridiques d'intervention linguistique de l'État au Québec* (étude non encore publiée, pp. 28-30), Conseil de la langue française, Québec, 1982.

2. *La situation démolinguistique au Québec et la Charte de la langue française*, textes colligés par Michel AMYOT, Conseil de la langue française, Québec, Documentation n° 5, 1980, 160 pages.

3. C'est là un des principes énoncés dans le Livre blanc qui précéda la Charte : voir *La politique québécoise de la langue française*, Gouvernement du Québec, mars 1977, p. 19 (copie déposée auprès du Conseil Consultatif de la Generalitat).

4. Un exemplaire de la Charte et un exemplaire des règlements découlant de la Charte ont été déposés auprès du Conseil Consultatif de la Generalitat.

5. Michel PLOURDE, *Bilan de l'application des politiques linguistiques des années 70 au Québec*, conférence prononcée au congrès « Langue et société au Québec », le 12 novembre 1982. Voir p. 67 du présent recueil.

ANNEXE

Je crois utile d'ajouter ici quelques considérations.

L'objectif premier que poursuivent la plupart des pays ou des États est d'établir, sur un territoire donné, **une langue commune** qui favorise au maximum l'intercompréhension, l'unité et la paix.

> L'établissement d'une langue commune au sein d'une société globale et dans le territoire occupé par celle-ci n'est pas un phénomène proprement québécois. C'est ce qui se fait à peu près partout dans le monde (. . .) Cela répond à une préoccupation tellement universelle qu'on la retrouve également dans les États bilingues ou plurilingues. Le bilinguisme d'un État n'implique pas que tous les territoires englobés dans cet État sont intégralement bilingues. Bien au contraire, la règle générale, c'est que les États bilingues ou plurilingues sont composés de territoires unilingues, de territoires ayant chacun sa langue commune. C'est le cas en Belgique, en Suisse, en Tchécoslovaquie et en Yougoslavie.

La langue qu'on déclare commune pour un territoire est la langue universelle de ce territoire : elle devient un droit pour tous et elle est utilisée dans tous les secteurs de la vie publique et sociale. Ainsi, au Québec, non seulement les francophones, mais aussi les anglophones et les allophones ont le droit d'avoir accès à la langue française et de parler français. Et le français est présent dans tous les secteurs.

À ce droit commun s'ajoutent d'autres droits pour les minorités. Mais ces droits ne sont jamais aussi universels que le droit à la langue commune : d'abord, ils ne touchent pas toutes les personnes (mais uniquement certaines personnes en tant que membres d'une minorité), et ensuite ils ne s'étendent qu'à certains secteurs limités de la vie publique ou sociale (comme l'enseignement ou certains services).

Deux remarques s'imposent ici :

1) Cette façon de faire ne s'oppose en rien aux droits linguistiques fondamentaux des individus. Ces droits sont inaliénables : chaque individu conserve toujours le droit de parler sa langue maternelle chaque fois qu'il le désire

et de faire éduquer ses enfants dans sa langue maternelle (mais ce droit n'entraîne pas pour l'État l'obligation de payer pour les écoles de toutes les langues).

2) Toutes les minorités d'un territoire ne peuvent pas toutes jouir également de ces droits surajoutés. Il y a différentes sortes de minorités, et on ne peut pas toutes les traiter sur le même pied. Il faut distinguer notamment :

a) les minorités autochtones (les premiers occupants du territoire) ;

b) les minorités historiques (installées à la faveur d'une conquête militaire) ;

c) les minorités issues de l'immigration extérieure ou des migrations interprovinciales.

Pour préserver la paix et l'intégrité territoriale, un État a l'obligation de reconnaître clairement l'existence d'une langue commune universelle. Il a aussi l'obligation de reconnaître certains droits (moins universels) à certaines minorités.

Traduction et qualité de la langue au Québec

conférence synthèse prononcée au colloque
S.T.Q.-C.L.F., Hull, février 1983

Je crois qu'il faut être un peu « sonné » ou inconscient pour accepter de faire la synthèse d'un colloque, surtout en vingt minutes. C'est en effet une entreprise hasardeuse ; la plupart des personnes réfléchies évitent de s'y prêter, car le résultat est généralement désavantageux pour celui qui s'y aventure : on risque en effet de mécontenter les uns, de laisser les autres sur leur appétit et de donner à tous l'occasion de souligner le caractère sommaire ou peu nuancé de ce qu'on a dit. Je vous laisse donc seuls juges de mon geste irresponsable.

Cependant, ma tâche est grandement facilitée par le fait que ce colloque n'a pas été le lieu de divergences notables ou de grandes contradictions. Je crois pouvoir affirmer au contraire qu'il se dégage des points de vue convergents, et même des consensus, à partir des communications et des discussions que nous avons eues. Trois idées-force paraissent s'imposer tout particulièrement à la fin de ces deux journées, et je les exprimerai à ma façon. Une précision d'abord. Je me placerai uniquement dans l'optique de la traduction vers le français. Chacun pourra faire les transpositions nécessaires, *mutatis mutandis*, pour la traduction dont la langue d'arrivée est l'anglais.

La première de nos trois conclusions a trait à **la place de la traduction dans la société québécoise**. Le constat que vous avez fait me paraît unanime : le Québec est un pays de traduction, beaucoup trop. Venant des traducteurs eux-mêmes, ce jugement critique a tout le mérite de la lucidité et de la crédibilité.

Non pas que la traduction soit une mauvaise chose en soi, mais elle peut constituer un danger pour une langue et pour une culture dès lors qu'elle occupe une place anormalement importante dans les activités linguistiques d'un peuple ou d'un pays. C'est le cas pour le Québec.

Isolé dans un environnement anglophone canadien et américain avec lequel il doit communiquer, le Québec a toujours eu besoin de la traduction, mais encore plus depuis que le mouvement de francisation, accentué par des législations linguistiques (fédérale ou provinciales), a amené les gouvernements, les commerces, les entreprises et les milieux de travail à mettre à la disposition de leurs clientèles ou de leurs employés des produits de consommation ou des instruments de travail présentés en français. Ajoutons à cela, puisque nous sommes américains jusqu'à la moelle, le besoin que nous éprouvons d'avoir accès sans retard aux plus récents produits de la technologie et de la télématique, et cela donne finalement une société québécoise qui fonctionne et qui se tient à jour au moyen d'une quantité impressionnante de traductions et de traducteurs.

Les témoignages et les statistiques entendus au cours de ce colloque donnent à réfléchir. Par exemple : plus de 80% des messages publicitaires diffusés au Québec ne sont ni conçus ni rédigés en français, mais simplement traduits ou adaptés de l'anglais. Entre 33% et 55% des nouvelles publiées dans nos quotidiens sont le fruit de traductions faites par les journalistes eux-mêmes. La majorité des textes de base utilisés à titre d'instruments de travail dans les entreprises, à ce stade-ci de leur francisation, n'ont pas été pensés en français, mais traduits de l'anglais. Il en va ainsi d'une grande partie des textes émanant du gouvernement fédéral et destinés au Canada francophone, ces textes constituant d'ailleurs la majorité des traductions qui atteignent les Québécois.

Pressés par le temps, et ne disposant pas toujours de tous les moyens nécessaires, notamment dans les secteurs techniques en pleine évolution, les traducteurs professionnels ont parfois recours à des solutions terminologiques inadéquates ou à des néologismes non contrôlés. À cela s'ajoute la traduction sauvage où des amateurs mal préparés (qui sont, soit dit en passant, bien différents des illustres traducteurs spontanés à la Baudelaire ou à la Pamphile Lemay) laissent passer dans leurs textes, malgré souvent une bonne volonté évidente, des constructions anglaises, ou bien des calques ou des emprunts injustifiés. Et tous ces textes sont repris, retransmis, diffusés, conditionnant et façonnant en quelque sorte nos habitudes linguistiques et culturelles à partir de modèles qui ne sont pas les nôtres et qui risquent fort de nous dépersonnaliser. Il semble en effet que, quantitativement, le modèle linguistique standard qui atteint le plus souvent les Québécois soit le modèle traduit.

Peut-on endiguer cela ? Y a-t-il moyen d'être moins passifs, d'être plus créateurs, plus nous-mêmes ? Certainement. À la condition de remplacer une bonne partie de la traduction par la conception et la rédaction directe en français. C'est l'autre facette, plus positive, de la même réalité. Exprimée de cette façon par des traducteurs, cette conclusion n'est plus seulement vertueuse, elle est suicidaire ! . . . À moins que l'on considère que plusieurs traducteurs seraient d'excellents rédacteurs, ce que je crois parfaitement.

On se prend à rêver que, dans la deuxième phase de la francisation, les entreprises traduiront moins de l'anglais et rédigeront plus en français. Je le souhaite sincèrement moi aussi. Sauf que, pour être tout à fait réaliste, il faut bien comprendre que cet objectif a plus de chance de se réaliser parfaitement dans les entreprises dont les activités ou les produits sont planifiés, conçus et réalisés ici. J'ai toujours pensé qu'il y avait une étroite relation entre l'objet concret que l'on produit ou que l'on fabrique, le support conceptuel qui lui a donné naissance dans l'esprit, et la représentation extérieure de cet objet par le langage. Plus la distance est courte et la communication immédiate entre ces trois points, plus l'adéquation linguistique a des chances

141

d'être parfaite. Du moins théoriquement. Donc, en principe, la conclusion de ce que j'avance devrait être : arrangeons-nous pour que le Québec, économiquement, soit le plus « producteur » et le plus inventif possible. Une plus grande autonomie de production favorise une diminution de la passivité linguistique.

Mais la traduction est au Québec pour y rester. Il faut qu'elle diminue, certes, et cela est urgent. Mais, dans bien des secteurs, comme ceux des communications, de la télématique et des technologies nouvelles, elle gardera une place importante. L'avenir de la traduction dans ces domaines devrait être examiné attentivement en fonction des rythmes de production, des contraintes du langage schématique, des possibilités de « conditionnement » linguistique chez les créateurs de logiciels et autres produits, et qui sait peut-être, en fonction aussi d'une nouvelle conception de la qualité de la langue et du rôle de la traduction. Bref, nous ne pourrons pas nous passer de la traduction. Et d'ailleurs, je m'exprime très mal et de façon négative, comme si la traduction était un mal nécessaire, alors qu'au contraire elle est un bien dont il ne faut pas abuser.

***

Et ceci m'amène à la deuxième conclusion de notre colloque, qui a trait, non plus à la place de la traduction, mais au **rôle du traducteur**. J'ai personnellement une conception très positive et très exigeante du rôle du traducteur, particulièrement au Québec. Et je constate avec plaisir que cette conception coïncide avec celle de la plupart des intervenants de ce colloque. Nous venons de parler d'emprunts, de calques, de passivité linguistique. Ces termes évoquent, à mon avis, une soumission trop servile à la langue de départ. Une soumission servile ne fait que servir la langue de départ, alors que le traducteur s'adresse à la langue d'arrivée. Le client du traducteur, c'est la langue d'arrivée, toujours, même lorsque c'est la langue de départ qui paye la note ! . . . Le traducteur ne doit jamais être soumis, mais il doit être fidèle. Fidèle envers l'idée ou la pensée du texte de départ, fidèle envers le lecteur ou l'interlocuteur de la langue d'arrivée. Mais à la limite, forcé de faire un choix, à laquelle de ces deux fidélités doit-il être linguistiquement et culturellement le plus fidèle? Je n'hésite pas à dire que c'est à la seconde, car c'est au récepteur de la langue d'arrivée qu'il a vraiment le devoir de faire comprendre, avec les mots de celui-ci et dans le contexte culturel de celui-ci, le message qu'il a été chargé de communiquer.

Car, plusieurs conférenciers l'ont répété, le traducteur est avant tout un communicateur. Peut-être devrions-nous faire une nuance et dire: le traducteur n'est pas obligé d'être un communicateur, mais il est fort souhaitable qu'il le soit. Faut-il dédaigner tous les traducteurs compétents du type «ours solitaire», dont plusieurs ont bien servi la profession? Je ne le crois pas. Quoi qu'il en soit, il est vrai aussi de dire que le traducteur est un communicateur. Ce n'est toutefois pas un communicateur libre mais mandaté, c'est-à-dire qu'il n'invente pas de toutes pièces son message, lequel lui est donné par un autre, mais c'est un communicateur tout de même et, à ce titre, il ne fait pas que transposer, il crée. Donc, un communicateur qui n'est pas libre, mais qui n'est pas soumis; un communicateur qui est fidèle, mais qui est créateur.

Il y a donc une différence essentielle de responsabilité, d'exigence et de niveau, entre le véritable traducteur et le technicien de la traduction. L'activité de celui-ci repose avant tout sur le mot à mot et l'alignement séquentiel des parties du discours: sa méthode s'inspire de la recette et de la didactique étroite. Il ne se préoccupe généralement pas de savoir pour qui il transcrit des mots et des phrases: il tire sa satisfaction d'un maximum de similitude entre le texte d'arrivée et le texte de départ.

Le traducteur, lui, se préoccupe de bien autre chose. Il ne procède pas du mot à mot, mais il transpose de l'idée à l'idée: il cherche avant tout à faire comprendre le message qu'on lui a confié. Il sait que, pour ce faire, il doit être au niveau de son interlocuteur, de son destinataire et, en bon communicateur, il entreprend de le connaître, dans son contexte linguistique et culturel afin de pouvoir choisir, pour bien l'atteindre, les mots, les images, les tournures et les valeurs les plus justes et les mieux adaptés. Ce n'est plus de la simple transcription: la traduction devient jusqu'à un certain point une rédaction, voire une création, bref, un acte de communication dont la seule limite est la fidélité à l'exactitude du message à transmettre. Le traducteur est un passeur qui connaît bien les deux rives avec toutes leurs différences et qui fait passer de l'une à l'autre sans écueils et sans noyade, mais avec enchantement. Il est l'être privilégié et riche qui habite deux mondes. C'est, au plus beau sens du mot, l'interprète de deux langues et de deux cultures. Mais, enraciné comme il doit l'être dans sa langue d'arrivée, en l'occurrence pour nous la langue française, il constitue l'un des plus forts garants de la préservation et du développement de notre patrimoine linguistique et culturel.

Fidèle et responsable, il ne l'est pas seulement par rapport à son message et à son interlocuteur, il l'est aussi par rapport à sa langue. C'est un fin négociateur de mots, puisqu'il est communicateur, mais en même temps il n'a pas à capituler devant qui que ce soit pour ce qui a trait aux exigences de la langue. À cet égard, s'il doit être fidèle et sensible à l'univers linguistique et culturel de son interlocuteur, il ne doit cependant pas lui être soumis, pas plus qu'à son commanditaire d'ailleurs. La langue est sa première maîtresse : il doit lui prêter allégeance. Car le traducteur a aussi une responsabilité sociale : on sait fort bien l'influence et l'impact que ses textes peuvent avoir sur la qualité de la langue. Il doit donc se faire le promoteur de celle-ci et agir, au besoin, comme facteur de changement.

L'ensemble de ce colloque portait sur la qualité de la langue. C'est une notion complexe, difficile à cerner, et que les linguistes se refusent à définir, comme l'a fait remarquer Jacques Maurais. Et pourtant nous ne cessons d'en parler. Tout ce que j'ai dit jusqu'ici sur la place de la traduction au Québec et sur le rôle du traducteur se rapporte directement à la qualité de la langue. La qualité de la langue, c'est plus que la correction linguistique : elle inclut celle-ci mais la dépasse souvent. On pourrait dire, de façon imagée, que c'est la langue elle-même qui vit, se développe et s'enrichit tout en restant fidèle à elle-même. En réalité, c'est l'usager lui-même ou le traducteur en tant que locuteur vivant, conscient et fidèle. S'il n'est pas vivant, il n'évolue pas, il reste figé dans un musée linguistique. S'il n'est pas conscient, il devient sa propre règle et manque aux exigences linguistiques de la transmission correcte du message. S'il n'est pas fidèle à son patrimoine linguistique et culturel, il se disperse linguistiquement au lieu « d'unir ensemble », comme le suggère le mot « communication ». On voit que la qualité n'est pas un accident surajouté à la langue. C'est en quelque sorte cette langue elle-même, dans toute sa substance et dans toute sa vie : c'est la vie même du locuteur qui la parle. Entreprise délicate et complexe, à la fois défi et responsabilité, qui engage tout l'être du traducteur. On comprend pourquoi la qualité d'une langue ne peut pas être assurée par une loi.

Le langage est une monnaie d'échange : bien des gens tiennent à leurs vieux sous, d'autres se trompent de monnaie ou utilisent sans s'en rendre compte la monnaie d'un autre pays. De par sa fonction, le traducteur constitue un agent de change idéal : il connaît le taux du jour et les variations de taux ; il remet la valeur exacte, mais pas nécessairement les pièces que préfère le client ; il peut même frapper de la nouvelle monnaie, à condition de ne jamais être un faux-monnayeur, car sa responsabilité va jusqu'à tenter de redonner à ceux qu'il atteint des habitudes linguistiques de qualité. Cela veut dire aussi qu'il prend le temps de faire comprendre à ses clients et à ses destinataires ce qu'est la traduction et ce qu'il faut en attendre.

**

Mais le traducteur moyen est-il bien préparé pour assumer ses responsabilités avec conscience et efficacité ? C'est, à mon avis, la troisième préoccupation qui se dégage de ce colloque, c'est-à-dire **la formation professionnelle du traducteur**.

Des conférenciers compétents et autorisés ont analysé et décrit, pendant ces deux jours, les composantes essentielles d'un programme de formation en traduction. Je n'y reviendrai pas, si ce n'est pour abonder dans le même sens et souligner une fois de plus, avec monsieur Moskowitz, que « la simple connaissance des langues de départ et d'arrivée ne suffit pas » et que « la traduction est un des rares métiers où l'on vous paie pour réduire vos ignorances systématiquement et continuellement ».

145

Certes, il est important pour un traducteur québécois de bien connaître l'anglais — langue, littérature et culture. Il est important également de se familiariser avec l'un ou l'autre des domaines ou des spécialités au sein desquels le traducteur entend exercer son acte de traduire et établir sa crédibilité. Mais beaucoup plus importante encore me paraît être la formation de base de l'« honnête homme » et de la « tête bien faite » que doit être le traducteur. Respect de l'homme et de son évolution, capacité d'analyse et de pénétration des cultures, esprit de méthode et science du doute, curiosité intellectuelle, goût d'apprendre et de faire comprendre, modestie sans compromis et respect d'un patrimoine linguistique, voilà quelques-unes des qualités de base sur lesquelles on est presque assuré de pouvoir construire un excellent traducteur. On peut ajouter à ces qualités le don de communication, d'empathie et de persuasion, si l'on admet que le traducteur doit être aussi un communicateur. On est donc loin du « gratte-papier transcodeur », pour reprendre une expression qui a été employée. On dira peut-être qu'il s'agit là d'une vision « humaniste » des choses. Et cela est vrai. Mais je reste convaincu que cette formation du traducteur demeure toujours indispensable et actuelle, même lorsque la traduction s'exerce dans des secteurs hautement techniques.

Mais, par-dessus tout — et on y a insisté beaucoup au cours de ce colloque —, la composante première, vitale, fondamentale, de la formation d'un traducteur, c'est sa connaissance parfaite de la langue d'arrivée, donc pour le traducteur québécois, de la langue française. J'emploie à dessein le mot « connaissance », à cause de sa triple connotation. Connaître en effet, c'est saisir avec son esprit, c'est saisir avec tout son être au sens claudélien de « co-naître » ou de « naître avec », et c'est saisir avec ses sens et son corps au sens biblique du terme. À moins de cela, il me semble qu'on ne peut pas être un excellent traducteur. À ce propos, on pourrait se poser quelques questions auxquelles il ne faut pourtant pas donner une extension trop généralisée : le recours à des traducteurs qui ont été formés ou qui vivent dans un milieu faiblement francophone n'est-il pas risqué, autant pour le résultat de la traduction que pour le maintien de la langue française ? Le traducteur qui affirme que le français est sa langue d'arrivée, ne doit-il pas vivre, ou avoir vécu, en milieu francophone et rester en contact vivant et constant avec le milieu francophone ? Quelle quantité de traductions françaises peut-on décemment **gérer** à partir de l'extérieur du Québec ?

Mais venons-en carrément au milieu francophone québécois. La formation en langue française qui y est donnée dans nos écoles francophones prépare-t-elle à être un excellent traducteur, ou du moins un bon traducteur ? Apparemment pas, du moins de façon générale, car il y a bien sûr des exceptions, comme ces étudiants en traduction qui participent à notre colloque et auprès de qui j'ai conduit hier ma petite enquête éclair. Mon intention ici n'est pas d'« enfoncer » les enseignants, qui sont loin d'être les seuls responsables de cet état de fait. L'apprentissage de la langue est une entreprise complexe où interfèrent sans cesse les influences de la société, de la famille, des médias, de l'école et de la rue. Je prends en compte aussi qu'il existe, de par le monde, une crise des langues à laquelle n'échappe aucun pays. Monsieur Moskowitz nous disait qu'en France on peut fermer les écoles de traduction d'ici dix ans si les postulants continuent d'arriver aussi mal préparés en français. Je ne fais donc que constater une réalité sans instituer un procès. Que doit-on faire de cette réalité ?

Deux **réalismes** s'affrontent ici. D'abord un réalisme à long terme, possible, mais difficile : changer, renforcer et améliorer l'enseignement de la langue française au Québec pour obtenir, à la fin du secondaire, des étudiants qui maîtrisent le vocabulaire, la grammaire et la syntaxe, qui font preuve d'une bonne articulation mentale dans leurs communications et pour qui la langue est aussi une affaire de culture. Cela demandera du temps, des efforts, de la motivation et surtout de la volonté. Il faudra entre autres choses que les régimes pédagogiques et les enseignants donnent préséance et priorité de valeur au français sur les mathématiques. Les premiers responsables de cette opération devraient être les enseignants eux-mêmes, de façon lucide et implacable, soit par des regroupements *ad hoc*, soit par leurs syndicats.

Mais il y a aussi un réalisme à court terme : que faisons-nous entre-temps ? Si l'on était bien sûr que le fait de devoir s'inscrire d'abord à un baccalauréat de langues ou de lettres réussirait à combler les lacunes que nous avons dites, on pourrait alors reporter la formation du traducteur au niveau de la maîtrise, comme en France. Mais je ne suis pas sûr du tout de cette solution pour le Québec, tant qu'on n'aura pas réglé le problème de base de l'enseignement du français dans les écoles. Je crois qu'il est plus sage, entre-temps, de favoriser et de multiplier les mesures supplétives qui ont été proposées ou suggérées au cours de ce colloque : stages d'apprentissage de la langue et de la culture, ateliers de traduction centrés sur un domaine particulier, cours de rédaction générale ou spécialisée, ou peut-être même (mais je le dis en m'interrogeant), une année de formation préliminaire et supplétive, donc temporaire, pour les traducteurs.

En terminant, il faut souhaiter, avec tous ceux qui l'ont répété au cours de ce colloque, la reconnaissance et l'acceptation par tous du caractère professionnel de la traduction. Dans mon esprit, cela ne devrait pas cependant tendre à écarter de la pratique de la traduction certains autres professionnels qui, dans l'avenir, seront appelés à traduire et pour lesquels il faudra sans doute prévoir une formation particulière. On a signalé à bon droit que « tout le monde se mêlant de traduire, tous les traducteurs portent la croix de l'amateurisme ». La Société des traducteurs du Québec a fait énormément au cours des dernières années pour situer la profession à un niveau d'exigence et de qualité reconnu. Il faut continuer dans ce sens. Il reste, bien sûr, à trouver les moyens de convaincre les décideurs et les commanditaires, qu'ils appartiennent aux gouvernements ou aux entreprises, de ne pas se soustraire à leur responsabilité envers la langue, en leur montrant qu'il n'est ni payant ni rentable de reléguer au dernier rang le critère de la qualité de la langue dans le choix des traducteurs sous prétexte que, de toute façon, le lecteur ne peut pas faire la différence. Je crois au contraire que le public québécois est prêt à accepter une langue d'une richesse bien supérieure à celle qu'on lui présente sous la pression par exemple de milieux spécialisés qui résistent à l'emploi de nouvelles terminologies.

Je me dis convaincu que la véritable reconnaissance professionnelle, qui supporte toutes les autres, vient d'abord par le chemin des crêtes, à ce haut niveau d'exigence et de qualité où les mauvais traducteurs finissent par tomber d'eux-mêmes. Il ne faut pas en effet minimiser l'importance et l'étendue du chemin que peut parcourir une idée, quand on en est convaincu et qu'on lui donne la force voulue. L'idée même de la place et du rôle du traducteur dans la société québécoise a progressé rapidement depuis vingt ans. Où en serons-nous dans deux ou trois générations d'ici ? Les paris sont ouverts et nous sommes preneurs. Je prétends pour ma part que, bien au-delà de l'ère des logiciels, survivra encore allègrement l'*homo traducens* de 1983, que nous avons défini comme un anti-spécimen de l'époque servile et comme un communicateur à la fois fidèle et créateur portant au front la corne risible de la qualité de la langue ! ... (M. Delisle ne nous disait-il pas tout à l'heure que le mot « corne » en hébreu a la même racine que le mot « rayonnement » ?). On dira que je me présente à un tournoi d'extra-terrestres en habit du XVIIᵉ siècle ... Soit ! Mais nous verrons bien ! Que le tournoi commence ! Et que le meilleur gagne !

Voilà ! Je viens de mettre un point final à mon geste irresponsable. Et comme, j'en suis certain, chacun reste encore sur sa faim, je vous souhaite bon appétit !

Éducation et avenir du français au Québec

conférence prononcée à la Faculté des sciences de l'éducation de l'Université de Montréal, avril 1984

Mesdames, Messieurs,

Je voudrais proposer à votre réflexion quelques aspects seulement d'un thème assez large et assez complexe, celui de l'avenir de la langue française au Québec en relation avec l'éducation. Je dis « éducation », mais je pense surtout au milieu de l'enseignement. J'essaierai en particulier de réfléchir avec vous à certains facteurs déterminants de l'avenir de la langue française et au rôle névralgique de l'enseignement et du milieu scolaire face à cet avenir.

1. Quelques constats préliminaires

Je pars du principe que la vie, le développement et l'avenir d'une langue peuvent et doivent être pensés, organisés, planifiés et soutenus au même titre que l'économie et la santé. Je ne suis pas de ceux qui disent : « Laissez donc la langue tranquille : elle ne s'en portera que mieux et se développera toute seule[1]. » Par contre, je ne crois pas non plus que toute l'action de planification et de soutien linguistique doive venir de l'État.

Or, depuis quinze ans, l'État a investi des efforts et des ressources considérables pour faire en sorte que le français devienne la langue officielle du Québec et la langue normale et habituelle du travail et des entreprises, de l'enseignement, des services publics, du commerce et des affaires. J'ai déjà eu l'occasion, il y a un peu plus d'un an, dans le cadre du congrès « Langue et société au Québec », de dresser le bilan de l'application des politiques linguistiques du Québec au cours des dernières années[2]. Ce bilan est largement positif, mais je crois qu'il convient de l'assortir de quelques constats qui donnent à réfléchir. Je les soumets à votre réflexion et à votre discussion :

Deux constats généraux d'abord :

— Le rôle moteur important assumé par l'État dans le soutien et le développement de la langue française a eu pour effet, non pas voulu mais réel, la désaffection sinon la démission des groupes ou des citoyens qui traditionnellement se donnaient pour tâche de défendre et de soutenir la langue française.

— La mise en oeuvre d'une politique québécoise de la langue française et d'un plan d'aménagement linguistique a donné à plusieurs la fausse assurance et la fausse certitude que la langue française se trouvait désormais protégée dans tous les secteurs.

Quatre constats particuliers ensuite :

a) Des secteurs extrêmement importants pour l'avenir de la langue française, comme l'immigration, les communications, l'éducation, la science et la technologie, ne sont pas touchés par la Charte de la langue française.

b) Le secteur de l'éducation en particulier, auquel la Charte ne touche que par le biais de l'accès à l'école anglaise, est resté, à maints égards, étranger aux incidences d'une politique québécoise de la langue française.

c) L'atteinte des objectifs premiers de notre politique linguistique qui se propose de faire du français la langue normale et habituelle du travail, des communications, des entreprises, du commerce et des affaires, n'a jamais été organiquement reliée aux exigences des programmes d'enseignement.

d) Enfin, le Québec ne s'est pas encore doté d'une véritable politique de l'enseignement des langues qui viendrait clarifier, compléter et soutenir la politique québécoise de la langue française.

Ces constats généraux et surtout ces quatre derniers constats particuliers sont directement reliés à notre propos d'aujourd'hui concernant l'éducation et l'avenir de la langue française.

2. Priorité aux jeunes

Si on se questionne sur l'avenir de la langue française dans l'éducation et par l'éducation, il faut immédiatement se tourner vers les jeunes, qui constituent à la fois la clientèle scolaire et les futurs citoyens de notre société.

A. L'avenir des clientèles scolaires francophones

On aura beau vouloir faire du Québec une société française, cette entreprise risque d'être vouée à l'échec, si le facteur démographique ne joue pas en notre faveur. C'est par là qu'il faut commencer. Qu'en est-il au juste ?

Certes, les mesures adoptées par la loi 101 concernant la langue d'enseignement ont porté fruit, et le pourcentage élevé d'enfants d'immigrants qui fréquentaient les écoles anglaises du Québec il y a quelques années a été considérablement réduit (de 85 % en 1970 à 50 % en 1983)[3]. Mais, si l'on conjugue les trois facteurs suivants : l'attrait que continue d'exercer la langue anglaise sur les communautés culturelles, le jugement imminent de la Cour suprême sur l'accès à l'école anglaise au Québec, et la chute du taux de fécondité des couples québécois au-dessous du seuil de 1,5 %, force est de constater que, de tous les éléments qui conditionnent notre avenir, l'élément démographique est peut-être celui qui demeure encore le plus aléatoire.

Ajoutons à cela que les structures scolaires du Québec n'ont pas toujours aidé au développement de la langue française et que l'attitude d'ouverture, voire de neutralité, confessionnelle du secteur protestant a permis le recrutement, dans les milieux

155

anglophones, de clientèles scolaires qui étaient naturellement destinées à vivre dans des milieux français.

On est forcé de constater deux choses : que la politique québécoise de la langue française n'a pas encore pénétré avec suffisamment de force et de conviction toutes les administrations scolaires du Québec ; et que, par conséquent, il est urgent de prendre toutes les mesures pour faire en sorte que les jeunes des communautés culturelles, quelle que soit leur origine ou leur religion, soient bienvenus et effectivement accueillis et soutenus à l'intérieur des écoles françaises du Québec.

On aura constaté que, dans la région de Montréal, plusieurs écoles à majorité traditionnellement francophone ont vu leur concentration ethnique dépasser les 50% au cours des cinq dernières années[4]. Comment s'est planifié et géré ce changement qui comporte des incidences linguistiques et culturelles majeures, alors que les directions d'écoles et les enseignants n'étaient pas préparés à cela et se sentaient souvent démunis devant les exigences complexes d'un nouvel aménagement linguistique ? Quelles nouvelles mesures les ont soutenus dans leur effort pour comprendre ces jeunes, les accueillir, leur faire aimer le français et les amener à s'intégrer dans la communauté francophone du Québec tout en s'épanouissant aussi dans leur propre culture ?

Voilà une entreprise qui n'est pas facile, mais qui est pourtant capitale pour l'avenir de la langue française au Québec, s'il est vrai que les communautés culturelles constitueront la véritable base de « recrutement » de la « francophonie » québécoise au cours des prochaines années.

Dans cette perspective, le Conseil de la langue française met actuellement sur pied un atelier de réflexion sur les rapports intergroupes et sur l'intégration linguistique et culturelle dans les écoles francophones de Montréal à forte concentration ethnique. Ce qu'il souhaite faire, en étroite collaboration avec des directions d'écoles, des enseignants et des jeunes francophones et allophones vivant chaque jour dans ce type d'écoles, c'est analyser les relations linguistiques et culturelles des groupes en présence et recommander les mesures les plus appropriées pour permettre aux agents éducatifs et aux jeunes eux-mêmes de concourir efficacement à l'avenir de la langue française en travaillant à une intégration harmonieuse, bien différente de l'assimilation, des jeunes des communautés culturelles dans la société française du Québec. Pour y arriver, la langue française a besoin d'être perçue par tous les étudiants comme la langue commune, la langue de rencontre, de dialogue et de convivialité ; bref, elle a besoin d'être valorisée sur tous les plans, et particulièrement à l'école, ce qui n'est pas encore le cas partout, loin de là.

B. L'avenir des jeunes comme futurs citoyens

Mais bien plus qu'une clientèle scolaire qu'on calcule en chiffres absolus et en pourcentages, les étudiants d'aujourd'hui retiennent notre attention comme citoyens de demain. L'avenir de la langue française, c'est d'abord eux, c'est d'abord la façon dont nous les aurons préparés à vivre en français. Cette préparation, cette formation, suppose la transmission de certaines connaissances, la formation d'une certaine conscience et d'un certain esprit critique, et l'acquisition de certaines attitudes, de certains comportements, de certaines compétences qui permettent de concourir avec efficacité et cohérence au développement de la langue française.

Or, que remarquons-nous sur la base des données de recherches effectuées au cours des trois dernières années ? Les jeunes francophones des deux dernières années du secondaire et des deux premières années du cégep regardent la télévision en anglais dans des proportions d'écoute variant de 21% à 49% selon les milieux[5] ; entre 59% et 73% manifestent de l'indifférence ou de la tolérance devant le fait de se faire servir en anglais dans les commerces[6] ; et bien qu'une très forte proportion d'entre eux (entre 80% et 93%) se disent convaincus qu'« il ne faudrait, pour rien au monde, abandonner nos efforts pour garder au Québec le français de nos pères[7] », ils n'en estiment pas moins, dans une proportion allant de 23% à 41%, que « vivre en français, pour eux, n'est pas nécessaire à leur épanouissement personnel[8] » et qu'« à toutes fins pratiques, au Québec, il est plus important pour un francophone d'apprendre l'anglais que de perfectionner son français » (entre 25,5% et 39%)[9].

Quant aux jeunes des mêmes niveaux d'enseignement dans les écoles anglaises, ils prêtent très peu d'attention aux chaînes de télévision française : 82,6% d'anglophones et 71,5% d'allophones y accordent moins d'un cinquième de leur temps d'écoute[10]. Par ailleurs, plus du tiers des étudiants anglophones et allophones n'ont que de faibles contacts avec le milieu francophone[11], et il semble bien que l'école anglaise, de façon générale, ne les ait pas préparés adéquatement à partager la langue et la culture de la communauté francophone du Québec. Ils estiment cependant, à plus de 80%, qu'« au Québec, il va devenir indispensable pour un anglophone de connaître le français aussi bien que l'anglais » et que « de plus en plus, au Québec, les immigrants vont apprendre le français davantage que l'anglais[12]. »

Les quelques statistiques que nous venons de donner ont de quoi nous rendre songeurs. Chez les étudiants francophones en particulier, elles révèlent des attitudes et des comportements linguistiques légers sur lesquels il apparaît impossible pour le moment de fonder avec certitude l'avenir de la langue française au Québec. Ces statistiques soulèvent également la question cruciale du rôle de l'école dans l'éveil et la formation de la conscience linguistique. En termes de politique pédagogique, de programmes et de moyens, quelle priorité réelle les écoles du Québec accordent-elles à la nécessité de bien préparer les jeunes, comme futurs citoyens, à prendre en main le développement et l'avenir de la langue française au Québec ?

3. Programmes et attitudes

Arrêtons-nous d'abord aux objectifs des programmes et aux attitudes du personnel enseignant. Nous parlerons ensuite du milieu scolaire lui-même.

La formation de la conscience linguistique chez les jeunes commence d'abord par l'enseignement du français. Si l'école et les enseignants n'attachent qu'une importance relative à l'enseignement du français, à son apprentissage et à sa qualité, il y a fort à parier que les enfants ne seront pas beaucoup portés à lui accorder une certaine valeur sociale. Actuellement, si on excepte les cégépiens du Saguenay, moins de 10% des étudiants francophones accordent la première place au français comme matière scolaire préférée[13] : chez la majorité d'entre eux, le français occupe une place intermédiaire dans leurs préférences. Pourtant, quand on les questionne au sujet de l'enseignement du français, une fois qu'ils ont quitté l'école et qu'ils sont confrontés au monde du travail, ils ont tendance à émettre un jugement assez sévère et assez semblable à celui que le Conseil de la langue française a entendu à plusieurs reprises de la bouche de parents et de représentants d'entreprises lors de ses consultations régionales depuis quatre ans : « Quand on sort de l'école, on ne sait pas écrire correctement notre français ; il aurait fallu que très tôt on soit plus exigeant avec nous en nous enseignant avec plus de rigueur les règles de l'écriture. »

Quelques études ou enquêtes menées au Québec depuis 1975[14] ont confirmé ce fait, en montrant que plus des deux tiers des fautes commises par les étudiants de niveau collégial et universitaire relèvent de l'orthographe et de la syntaxe et que, par exemple, le nombre moyen des erreurs dans une dictée administrée en 1962 et en 1982 passe de 2 à 18 fautes chez les garçons et de 1 à 14 fautes chez les filles. Il ne faut pas se hâter de généraliser, puisqu'il n'existe pas de données pour l'ensemble du Québec ; de plus, le Québec n'est pas le seul pays à avoir été touché par la crise des langues et la désaffection générale par rapport à la grammaire.

Mais le malaise est suffisamment ressenti pour avoir amené les cégeps et les universités à mettre sur pied des cours de rattrapage pour compenser les lacunes de la préparation des étudiants en français[15]. Ce phénomène pose une double question : l'apprentissage de la langue n'est-il pas en train de devenir très coûteux pour notre société ? et quel rôle exactement l'école doit-elle jouer dans l'apprentissage de la langue ?

Il est heureux que le nouveau programme de français vienne corriger la perspective établie par le programme-cadre de 1969 et redonne à l'apprentissage de la langue écrite autant d'importance que celui de la langue parlée. On y parle maintenant du

« rôle irremplaçable de l'écrit[16] » et on y développe à juste titre les fonctions hautement formatrices de la lecture et de l'écriture, surtout quand il s'agit d'apprendre à réfléchir, à clarifier ses idées et à articuler sa pensée, ce dernier point constituant peut-être la lacune principale du mode d'expression des étudiants québécois. Il faudra attendre quelques années pour que les effets de ce virage se fassent sentir. La véritable question est la suivante : les enseignants, particulièrement au niveau primaire, ont-ils réellement pris le virage par rapport à l'ancien programme-cadre ? Comment sont-ils soutenus et quelles mesures a-t-on adoptées dans les écoles et dans les commissions scolaires pour revaloriser l'enseignement et l'apprentissage du français, pour montrer aux jeunes Québécois de toutes provenances que le français est une langue exigeante, belle et utile, dont la maîtrise leur est aussi nécessaire que celle des mathématiques ?

Nous touchons ici deux points qui sont intimement reliés aux attitudes des enseignants : le premier a trait à la conception même qu'on se fait de l'enseignement de la langue, le second relève du domaine des valeurs et des références sociologiques.

L'enseignant se fait une conception de l'enseignement de la langue maternelle qui intègre plus ou moins confusément quatre facteurs : le rôle de l'école, le contenu du programme, son idée sur la langue, sa pédagogie propre. Nous pourrions développer longuement chacun de ces quatre facteurs. Pour les besoins de notre propos d'aujourd'hui, nous nous contenterons de souligner quelques aspects qui nous paraissent importants pour le développement et l'avenir de la langue française au Québec.

Premièrement, le rôle de l'école est de permettre un apprentissage systématique et cohérent de la langue française en même temps qu'une valorisation sociale de celle-ci. En aucune façon le rôle de l'école ne peut être assimilé à celui de la famille, de la rue ou de la télévision : si ces différents lieux concourent aussi à l'apprentissage de la langue, ils n'y contribuent pas de façon systématique ou continue comme l'école doit le faire. De plus, seule l'école est capable, sur un continuum donné, d'inculquer chez les jeunes, selon un processus de répétition ou de renforcement, la conscience de la valeur et de l'importance de sa langue maternelle.

Deuxièmement, le contenu des programmes d'enseignement doit avoir pour objectif d'équiper le futur citoyen d'outils suffisamment affûtés pour lui permettre de s'exprimer de façon adéquate, verbalement ou par écrit, en toute circonstance de la vie, dans un français correct qu'on puisse comprendre au Québec et qu'on puisse comprendre aussi dans d'autres pays francophones.

Troisièmement, l'idée que l'enseignant se fait de la langue aura une répercussion directe sur son enseignement. Il est donc extrêmement important, en particulier tout au long de l'enseignement primaire, d'avoir des enseignantes et des enseignants qui soient bien pénétrés du rôle propre de l'école et des objectifs du programme, qui manifestent de l'enthousiasme et du dynamisme dans l'enseignement du français, qui accordent à la langue française la première place en tout lieu, qui ne considèrent pas celle-ci uniquement comme une matière scolaire mais comme un moyen d'enrichissement culturel et d'ouverture aux autres, et qui ne ratent aucune occasion de valoriser les élèves qui cherchent à perfectionner leur langue parlée ou écrite.

Quatrièmement, l'approche pédagogique joue un rôle important. À cet égard, la meilleure façon de construire l'avenir et de rendre service à l'élève est sans doute d'arrêter de considérer sa langue comme un bouton de fleur qui va se développer spontanément pour peu que l'enseignant apparaisse comme un rayon de soleil. Nous avons dit que le rôle de l'école est d'offrir un apprentissage systématique : cela ne se fait pas tout seul, et je ne connais pas de méthode d'apprentissage par osmose d'où soient absents l'effort, l'intervention et la pratique répétitive. Mais entre la mécanique de la répétition pure susceptible d'entraîner l'aversion des étudiants et une pédagogie spontanéiste partant uniquement du vécu de l'élève, il y a place pour une didactique du français qui mette entre les mains de l'élève les outils du langage qu'il doit apprendre à manier et qu'il ne saurait acquérir seul.

Si plus des deux tiers des étudiants francophones se disent « assez » ou « très » satisfaits des cours de français qu'ils reçoivent à l'école, et si la compétence de leurs professeurs est le motif de satisfaction qui reçoit le plus fort pourcentage (plus de 30%), il reste cependant que les principaux motifs d'insatisfaction exprimés par les jeunes sont le manque d'intérêt des programmes (de 19% à 37%) et le manque d'efficacité des cours pour améliorer leur français (de 13% à 49,5%)[17]. Comme disait l'un d'entre eux, âgé de 15 ans : « Si c'était à recommencer, je voudrais qu'on soit plus exigeant avec moi : ce serait « moins l'fun », mais ce serait plus efficace ».

Mais « le manque d'intérêt des programmes » nous amène à soulever l'autre point que nous avions annoncé et qui relève surtout du domaine des valeurs et des références sociologiques. Ce point touche à la fois aux objectifs des programmes et aux attitudes des enseignants.

L'avenir de la langue française au Québec ne saurait être assuré uniquement par l'enseignement du français proprement dit. Pas plus que sur le plan international les citoyens des autres pays ne seront attirés vers l'apprentissage du français à moins de sentir que cet effort leur donnera accès en même temps à une grande langue de civilisation qui a permis et qui continue de permettre à certains peuples de vivre et de créer des produits culturels, techniques et commerciaux recherchés de par le monde. Il n'en va pas autrement des jeunes étudiants québécois. Si les enseignants de français et les autres enseignants se confinent strictement à leur enseigner la maîtrise de la langue française sans leur montrer la valeur et l'utilité de celle-ci pour la société québécoise et l'importance qu'elle occupe et peut occuper dans le monde, je ne donne pas cher de l'avenir de la langue française au Québec dans l'esprit des jeunes francophones, eux qui n'ont pas spontanément tendance à croire que le français a de l'avenir[18].

C'est ici que l'on touche à un autre rôle essentiel de l'école et des enseignants, à savoir : l'éveil et la formation de la conscience linguistique. Malheureusement, aucun programme de français ni aucun programme d'histoire n'en parle spécifiquement. J'affirme, sans risque de me tromper grandement, que la majorité des finissants de secondaire V qui sortent des écoles du Québec n'ont jamais entendu aucun professeur leur expliquer, dans le cadre d'un cours, la place de la langue française au Québec et dans le monde, la politique de la langue française que s'est donnée le Québec depuis le début de la Révolution tranquille, le déroulement de la francisation qui s'est opérée au Québec au cours des dernières années dans les services publics, les entreprises, le commerce et les affaires, l'important développement terminologique auquel s'est livré le Québec depuis vingt ans, les relations entre langue, économie et marché du travail, et, plus important encore, les raisons qui ont amené le Québec à se donner une politique de la langue française, les fondements historiques de ce projet de société, la place du Québec dans l'ensemble de la francophonie, les relations du Québec avec la France comme avec l'Amérique, et finalement les succès culturels et techniques réalisés en français par le Québec.

Aucun enseignant, aucun programme, n'est tenu de renseigner aucun étudiant sur aucune de ces questions, qui ont pourtant permis d'accumuler au cours des dernières années un impressionnant réservoir de connaissances et d'études sur le Québec. Est-il étonnant, après cela, de constater que les jeunes Québécois francophones, une fois sortis de l'école, s'identifient peu à la cause de leur langue, sont indifférents devant le fait de se faire servir en français ou en anglais, n'affichent aucune fierté particulière pour les réalisations québécoises, ni même aucune fierté nationale tout court, et ne contribuent pratiquement pas au développement du fait français dans leurs comportements linguistiques et leur consommation de biens culturels ?

On nous dit que les nouveaux programmes de français et d'histoire ont pour objectif, non pas seulement de transmettre des connaissances, mais aussi de développer des attitudes et des comportements utiles aux futurs citoyens. Mais sur les points extrêmement importants que je viens de dire, je ne vois pas encore, jusqu'à plus ample information, quels moyens sérieux ont été mis en place pour amener les enseignants à dépasser l'univers un peu étroit de la didactique des apprentissages pour déboucher sur un enseignement plus sociologique, résolument ouvert sur les valeurs et les préoccupations actuelles de la société dont les jeunes doivent assurer l'avenir. Il y a sans doute là, pour les facultés des sciences de l'éducation et les centres de perfectionnement des maîtres, un leadership à assumer en termes de curriculum et d'animation reliés à la contribution spécifique que peuvent apporter à l'avenir de la langue française les divers intervenants du monde de l'éducation.

4. Le milieu éducatif

Parmi ces intervenants, les directions d'école ont un rôle majeur à jouer. C'est au personnel de direction et d'animation des écoles et des commissions scolaires que revient la tâche primordiale de faire en sorte que le milieu éducatif lui-même, et non seulement la classe de français ou d'histoire, devienne efficacement un lieu d'apprentissage et de valorisation de la langue française.

Ce rôle se situe à trois niveaux : la détermination d'une politique, la gestion du milieu linguistique, le soutien aux réalisations qui valorisent la langue française.

Toutes les écoles du Québec devraient avoir une politique linguistique consciente et réfléchie, qui s'inspire en grande partie de la politique québécoise de la langue française. Nous parlons de politique et non de règlement : nous pensons donc avant tout à des priorités, à des façons de faire, à des attitudes cohérentes de la direction et du personnel enseignant, plutôt qu'à des sanctions. Cette politique devrait déterminer au moins quelques éléments essentiels, comme : la place et l'importance accordée à la langue française partout à l'intérieur de l'école, comme aussi dans la vie et les activités de l'école ; le rôle demandé à tous les enseignants pour soutenir cette politique ; les actions mises de l'avant ou privilégiées par l'école pour encourager l'usage et l'amélioration du français ; les mécanismes prévus pour gérer les conflits linguistiques en milieu scolaire multiethnique ; les liaisons prévues entre direction, parents et personnel enseignant pour assurer tout l'appui nécessaire à cette politique de la langue française.

164

Il serait en effet illusoire de penser que les jeunes sauront demain se situer par rapport à leur langue si, à l'intérieur de cette image de la société que constitue déjà l'école, ils n'ont pas l'occasion de développer des comportements linguistiques appropriés. Cela est vrai pour chaque école, mais tout particulièrement pour les écoles où la concentration ethnique dépasse un certain pourcentage.

Les directions d'école ont un rôle déterminant à jouer dans la gestion de leur milieu linguistique. Elles doivent bien connaître la composition ethnique et culturelle de leur école, se familiariser avec les habitudes et les sensibilités de certains groupes, renseigner et prévenir les enseignants sur les attitudes à développer ou à éviter, se ménager au sein des différentes communautés culturelles des appuis ou des recours utiles, et, partant de là, déterminer les meilleurs moyens à prendre pour donner à la langue française, à l'intérieur de l'école, la prépondérance et la valorisation qu'on essaie de lui donner dans le reste de la société québécoise, tout en favorisant chez les jeunes des communautés culturelles l'expression de leur identité culturelle et chez les jeunes francophones des attitudes d'ouverture aux autres cultures.

La gestion des relations interlinguistiques et interculturelles en milieu scolaire québécois est une entreprise complexe qui est loin d'avoir reçu à ce jour toute l'attention voulue. Pour les fins de l'atelier de réflexion que j'ai mentionné précédemment, le Conseil de la langue française est à établir une bibliographie commentée des principales études ou recherches qui ont été menées au Québec. Mais il n'y en a pas, sauf erreur, qui abordent le sujet sous l'éclairage de l'avenir de la langue française au Québec. Les problèmes ne manquent pourtant pas à cet égard :

— combien de jeunes des communautés culturelles traînent dans des classes allégées uniquement à cause d'une connaissance insuffisante de la langue française ?

— n'a-t-on pas vu un étudiant s'inscrire à des cours d'histoire en anglais le soir pour pouvoir passer son examen en français ?

— combien d'enseignants ont baissé leur niveau d'enseignement afin d'atteindre tout le monde?

— comment dans ces conditions peut-on espérer faire aimer la langue française et le patrimoine culturel québécois?

Le Conseil de la langue française espère donc en arriver d'ici quelques mois à une analyse qui permettra sans doute de recommander l'adoption de mesures précises susceptibles d'aider les directions d'école et les enseignants des écoles multiethniques dans les efforts qu'ils déploient déjà pour donner à la langue française une position plus forte et une plus grande valeur dans l'apprentissage et dans la vie de l'école.

Mais aussi bien dans les écoles françaises que multiethniques, les directions d'école ont un troisième rôle à jouer, qui est celui de soutenir les réalisations qui valorisent la langue française. La reconnaissance sociale et la « sanction » officielle constituent des encouragements très forts aux initiatives des jeunes. Ils seront d'autant plus portés à soutenir le développement de la langue française dans le contexte difficile de la société de demain s'ils ont été encouragés et soutenus eux-mêmes publiquement dans leurs créations en langue française et dans leurs initiatives pour promouvoir la langue française au sein même de l'école. Ces réalisations peuvent être de toutes sortes et avoir été suscitées soit par la direction, soit par le conseil étudiant ou par un groupe d'étudiants, soit par des enseignants, et elles n'ont pas besoin de porter directement sur la langue française, dès lors qu'elles peuvent contribuer à mettre celle-ci en valeur et provoquer l'admiration ou l'adhésion des jeunes. C'est dans cette perspective que le Conseil de la langue française a mis également sur pied un second atelier de réflexion pour examiner avec les jeunes les différents moyens d'action et de création qui pourraient les pousser à travailler davantage au développement et à l'avenir de la langue française au Québec.

5. Conditions d'avenir

Les questions que j'ai brièvement proposées à votre réflexion aujourd'hui et que je souhaite discuter avec vous dans un instant ne constituent pas un diagnostic complet et définitif. Je suis conscient, par exemple, d'avoir laissé de côté toute la problématique de l'enseignement de la langue seconde. J'ai livré mes propos de façon générale pour mieux attirer l'attention, et je n'ai pas fait état de certaines réponses positives qui ont commencé d'être données à quelques-unes de mes interrogations. De plus, j'ai choisi de me placer avant tout du côté de la réflexion personnelle ; c'est donc dans le même esprit que je tirerai maintenant certaines conclusions, certaines orientations d'avenir.

La prospective linguistique, ou l'étude de l'avenir des langues, n'est pas une science très avancée. Le Conseil international de la langue française avait tenu, en septembre 1981 à Grenoble, un symposium sur cette question[19]. Mais comme toujours quand on parle de langue, la plupart des participants, de formation linguistique, s'étaient enfermés dans la question de l'évolution et de l'avenir internes de la langue française. Ce qui m'intéresse ici, c'est bien plutôt l'avenir de la langue française au Québec et dans le monde et les facteurs qui conditionnent cet avenir. Parmi ceux-ci, les facteurs démographique et économique échappent en grande partie à l'initiative et au contrôle du Québec puisqu'ils sont soumis à des forces extérieures provenant d'un ensemble plus vaste. Par contre, les facteurs politique et sociologique, qui incluent la volonté politique, le consensus national et la force de l'éducation, peuvent jouer un rôle déterminant dans cet avenir, puisqu'ils constituent des leviers conscients dont nous pouvons garder le contrôle. De ces trois leviers cependant, je crois que l'éducation n'a pas joué jusqu'ici le rôle le plus fort dans la formation et le développement d'une conscience nationale apte à soutenir efficacement la politique québécoise de la langue française et à assurer l'avenir de notre langue. C'est très majoritairement par l'intermédiaire de leurs parents et de leur famille, ou par les journaux, la radio et la télévision, et très peu par leurs professeurs, que les jeunes se disent informés ou sensibilisés aux questions linguistiques du Québec[20].

Il convient donc, pour assurer l'avenir de la langue française au Québec, de procéder à un examen de conscience (je ne dis pas à un procès) du rôle de l'école et des enseignants à ce chapitre. C'est à quoi je me suis appliqué brièvement aujourd'hui. Je n'en conclus pas cependant que les enseignants et les administrateurs scolaires soient les premiers ou les seuls responsables de cet état de fait, car l'État a un mot important à dire en éducation. En replaçant ce que j'ai dit dans un cadre plus vaste, je résumerais ainsi les cinq conditions d'avenir les plus susceptibles de servir la langue française dans le monde de l'éducation :

a) Il est urgent que l'État définisse clairement, à l'intérieur des programmes de français et d'histoire, les objectifs d'éveil et de formation de la conscience linguistique et de la conscience nationale les plus susceptibles de permettre aux jeunes Québécois de contribuer efficacement à l'avenir de la langue française au Québec et dans le monde.

b) Dans cette optique, et sans attendre davantage, les administrations scolaires et les écoles devraient s'engager, en concertation avec les centres de perfectionnement des maîtres, dans des sessions de formation et d'information destinées à sensibiliser les enseignants au cheminement sociolinguistique du Québec au cours des dernières années et à diverses techniques d'éveil et de formation de la conscience linguistique des jeunes.

c) Parallèlement, les centres de recherche universitaires et les facultés des sciences de l'éducation devraient orienter leur réflexion concernant le curriculum et la didactique vers des objectifs et des méthodes qui dépassent le simple apprentissage d'une langue par un individu pour déboucher sur des préoccupations plus larges de formation à la responsabilité sociale concernant l'avenir de la langue française et le respect des autres langues.

d) Il devient urgent également que, pour compléter sa politique de la langue française, l'État québécois se dote, d'une part, d'une véritable politique de l'enseignement des langues, y compris l'anglais et l'espagnol[21] ; définisse plus clairement, d'autre part, les bases du contrat social qui devrait inspirer les relations interlinguistiques et interculturelles à l'intérieur des écoles à concentration ethnique ; et prenne enfin des mesures qui aident efficacement les écoles à l'intégration harmonieuse des enfants des communautés culturelles dans la vie française du Québec.

e) Enfin, les administrations scolaires et les associations d'enseignants devraient conjuguer leurs efforts pour faire en sorte que l'école assume son véritable rôle face à l'apprentissage systématique du français, que l'enseignement de la langue écrite prenne toute la place nécessaire, que chaque école se donne une véritable politique de la langue française et que l'école tout entière devienne un lieu de valorisation et de vie pour la langue française.

Conclusion

Rien de ce que nous venons de dire n'est inscrit dans la Charte de la langue française. Et pourtant, existe-t-il une force plus grande que celle de l'éducation pour façonner l'avenir d'une langue et d'un peuple ? Peut-être est-il nécessaire de le répéter plus fortement au moment où certains indices pourraient laisser croire à un fléchissement de la volonté politique ou du consensus national sur un objectif aussi fondamental que celui de la langue française au Québec.

Une chose est certaine : la Charte de la langue française n'est pas capable à elle seule d'assurer l'avenir de la langue française au Québec. D'abord parce que c'est une loi, et une loi n'entraîne pas par elle-même la conviction et la vie. Ensuite, parce qu'elle ne touche que quatre secteurs de la vie de la nation : l'administration publique, le travail et les entreprises, le commerce et les affaires, et aussi l'éducation mais par le biais fort restreint de l'accès à l'école anglaise. La Charte de la langue française ne touche pas à des secteurs de communications institutionnalisées, comme la radio, la télévision, l'éducation, qui ont une influence décisive sur l'avenir linguistique et culturel de la nation.

La Charte de la langue française a contribué grandement à modifier le paysage linguistique du Québec. Elle continue d'être nécessaire, mais elle a ses limites et n'est pas complètement équipée pour faire face à de nouveaux défis d'avenir. Désormais, une grande partie des menaces faites à la langue française viendront peut-être de l'extérieur : elles seront dues en particulier à l'envahissement de la haute technologie et des produits culturels américains, à la rapidité des communications et à l'exposition plus fréquente à la présence de l'anglais par tous les moyens. Il faut donc ajouter une nouvelle approche à notre politique linguistique. Je me dis personnellement convaincu que le meilleur gage d'avenir pour la langue française réside dans une prise en charge, par l'éducation, de la formation d'une conscience linguistique authentiquement nationale et ouverte sur le monde. Et c'est cette conviction que j'ai voulu vous faire partager aujourd'hui.

NOTES

1. Voir : *Synthèse des opinions, Consultation du CLF*, (mai-juin 1983) Conseil de la langue française, Québec, Notes et documents n° 36, 1983.

2. Voir : Michel PLOURDE, « Bilan de l'application des politiques linguistiques des années 70 au Québec », p.67 du présent recueil.

3. *Ibid.*

4. Voir : R. ATTAR, « Le changement démographique de la population scolaire des écoles françaises de la C.E.C.M. et ses effets », C.E.C.M., juin 1983.
   On lira avec profit le dossier paru dans la livraison de mars 1984 de la revue *Québec français* : « Accueillir les allophones ».

5. Voir : *Conscience linguistique des jeunes Québécois*, Conseil de la langue française, Québec, Dossiers n° 9 et 10, 1981-1983, tome I, p. 51 et tome II, p. 32.

6. *Ibid.*, tome I, p. 65 et tome II, p. 52.

7. *Ibid.*, tome I, p. 71 et tome II, p. 57.

8. *Ibid.*, tome I, p. 69 et tome II, p. 57.

9. *Ibid.*, tome I, p. 71 et tome II, p. 60.

10. *Ibid.*, tome III, p. 61.

11. *Ibid.*, tome III, p. 86.

12. *Ibid.*, tome III, p. 110.

13. *Ibid.*, tome I, p. 79 et tome II, p. 73.

14. Édith BÉDARD, *Le phénomène du rattrapage linguistique au Québec*, Conseil de la langue française, Québec, 1983, pp. 11 à 17.

15. En 1974, la City University of New York dépensait quinze millions de dollars en cours de rattrapage. Plusieurs des étudiants inscrits à ces cours avaient un niveau de lecture inférieur au niveau de la neuvième année.

16. M.E.Q., *Français langue maternelle*, Programme d'étude primaire, mai 1979, p. 19.

17. *Conscience linguistique, op. cit.*, tome I, pp. 80-82 et tome II, pp. 75-76.

18. *Ibid.*, tome I, p. 88.

19. Les actes de ce symposium, tenu au château de Sassenage, ont été publiés par le C.I.L.F.

20. *Conscience linguistique, op. cit.*, tome I, p. 56 et tome II, p. 47.

21. Les jeunes francophones manifestent un intérêt prononcé pour l'apprentissage de l'anglais ; l'espagnol vient après le français et l'anglais. (Voir : *Conscience linguistique, op. cit.*, tome I, p. 98 et tome II, p. 70.)

Language Policy in Québec: Why and How?

conférence prononcée à la
City University of New York dans le cadre du symposium
« Encounter with America », New York, avril 1984

I am very happy to see that the City University of New York is interested in Québec and has decided to organize, with the collaboration of the Department of Sociology of the Université de Montréal, this panel on linguistic issues in Québec, one of the major concerns in Québec public opinion today.

Unfortunately, the American public is not always well or completely informed on what's going on in Québec linguistic matters. I am particularly happy that academic opportunities like this one are given to francophones from Québec to express their viewpoint on the question. So, I thank you for your kind invitation.

Language policy in Québec is no laughing matter. But it is not a disaster either for the English-speaking community. When the Charter of the French Language (or Bill 101) was passed in August 1977, one year after the independentist Parti québécois took office in Québec, yes then, it was felt almost as a disaster by the anglophones in Québec. I remember attending a play at the S. Bronfman Theater in Montreal in which the whole background was the dramatic context created by Bill 101, the plot consisting of a family torn between its attachment to Québec and its desire to flee away to Phoenix, Arizona.

175

Years have passed since then, and the alleged harshness of Bill 101 has taken more realistic proportions. So much so, that a few months ago a refreshing humorous book was published in Montreal called *The Anglo Guide to Survival in Québec*. For the first time in many years, English-speaking Quebecers were laughing at the situation, at themselves, and at their French fellow citizens.

1. A language policy in Québec : why ?*

Was a language policy in Québec really necessary? Was the situation serious enough to warrant vigorous intervention on the part of the Government? For historical, economical, demographic and political reasons, the answer is yes. Of course, we are not going to review all those reasons today. But just the same, let me try to give you an overall view of the situation which led to the adoption of such a language policy.

It is of common knowledge that throughout the 17th century and during the first half of the 18th century, Québec was a French colony. But more important is the fact that during the hundred years that followed the British conquest, that is from 1760 up to Confederation in 1867, the policy acts and laws adopted by Great Britain concerning its new colony were a series of unsuccessful attempts to assimilate the French people (the Royal Proclamation of 1763, the Union Act of 1840), followed by official measures recognizing the French fact and strengthening the separate identities of the French and English communities (the Québec Act of 1774, the Constitutional Act of 1791 creating two colonies : French Lower Canada, the Québec of today, and English Upper Canada, the Ontario of today, with an elective assembly in each one). As professor John Jackson writes in a book called *The English of Québec* : "One should keep in mind that the sovereignty-association scheme proposed by the Parti québecois bears some similarity to the Constitutional Act of 1791[1]."

---

* Une partie du texte qui suit reprend, en anglais, ce qui a été dit dans une conférence précédente.

In 1867, Québec, Ontario and the two other existing provinces already had their own government. They therefore decided to combine their interests and to constitute the Canadian Federation with a central government to which they gave a certain number of powers while retaining for themselves specific legislative powers. Meanwhile, the settlement of Canada went on with mainly English-speaking newcomers. Other provinces eventually entered Confederation, and little by little the French population in Québec began to feel its relative weight decreasing within Confederation. Simultaneously, "institutionalization" of the French and English communities which the "régime anglais" had strenghtened for one hundred years was weakening.

After the Second World War, the industrialization and urbanization phenomena carried along with them many problems such as mass education, working language, social life, culture and welfare, all of which are closely related to what a nation is and wants to be. Moreover, since these problems involve public funds, public policies and decisions must be put forward by the proper government.

The whole situation brought to light more vividly than ever the lack of agreement between the federal and provincial governments, especially the Québec government, on the sharing of powers defined in the Constitutional Act of 1867, as well as on the question of the amendment formula.

Many federal-provincial conferences have taken place during recent years on these matters. All of them have ended in failure. At the very heart of the problem is the question of French Québec. All other provinces have an English-speaking majority (with Ontario having an important French minority of 500 000 people) ; only Québec has a French majority (with an important English minority of 600 000 people)*. Québec has always wanted its cultural and linguistic specificity to be fully recognized. At the same time, it also hopes constitutional and legis-

* Total population of Québec : 6 438 405. Population whose mother tongue is English : 706 110. The population of Québec counts for 26,4% of the whole population of Canada (1981 figures). French speaking population in Canada outside Québec : 942 080 (5,3%).

lative measures will be taken in order to ensure its national identity.

Two important Canadian investigation commissions held hearings and carried on studies on bilingualism in Canada. They closely looked into the different factors likely to promote Canadian unity. Both of them recommended wide provincial linguistic and cultural autonomy (which is exactly what Québec is looking for) but the federal government has never resolved to actualize those recommendations.

In 1960 began in Québec what has been called "la Révolution tranquille", the Quiet Revolution. It was both a social and political awakening. With the approval of the population, the Québec State began at the same time to assume complete responsibility in matters such as education, health, culture and natural resources. An important civil service department was created and positions were filled by francophones. Competent persons were posted in strategic jobs. It was becoming clear for the population that the important government was in Québec rather than in Ottawa. The slogan heard everywhere was "Maîtres chez nous". It had of course a political flavor but it was intended above all to put an end to the traditional Anglo-American domination over Québec's economy. French-speaking Quebecers refused to accept any more discrepancies in salaries and social status between anglophones and francophones. The State made its presence felt more vigorously in order to stimulate the economy. The linguistic battle took a new turn; defensive methods were abandonned for more offensive ones. The priority of French in business firms, in commerce and at work had become the important issue. French Quebecers had also become more disappointed and realistic towards the way the other provinces treated French minorities outside Québec, a treatment that had always been inferior to the one given the Québec English minority. So they turned to themselves and decided that the best chance of survival for francophones outside Québec was to build a strong French Québec, the only place in America where francophones are and will remain a strong majority. It was during that period that was first heard a slogan so often repeated since: "Québec must be as French as Ontario is English".

Finally, ten years after the beginning of the Quiet Revolution, a Québec commission was created to study the language situation and linguistic rights. At the same time, demographic studies were conducted showing a dramatic and continuous decrease among the French population due to combined factors including birth rate and immigration[2]. An obvious conclusion was that the situation had to be corrected and proper linguistic measures taken in order to ensure the future of the French community, considering that 80% of the immigrants in Québec had a tendency to join the English community instead of sending their children to the schools of the French majority[3].

Moreover, in all likelihood, a good number of Quebecers were to continue to shift to English in the coming years, and, because of the strong appeal of English in the economy and at work, the French-speaking population was being assimilated more than ever.

The need for a language law was becoming obvious. A first attempt had been made in 1969, but it was in 1974 that the Government led by the Liberal Party declared French the official language in Québec and took action in order to bring immigrants to French schools and to warrant the use of French in business and public services.

When the Parti québécois was elected two years later, the language issue was already a platform priority. The new Government published a White Paper called *Québec's Policy on the French Language*[4]. It was publicly discussed, a Parliament Committee held hearings on the matter and finally the Charter of the French Language, or Bill 101, was voted in August 1977 with the support of a broad consensus of the French majority.

2. A language policy in Québec: how?

The *White Paper* stated four principles underlying the Québec Language Policy:

First:　　In Québec, the French language is not just a means for expression, but a medium for living as well;

Second:　There must be respect for the minorities, their language, and their culture;

Third:　　It is important to learn languages other than French;

Fourth:　The status of the French language in Québec is a question of social justice[5].

The Charter was drawn up with the object of promoting the rights of the French language while allowing individuals to use the language of their choice in their daily lives. It enables "the French-speaking majority to be certain that French will be used whenever one of its members is involved, while allowing the cultural minorities the opportunity of using their own language in the greater part of their affairs[6]."

The purpose of the Charter is not to prohibit English or any other language in Québec, but to make sure that Quebecers' fundamental right to speak French is respected everywhere. This fundamental right is expressed in five points at the beginning of the Charter. It reads this way:

> Every person has a right to have the civil administration, the health services and social services, the public utility firms, the professional corporations, the associations of employees and all business firms doing business in Québec communicate with him in French.
>
> In deliberative assembly, every person has a right to speak in French.
>
> Workers have a right to carry on their activities in French.
>
> Consumers of goods and services have a right to be informed and served in French.
>
> Every person eligible for instruction in Québec has a right to receive that instruction in French[7].

The Charter of the French language establishes the measures to be applied in order to ensure those fundamental rights in four major areas of public activity:

First: The use of French is compulsory within the government departments and public and parapublic agencies. These areas of activity are considered a driving force for other sectors.

Second: Since consumer activities are the target of contacts and messages that day after day influence and shape language, business and commerce must also contribute in giving Québec a French physionomy. With a few exceptions, signs and commercial advertising, according to the Law, must be in French only. In most other cases, such as inscriptions on products, brochures, catalogues, order forms, receipts, directions for use and standard form contracts, French must be used, and other languages may be used as well.

Third: Education being the basis for the developing of a language and the preserving of a people, the Charter endeavours to control access to English-language schools in Québec, especially for immigrants.

Fourth: Important as these sectors may be, the ultimate concern of the Charter is in the work place. This is truly the heart of Bill 101. Henceforth, every Quebecer has the right to work in French. An employer is not allowed to require knowledge of a language other than French unless he can prove such knowledge is required by the nature of the duties. Large companies established in Québec must apply a "francization" programme. These programmes are negotiated with the "Office de la langue française", a Government body, and must seek to render the use of French as widespread as possible at all levels of business.

From the principles we have explained and the legal measures we have described, it does not follow that English-speaking Quebecers or members of cultural communities cannot use their own language in Québec. All kinds of false statements have been made — and at times encouraged — on that point. For instance:

— Bill 101 has banned English from Québec.

— Citizens can no longer address the Governement in English or expect to be answered in their own language.

— English contracts are forbidden in Québec.

— Bill 101 has forced English schools to remove English building identifications.

— And so on.

Reality is completely different. First, the Charter deals only with a few sectors of public life, as a matter of fact only with the four we have mentioned. Every individual is free to use the language of his choice in his daily individual life and in other sectors of public life, like theater, television, book publishing, college education, religious gatherings and so on. Second, wherever the law does not require the use of French exclusively, another language may be used together with French. Third, cases where the law requires the use of French only are very few and most of these provide for many exceptions. For instance, section 58 of the law requiring that public signs and posters and commercial advertising be solely in French does not apply to small firms, to commercial establishments offering specialties of a particular ethnic group, to advertising carried in news media that publish in a language other than French, to messages of a religious, political, ideological or humanitarian nature, to cultural activities of a particular ethnic group, to advertising relating to a convention, fair, exhibition or conference, or relating to cultural or educational products or events like books, films, seminars and so forth.

I have now and then met people who had moved from the Western provinces to Montreal and who were surprised to be able to live in Québec almost exclusively in English although they had been told it was impossible without knowing French. The fact is that Bill 101 has not deprived the English-speaking Quebecers of their educational, cultural and social institutions. They continue to enjoy the privileges of a complete educational system including colleges and two State-supported universities, a number of traditionally English-speaking hospitals subsidized by the State, two television stations, one important daily newspaper and a few cultural institutions. In 1981, the Prime Minister of Canada and all the premiers of the anglophone provinces recognized that among all Canadian minorities, Québec's English-speaking minority was the one receiving the best treatment and services in its own language.

But of course, when you are a member of this minority, your perception of reality does not always match reality itself. Restrictions imposed on the access to English schools for people from outside Québec, and particularly the requirement of the law imposing French only in public signs and posters, have contributed a great deal in creating inside the anglophone community a feeling of rejection and a collective aversion towards Bill 101 and the separatist Government that has promoted it. But deep inside, the real reason is that the English community, which until recently had behaved like a majority because of its economic power, has become aware of the irreversible French fact and of the consequences involved. It has also experienced for the first time its minority status along with the corresponding disadvantages and occasional feelings of panic this new situation generates.

A public opinon poll ordered by Le Conseil de la langue française last year showed that people have a poor knowledge of Bill 101 and find it more severe than it really is[8]. But while Bill 101 is considered by the French community as a symbol of untouchability, for many English Quebecers, and especially for a group of leaders of the English community who look closely into the daily application of the law and denounce any appearance of exaggeration on the part of the civil servants responsible for the enforcement of the Charter, it has been considered at times as a symbol of rejection.

Nevertheless, after almost seven years, the Charter of the French Language has already produced a good number of the desired results. Almost all the business firms have had their francization programmes approved by the Office de la langue française. A survey conducted by Professor Joseph Le May from New Jersey has shown recently that most of the large American business firms having branches in Québec consider that the language question is settled and no longer a problem for them. The percentage of immigrant children attending English schools in Québec has dropped from 80% to 50% in 1983. In downtown Montreal, only 5% of outdoor commercial advertising is still in English only, while approximately 70% of establishments conform to the law by using French only. Different surveys conducted by Le Conseil de la langue française[9] have described the progression in the use of French in commerce, public services and work place during the last ten years[10]. We must admit that the results are already encouraging, except for the work place where the use of French, especially in verbal communications, has not progressed very much in the Montreal area.

French Quebecers remain more bilingual than English Quebecers, although the 1981 census shows that in proportion more English people than French people have become bilingual during the past ten years. As a matter of fact, learning French has become a very important preoccupation for English Quebecers. People's attitudes and opinions have changed on that matter. 73% of anglophones and 78% of allophones believe that any person willing to stay in Québec should speak French. 71% of allophones declare that an immigrant who settles in Québec should learn French first. The survey conducted by Professor Locher of McGill University among students at high school and college level shows even higher figures: 83% of anglophones and 81% of allophones believe it is indispensable for an anglophone to know French as well as English. And they answer the same thing for an immigrant[11].

Conclusion

Along with some irritant articles of Bill 101, the Québec English community was offended not to find in the preamble of the law any specific recognition of its contribution to the development of Québec. Six months ago, public hearings by a Parliament committee on Bill 101 finally led to the adoption of Bill 57 amending the Charter of the French Language.

These amendments "loosen restrictions on the use of English in municipalities, hospitals and social service agencies where there are significant numbers of anglophones. The changes also allow greater use of signs in languages other than French, and give access to English schools to Canadians coming from provinces with full school services for francophones" (*The Gazette*, Nov. 19, 1983). Moreover the preamble of the law declares the intention of the National Assembly to pursue the objective of the Charter "in a spirit of fairness and open-mindedness, respectful of the institutions of the English-speaking community of Québec, and respectful of the ethnic minorities, whose valuable contribution to the development of Québec it readily acknowledges ».

Generally speaking, these changes were welcomed and the reactions from the English-speaking community were very good. The headlines of *The Gazette* read : "Minister Godin Shows Right Stuff" (Dec. 2, 1983) and "A Better Bill 101" (Dec. 17, 1983). English-speaking editorialists spoke of "every reason to be encouraged", of "an important guarantee for the integrity of Quebec's anglophone institutions", of "a major improvement over the old Charter", and of "the prospect of linguistic consensus (being) that much closer".

Of course, the fundamental principles of Quebec's policy on the French language have not changed. These amendments cannot satisfy those who want to go back to total freedom of choice in matters of language, nor those who dream of an officially and completely bilingual Québec. The preamble of the law still says that the National Assembly "is resolved . . . to make of French . . . the normal and everyday language of work, instruction, communication, commerce and business".

But I think that a consensus concerning the fundamental objective of this language policy is closer now and that no political party can change it in the future.

NOTES

1. J.D. JACKSON, "The Language Question in Quebec: on Collective and Individual Rights", in *The English of Québec, from Majority to Minority Status*, Institut québécois de recherche sur la culture, Québec, 1982, p. 372.

2. See, for instance: H. CHARBONNEAU et R. MAHEU, *Les aspects démographiques de la question linguistique au Québec*, Québec, Éditeur officiel, 1973.

3. See: René DIDIER, *Le processus des choix linguistiques des immigrants au Québec*, Québec, Éditeur officiel, 1973.

4. *Québec's Policy on the French Language*, Assemblée nationale, Québec, March 1977.

5. *Ibid.*, pp. 28, 34, 42 and 47.

6. *Ibid.*, p. 78.

7. See: *Charter of the French Language*, updated to 1 February 1984, Québec, Éditeur officiel, 1984, chapter II.

8. *Sondage sur la connaissance de certaines dispositions de la loi 101*, Sondagex, Conseil de la langue française, Notes et documents n° 35, Québec, 1983. This poll also included opinions of the population on Bill 101.

9. See:
   — P. BOUCHARD et S. BEAUCHAMP-ACHIM, *Le français, langue des commerces, et des services publics*, Conseil de la langue française, Québec, Dossiers n° 5, 1980.
   — D. MONNIER, *L'usage du français au travail*, Conseil de la langue française, Québec, Dossiers n° 15, 1982.
   — S. BEAUCHAMP et P. BOUCHARD, *Le français et les médias*, Conseil de la langue française, Québec, Dossiers n° 11, 1982.

10. For an overall review of language policy results in Québec, see: Michel PLOURDE, "Bilan de l'application des politiques linguistiques des années 70 au Québec", p. 67 du présent recueil.

11. U. LOCHER, *Conscience linguistique des jeunes Québécois*, tome III, Conseil de la langue française, Québec, Dossiers n° 13, 1983, p. 110.

Un regard sur la situation linguistique actuelle

analyse ayant servi à la préparation d'un Avis du Conseil
et présentée comme conférence devant la Société des
écrivains du Québec, Montréal, janvier 1985

Messieurs les présidents,
Mesdames, Messieurs,

Je suis très honoré d'être avec vous ce soir, devant un parterre aussi représentatif d'écrivains et d'écrivaines du Québec. J'en suis très heureux, et je remercie Gaston Laurion de son aimable invitation. Je suis particulièrement heureux parce que, dans ma hiérarchie des valeurs (j'emploie là une expression qui appartient peut-être à une espèce humaine en voie de disparition), j'accorde un rôle très important aux écrivains pour le développement — non seulement la survie, c'est un mot que je n'aime pas beaucoup — pour la vie donc et le développement de la langue française au Québec. Par conséquent, c'est avec beaucoup de joie et de plaisir que ce soir je vous propose quelques réflexions sur la situation de la langue au Québec.

Certains pays, comme le Québec, ont été obligés de recourir à des mesures législatives pour protéger leur langue. Mais on le sait bien, ce n'est pas la loi qui crée la langue, ce sont ceux qui la parlent, qui trouvent plaisir et intérêt à la parler, et en premier lieu, ce sont les écrivains, qui la font vivre dans le temps et dans l'espace. Mais les écrivains — je pense — avant de devenir immortels, sont des citoyens comme les autres, et ils sont également soumis aux pressions de la survie et de l'environnement. Ils ont peut-être fait le voeu de pauvreté, du moins certains, mais ils ne se sont pas engagés nécessairement à défendre jusqu'à la mort la cause de la langue française!... Et qui sait si, d'ici quelques années, certains de nos écrivains francophones ne trouveront pas plus normal, ou en tout cas plus rentable, d'écrire leurs romans en anglais? C'est peut-être cette question-là que nous devons vraiment nous poser quand nous regardons l'évolution de la situation linguistique au Québec.

Cela dit, ce n'est pas tellement à l'écrivain comme tel que je veux m'adresser ce soir, mais au citoyen québécois en chacun de vous, pour partager avec vous quelques réflexions sur la situation actuelle de la langue française au Québec. Ce matin, le Conseil de la langue française a rendu publique une analyse qu'il a faite de la situation de la langue française depuis septembre dernier, analyse à laquelle j'ai participé activement.

Le mandat du Conseil est de surveiller de près l'évolution de la situation de la langue, quant à son statut et à sa qualité, de livrer ses conclusions au ministre et d'informer la population. Je voudrais ce soir, avec vous, résumer rapidement ce que nous avons dit ce matin, mais déborder aussitôt le contenu de notre analyse pour examiner les conditions et les facteurs de l'avenir de la langue française au Québec.

Ce matin, nous avons livré au public une analyse, un bilan «judiciaire» et un bilan «social» de la situation linguistique. Comme vous le savez, le Québec s'est donné, comme une centaine d'autres pays, une législation linguistique. Je dis toujours que, philosophiquement, une législation linguistique est un pis-aller, un mal nécessaire, et qu'il serait souhaitable qu'on puisse toujours se passer d'une législation linguistique. Mais, je constate aussitôt que cela n'est pas possible, puisque bien des pays en ont fait l'expérience. De même que les États ont besoin d'aménager l'éducation, la culture, l'environnement pour l'ordre public et le bien-être général des citoyens, il est également nécessaire, bien souvent, d'aménager la coexistence des langues dans les États démocratiques contemporains. Ceux-ci s'efforcent, par ce moyen, de faire coexister dans l'harmonie, dans la compréhension et selon des principes rationncls, plusieurs langues en présence, pour éviter la guerre et les combats, pour se comprendre mieux.

Le Québec s'est donc donné une Charte de la langue française pour régler une vieille question historique, qui est celle de la place encore trop souvent minoritaire de la langue française, dans une société à majorité francophone. Cette Charte a déclaré le français langue officielle ; elle a défini les droits linguistiques fondamentaux des Québécois, c'est-à-dire le droit de communiquer en français, de recevoir des communications en français, d'être informé en français, d'être servi en français, de travailler en français, de recevoir son enseignement en français ; et elle a également pris les moyens pour que le français devienne la langue normale et habituelle de tous les Québécois dans les activités publiques auxquelles réfèrent ces droits fondamentaux. Or, depuis quelque temps, surtout au cours de l'année 1984, des jugements de tribunaux sont venus porter quelques coups à cette Charte de la langue française.

Sept jugements sont venus affecter la législation linguistique québécoise. Aucun de ces jugements, comme tel, ne remet en cause la légitimité, ni l'existence, ni l'affirmation des droits linguistiques fondamentaux des Québécois. Ils peuvent cependant rendre plus difficile, moins normal, l'exercice de ces droits, surtout le droit d'être servi et informé en français. Mais l'effet le plus important de ces jugements, c'est qu'ils enlèvent, chacun à sa façon, une partie du pouvoir qu'avait la Charte de la langue française de faire en sorte que le français soit et devienne la langue normale et habituelle des activités publiques que j'ai énumérées tout à l'heure.

Une législation linguistique — celle du Québec comme celle d'autres pays — est toujours un dosage, un équilibre entre les langues en présence. On commence d'abord par reconnaître les droits antérieurs des premiers habitants d'un pays : pour nous, ce sont les Amérindiens, les Inuit. Puis, on reconnaît ensuite **une** langue qui est la langue commune. Au Québec, c'est le français. Le français est la langue commune de tous les Québécois : francophones, anglophones ou allophones. C'est la langue que tous les Québécois ont le droit de posséder, de savoir et d'utiliser. Voilà la règle fondamentale de notre amenagement linguistique : le français d'abord, pour tout le monde. Enfin, la législation linguistique reconnaît des droits à d'autres langues. D'abord, le droit des minorités historiques. Au Québec, c'est la minorité anglophone. Elle a des droits plus grands que les autres minorités d'immigration, comme les Italiens, les Grecs, les Portugais. C'est pourquoi la langue anglaise est reconnue dans la législation, les tribunaux, l'enseignement.

Les autres langues sont reconnues dans certains secteurs d'activités publiques. On parle souvent d'unilinguisme français dans l'affichage au Québec. En fait, la réalité est beaucoup plus diversifiée. J'ai toujours pensé que la Charte de la langue française ressemblait, par certains côtés, beaucoup plus à une loi qui favorise le multilinguisme que l'unilinguisme. La Charte de la langue française et ses règlements permettent déjà l'usage d'autres langues dans beaucoup d'occasions. Je ne m'arrêterai pas à les citer. L'affichage en d'autres langues est permis pour toutes sortes d'activités : foires, expositions, séminaires, conférences, produits culturels, messages humanitaires, idéologiques, politiques, culturels, regroupements des communautés culturelles, affichage commercial des petites entreprises. Toutes ces activités peuvent se faire dans d'autres langues, y compris l'anglais, bien sûr. Donc, il ne faut pas dire qu'au Québec c'est l'affichage unilingue français sur toute la ligne ! Ce n'est pas du tout la réalité.

Voilà pour les principes d'aménagement linguistique. Ce que nous disons, c'est que les jugements des tribunaux sont venus rendre plus aléatoire l'exercice de certains droits fondamentaux, en particulier celui d'être informé et servi en français, et ils rendent moins évidente, moins facile et moins naturelle la généralisation du français, qui est l'objectif ultime de la Charte de la langue française, puisque le français est censé être la langue commune de tous les citoyens du Québec.

Devant cela, nous recommandons trois sortes de mesures : nous recommandons d'abord de prendre les principes fondamentaux de la Charte de la langue française et de les élever au niveau constitutionnel québécois. Qu'on inscrive dans un document constitutionnel québécois — donc au plus haut niveau de la société québécoise — d'abord et avant tout les droits linguistiques fondamentaux des Québécois : le droit d'être informé en français, d'être servi en français, de travailler en français, etc. ; et en même temps, puisque cela n'est pas suffisant, qu'on précise également dans la Constitution québécoise le statut de la langue française, langue officielle, langue normale et habituelle des activités publiques, etc. Est-il besoin de rappeler (puisque c'est tellement évident) qu'une loi comme la Charte de la langue française ne touche absolument pas au choix de la langue — qui reste entièrement libre — dans les activités privées des citoyens. Cela va de soi. N'importe quel citoyen peut utiliser n'importe quelle langue dans toutes ses activités privées au Québec. Mais la Constitution devrait assurer le statut de la langue française comme langue des activités publiques au Québec.

Il reste la question de l'affichage. Ce que nous disons, c'est que l'affichage unilingue français constitue une mesure forte mais nécessaire pour maintenir et assurer le caractère français du Québec dans le contexte nord-américain. Or, ce caractère constitue une valeur de société assez importante pour être exprimée dans une Constitution, même si nous ne disons pas que la question de l'affichage comme telle devrait être inscrite dans la Constitution. Si l'objectif de la Charte est de généraliser l'usage du français pour qu'il devienne la langue normale et habituelle de tout le monde, il est donc aussi normal que les francophones eux-mêmes s'aperçoivent — parce qu'il y en a qui ne s'en aperçoivent pas encore — et que les visiteurs s'aperçoivent qu'au Québec ça se passe en français ! Il faut donc qu'il soit évident, clair et visible, quand on arrive au Québec, que le français est la langue officielle et la langue normale des activités publiques, dont en tout premier lieu des activités de consommation. Or, nous croyons que cet objectif est tout à fait compatible avec les autres droits fondamentaux des Québécois. Nous croyons donc qu'il faut garder le principe de l'affichage unilingue français, compte tenu des multiples exceptions que prévoient déjà la loi et les règlements.

Quels avantages y a-t-il à enchâsser les droits linguistiques fondamentaux et le statut de la langue française dans une Constitution québécoise ? J'en vois au moins trois. D'abord, il faut reconnaître qu'une loi ordinaire n'a qu'une fonction remédiatrice : son rôle est avant tout de corriger une situation, alors qu'un document constitutionnel définit ou consacre un concept de société ou des valeurs fondamentales : c'est donc vraiment à ce niveau que doivent se situer les droits linguistiques fondamentaux. Ensuite, en inscrivant les droits linguistiques dans la Constitution, on permet aux tribunaux et aux juges de faire respecter ces droits plus facilement et de mettre plus facilement en balance ces droits fondamentaux avec les autres droits quand il y a conflit. Enfin, le fait d'inscrire les droits linguistiques dans la Constitution permet de soustraire ceux-ci aux tiraillements politiques, aux débats électoraux périodiques et à la tentation partisane de les modifier selon les pressions.

Nous recommandons également au gouvernement de faire en sorte que soient reconnus, à l'intérieur de la loi constitutionnelle du Canada, le caractère distinct de la société québécoise et le caractère légitime, démocratique et raisonnable des mesures prises par le Québec pour assurer le maintien et le développement de la langue française. Si cela n'est pas reconnu dans la Constitution canadienne, le Québec aura beau faire, il sera constamment mis en échec par celle-ci, comme nous l'avons si bien vu depuis trois ans.

Enfin, nous recommandons de prendre les mesures nécessaires pour créer une dynamique nouvelle face à la langue au Québec. Ces dernières recommandations découlent du bilan social que nous avons fait. C'est ce dont je voudrais maintenant parler.

1. Un bilan « social »

Où en sommes-nous, en 1985, face à l'objectif que s'est fixé le Québec de « faire du français la langue normale et habituelle du travail, de l'enseignement, des communications, du commerce et des affaires[1] » ?

Mon intention n'est pas de dresser ici un bilan exhaustif de la situation actuelle (je vous renvoie à celui que le Conseil a publié il y a un an[2]), mais de dégager plutôt certaines tendances comme aussi le sens et la portée d'événements plus récents.

La mesure des progrès accomplis

De façon générale, l'usage du français a progressé au Québec depuis dix ans, et cette progression a touché une majorité de personnes et la plupart des secteurs d'activités. De façon toute particulière, la présence du français s'est sensiblement accrue dans la présentation des produits et le service au consommateur, dans la publicité commerciale et dans l'affichage. En milieu de travail, le nombre des travailleurs francophones a augmenté à peu près dans tous les secteurs, comme aussi le nombre des cadres francophones au sein de l'entreprise, et l'usage du français a enregistré des gains réels, surtout dans les documents, les communications écrites et les réunions de travail.

Grâce aux efforts consentis au développement et à la diffusion de la terminologie, l'usage des termes français a touché une plus grande partie de la population. Par ailleurs, la connaissance du français a augmenté chez les anglophones et les allophones, et on constate aussi, parmi eux, une augmentation du nombre de ceux qui croient que l'apprentissage du français est nécessaire et même prioritaire au Québec[3].

Dans l'ensemble, on peut donc dire que le bilan des progrès de la langue française au Québec est positif. La tendance observée devrait se poursuivre, mais l'examen de la réalité ne nous permet pas de conclure pour autant que le français est devenu, en 1985, « la langue normale et habituelle du travail, de l'enseignement, des communications, du commerce et des affaires ». Elle ne nous permet pas de conclure non plus que le statut du français est assuré une fois pour toutes, sans risque de retour en arrière.

On constate en effet que, dans bien des secteurs, le français a encore beaucoup de progrès à réaliser et que sa progression risque à tout moment d'être compromise par certaines attitudes ou certaines circonstances.

Ainsi, par exemple, dans les milieux du travail, l'exigence de l'anglais pour trouver un emploi demeure toujours très forte dans la région métropolitaine, et l'usage du français dans les communications verbales demeure déficitaire chez les francophones travaillant dans les deux langues, notamment pour 45% des travailleurs francophones de la région de Montréal. Dans le secteur privé, les cadres et les travailleurs francophones demeurent encore sous-représentés dans les domaines de pointe et dans les secteurs les plus importants de l'économie. Et, bien que plusieurs travailleurs oeuvrant dans des entreprises qui se sont largement francisées aient l'impression que le français est en avance partout, la réalité est que l'usage des deux langues, plus souvent qu'autrement, l'emporte sur l'usage du français.

Par ailleurs, nombre d'entreprises reconnaissent elles-mêmes qu'en dépit de la traduction et du développement terminologique, l'usage des termes français, aussi bien généraux que spécialisés, n'a pas encore réussi à s'implanter dans les moeurs et le parler quotidien des travailleurs. Des dirigeants d'entreprise se plaignent aussi de la piètre qualité du français des jeunes employés ou stagiaires fraîchement issus du système d'éducation québécois.

Enfin, le Conseil a constaté, à partir des données du recensement de 1981 relatives aux transferts linguistiques, que la force d'attraction de l'anglais comme langue d'usage demeure supérieure à celle du français au Québec[4]. Ce constat vient d'être confirmé par une étude de Statistique Canada, qui démontre que l'anglais fait des gains chez les allophones du Québec et que le français recule partout au Canada[5]. Ces données incontestables nous permettent de réaffirmer une évidence : la survie et le développement de la langue française en Amérique du Nord demeureront toujours une entreprise difficile, qui a besoin d'être fortement soutenue.

Observations récentes

L'examen de la conjoncture linguistique actuelle doit tenir compte également des circonstances et des faits plus récents qu'on a pu observer et sur lesquels il est permis de s'interroger.

Parmi ces faits, les uns nous paraissent révélateurs d'un certain changement de contexte et d'attitude par rapport à la question linguistique ; les autres sont plutôt le résultat de l'omniprésence des communications de langue anglaise.

Selon les témoignages entendus, le premier « souffle » de la francisation est passé ; pour plusieurs entreprises, après s'être conformées aux demandes de l'Office de la langue française, l'heure est venue d'honorer véritablement leurs obligations et de se franciser par l'intérieur. Malheureusement, cette période coïncide avec une crise économique où l'on est tenté de couper à même les dépenses de traduction et les services linguistiques et de réduire l'aide terminologique aux entreprises.

En même temps, l'« urgence » de la question linguistique, pour plusieurs, est devenue moins évidente, soit que d'autres soucis préoccupent les esprits, soit que la voix des gouvernants se fasse moins entendre à ce chapitre, soit enfin qu'un nombre grandissant de citoyens s'imaginent à tort que la langue française a atteint un niveau garanti de sécurité nationale. Mais le résultat est le même : on constate ici et là quelques résistances de plus à la francisation et certains relâchements dans la vigilance et dans le soutien à la francisation déjà amorcée ou avancée. Cela se manifeste de bien des façons : on voit réapparaître des textes rédigés uniquement en anglais ; on laisse aller sur le marché des produits dont la présentation en français laisse grandement à désirer ; on évite de prendre des mesures d'implantation terminologique sous prétexte que les travailleurs francophones eux-mêmes ne s'en soucient guère ; s'il faut couper dans les ressources, on laisse aller un poste de traducteur ou de linguiste.

À un autre niveau, on peut se questionner aussi sur le sens et la portée de certains gestes. La Ville de Montréal annonçait dernièrement que désormais elle communiquerait « avec ses citoyens dans les deux langues, que ce soit par le biais de feuillets, de brochures ou de bulletins ». Bien que cette façon de faire reste soumise à l'approbation du Comité exécutif et n'aille pas à l'encontre de la loi elle-même, quel est le sens de ce changement annoncé par la Ville ? Marque-t-il une intention de retour au bilinguisme institutionnel ? Ne peut-on pas continuer de servir les citoyens anglophones dans leur langue comme on l'a fait jusqu'ici, sans recourir pour autant à une forme d'égalité des deux langues qui a toujours été défavorable au français ? Et pourquoi la Ville de Montréal, qui a fait beaucoup pour la promotion du français, ne continuerait-elle pas, précisément à ce moment-ci, à être un exemple pour les autres ? On pourrait aussi se poser des questions analogues, d'une part pour la Communauté urbaine de Montréal qui expédiait récemment à ses résidants un document entièrement bilingue relatif à « la proposition préliminaire d'aménagement », et d'autre part pour le Directeur général des élections et ses publications bilingues à la largeur du Québec. Enfin, l'Assemblée nationale elle-même, tenue au bilinguisme, il est vrai, par l'article 133 de la Constitution de 1867, est-elle vraiment obligée, dans la version anglaise de ses lois, de s'appeler « National Assembly » et de faire référence à la Ville de Montréal comme étant « the City of Montréal » ?

Mais la conjoncture linguistique actuelle se définit encore, et peut-être davantage, par des faits d'un autre ordre dont l'influence peut être déterminante pour l'avenir de la langue française. Nous parlons ici de l'omniprésence des produits culturels américains et des communications informatisées véhiculées par la langue anglaise. Ce phénomène on ne peut plus « actuel » se développe à un rythme accéléré et s'impose partout. Ainsi, plusieurs entreprises qui décident d'informatiser leurs opérations se voient confrontées avec le danger de faire perdre au français une bonne partie du terrain qu'il avait gagné chez elles. De même, les micro-ordinateurs continuent de se multiplier et d'accaparer l'attention des jeunes avec l'anglais généralement comme véhicule de communication.

On sait déjà que les francophones du Québec en général consacrent 29% de leur temps d'écoute aux chaînes de télévision de langue anglaise et que cette proportion s'élève à 35% dans une région mixte comme Montréal et à 45% dans une région frontalière comme l'Outaouais ; on sait que le pourcentage général, chez les jeunes francophones, est encore plus élevé, atteignant jusqu'à 49% du temps d'écoute[6] ; on sait que pour quatre chaînes de télévision en français, on en compte une dizaine en anglais ; on constate l'avance dont jouit l'anglais dans la production et la diffusion des vidéo-cassettes ; et on vient de constater dernièrement l'introduction soudaine, sur nos écrans de télévision, de deux chaînes entièrement de langue anglaise diffusant jour et nuit, l'une de la musique, l'autre des informations.

Comme ils vivent dans l'univers de l'électronique et de l'informatique et «baignent» en quelque sorte dans la langue et la culture anglo-américaines, il n'est pas étonnant de constater qu'entre 23% et 40% des étudiants francophones du secondaire estiment que «vivre en français, pour eux, n'est pas nécessaire à leur épanouissement personnel».

Bref, quand on fait le bilan des progrès de la langue, et qu'on observe certains faits récents, on est forcé de conclure que la situation linguistique actuelle demeure préoccupante. Elle pose, de façon sérieuse, la question de l'avenir de la langue française au Québec, question que le Conseil, pour sa part, considère maintenant comme l'objet prioritaire de ses réflexions et de ses travaux.

2. L'avenir de la langue française

Nous avons examiné les faits ; il nous faut maintenant en saisir le mouvement. Et en particulier : par quel mouvement, par quelle dynamique la langue française progressera-t-elle dans un avenir prochain, au Québec ?

a) Une dynamique nouvelle à inventer

Au cours des sept dernières années, la Charte de la langue française a occupé beaucoup de place dans l'opinion publique. Elle était et demeure, à juste titre, un outil et un symbole important de la promotion du français et des francophones dans des secteurs d'activités où il n'est que normal et légitime de retrouver la langue et le poids de la majorité. Entre autres effets positifs, cette Charte a soutenu, précisé et amplifié un mouvement de francisation déjà amorcé, elle a contribué efficacement à franciser le visage public du Québec et elle a élargi considérablement la clientèle des écoles françaises du Québec. De l'avis général, même au sein de l'entreprise, le Québec a encore besoin d'une législation linguistique. Elle continue d'être nécessaire pour suppléer à l'absence ou à la lenteur de l'action spontanée, mais aussi pour rappeler aux individus et aux groupes dont les intérêts premiers se portent ailleurs et qui auraient tendance à l'oublier, que nous vivons dans un Québec français et qu'il faut respecter le droit fondamental de tout Québécois de travailler en français, de communiquer en français, d'être servi en français.

Cependant, chez plusieurs Québécois, une triple correction de perspective s'impose concernant la loi. D'une part en effet, le discours public sur la loi 101 a porté beaucoup trop souvent sur ses modalités d'application plutôt que sur le problème fondamental de la langue auquel elle se proposait d'apporter une réponse. Le débat s'est ainsi polarisé autour de réactions plus ou moins émotives et l'attention s'est finalement concentrée sur les aspects légaux de la loi 101, souvent porteurs de divisions, plutôt que sur les objectifs de la Charte de la langue française, capables, eux, de rallier les consensus.

D'autre part, on semble avoir prêté parfois une sorte d'automatisme ou de vertu magique à la Charte de la langue française, ce qui, dans certains cas, est une attitude commode pour s'en tenir personnellement au minimum. Ainsi, par exemple, dans l'entreprise, le fait de se conformer aux exigences et aux rapports demandés par l'Office de la langue française ne devrait-il pas garantir automatiquement la francisation ? Cette façon un peu « rituelle » de concevoir ses obligations ne tient évidemment pas compte des limites de la loi : celle-ci établit surtout un cadre propice à l'usage du français, mais elle ne peut pas se substituer à la volonté des dirigeants, des travailleurs, des citoyens ou des consommateurs pour assurer un usage « effectif » du français.

Enfin, on a trop souvent ramené à la législation linguistique toutes les questions concernant la langue française au Québec, son statut et sa qualité ; on s'est entièrement reposé sur la loi pour la défense de ses droits et on a conféré à celle-ci un caractère d'universalité qu'elle n'a pas et qu'elle ne peut pas avoir : car, d'une part, il y a des secteurs d'activités auxquels elle ne touche pas et qui sont pourtant névralgiques pour l'avenir de la langue française au Québec, comme l'éducation, les communications, l'immigration ; et d'autre part, il est difficile d'imaginer qu'une législation linguistique puisse être écrite de façon à garantir le respect « effectif » du droit à la langue dans tous les cas individuels.

On sent donc maintenant le besoin, au Québec, d'une dynamique nouvelle qui aurait recours à d'autres moyens en plus de la loi et qui mettrait en scène d'autres acteurs à côté des agents gouvernementaux. Dans bien des domaines, depuis quinze ans, le gouvernement a pris les devants et a agi au nom de la population là où l'action des citoyens risquait de manquer de cohérence et d'impact. C'est le cas dans le domaine de la langue. Il a donc contracté des obligations qu'il doit continuer d'exercer. Mais le fait qu'il les exerce ne devrait pas dispenser le citoyen d'exercer les siennes propres : cela devrait plutôt stimuler et soutenir son action personnelle.

Au cours des dernières années, c'est l'action gouvernementale en faveur de la langue qui a pris l'initiative et qui a été la plus visible. Elle a contribué à modifier grandement le contexte et les rapports de force ; elle a réussi à mettre en place un cadre et des conditions favorables au développement du français. Or, nous touchons au point où l'action gouvernementale ne peut plus, à elle seule, assurer la progression réelle du français, car celle-ci dépendra, pour une très large part, des citoyens eux-mêmes qui la veulent ou qui ne la veulent pas. Le temps est donc venu, pour les groupes et les individus au Québec, de reprendre en charge une responsabilité qui ne leur a jamais été retirée mais qui, dans le contexte législatif, a été un peu trop reportée sur l'État.

Il faut s'engager résolument sur la voie d'une dynamique renouvelée où l'on cesse d'enfermer la langue française dans le triangle « gouvernements/groupes de pression/tribunaux », pour centrer davantage l'attention et l'action sur la mise en place des conditions propres à favoriser l'avenir du français au Québec grâce à une participation accrue de tous les partenaires de notre société. Sans doute les associations bénévoles et les regroupements de consommateurs ou d'usagers de la langue française auront-ils une part importante dans cette nouvelle dynamique, mais nous croyons que les dirigeants d'entreprises, les travailleurs et les syndicats d'une part, les enseignants et les jeunes d'autre part, auront un rôle déterminant à jouer comme moteurs et artisans de l'action linguistique des prochaines années.

Ce n'est pas en termes de structures que nous pensons d'abord, mais en termes d'action sur les lieux mêmes d'influence et de formation, comme les milieux de travail, les forums syndicaux, les écoles, pourvu que ces lieux d'influence et de formation s'épaulent les uns les autres et partagent le même objectif. Nous n'avons pas l'intention d'examiner aujourd'hui le « comment » de cette dynamique : le Conseil entend proposer plus tard certains moyens à l'issue des travaux de ses comités. Aussi bien, nous croyons qu'à certains égards la francisation du Québec entre dans une période de mûrissement et que le développement de nouvelles attitudes est plus important pour les progrès du français, à ce moment-ci, que le développement de nouvelles activités. Développer de nouvelles attitudes face à la langue, c'est la priorité qui s'impose maintenant aux Québécois et qui constitue le point de départ de la nouvelle dynamique dont nous parlons.

b) Des attitudes nouvelles à développer

1- Face à la situation de la langue française

Très peu de Québécois ont une vison d'ensemble de la situation de la langue française au Québec ; la plupart en ont une connaissance partielle, fondée surtout sur leur expérience personnelle, laquelle est souvent circonscrite à leur entourage immédiat. Les efforts qu'a investis le Conseil de la langue française depuis six ans pour observer et analyser l'évolution de la situation de la langue dans tous les secteurs et pour en informer le public n'ont pas encore rejoint la masse de la population, et plusieurs citoyens n'ont qu'une vision approximative de ce qui s'est passé ou de ce qui se passe actuellement concernant par exemple la francisation des entreprises, le développement de la terminologie, la place et l'usage réel du français dans les affaires et les milieux de travail, l'évolution et la répartition linguistiques de la population.

Les études et sondages du Conseil montrent, entre autres, que les Québécois francophones connaissent mal le contenu de la loi 101 et que plus de la moitié des étudiants de cégep se disent « moyennement informés » ou « assez peu informés » sur la situation de la langue française au Québec[7]. Encore tout récemment, lors d'un colloque sur les attitudes des jeunes face à la langue, un cégépien se demandait : « À quoi bon apprendre la terminologie française si on doit travailler en anglais ? ». De son propre aveu, il ignorait les changements récents qui se sont produits dans l'entreprise en faveur du français. Il ignorait aussi que la principale résistance à l'emploi des termes français vient des francophones eux-mêmes, comme l'a démontré une étude récente du Centre de linguistique de l'entreprise[8].

C'est souvent à partir de cette connaissance tronquée de la réalité que les Québécois développent des attitudes globales d'optimisme ou de pessimisme concernant les chances d'avenir de la langue française au Québec, et ces attitudes commandent malheureusement la plupart de leurs autres attitudes et comportements face à la langue. Or, dans la conjoncture linguistique actuelle, entre un pessimisme et un optimisme exagéré, nous croyons qu'une connaissance exacte et différenciée de la réalité serait de nature à engendrer un sain réalisme situé à égale distance entre le « tout va très bien » et le « tout reste à faire ».

Nous croyons qu'une diffusion plus large de l'information sur la situation de la langue, ainsi qu'un effort conjugué des médias et des milieux de l'éducation pour informer adéquatement les citoyens et les jeunes sur l'évolution des situations linguistiques pourraient contribuer efficacement à l'établissement d'attitudes plus conformes aux besoins de la réalité québécoise. Actuellement, les principales sources d'information des jeunes à ce sujet ne sont pas leurs professeurs mais leurs parents ou leur famille, pour les élèves du secondaire, et les journaux pour les étudiants de cégep[9].

2- Face à la valeur de la langue française

Mais il ne suffit pas de connaître la réalité : il faut aussi vouloir qu'elle change. Or, cette volonté repose sur les valeurs auxquelles on croit, ou du moins qui nous attirent. On peut se demander quelle valeur représente vraiment la langue française pour les Québécois.

Sentimentalement, les jeunes Québécois francophones semblent profondément attachés à leur langue. Entre 80% et 93% d'entre eux se disent convaincus qu'« il ne faudrait, pour rien au monde, abandonner nos efforts pour garder au Québec le français de nos pères[10]. » Mais, paradoxalement, une bonne partie d'entre eux déclarent, du même souffle, que « vivre en français, pour eux, n'est pas nécessaire à leur épanouissement personnel[11] » et qu'« à toutes fins pratiques, au Québec, il est plus important pour un francophone d'apprendre l'anglais que de perfectionner son français[12]. »

Un récent colloque, tenu dans un cégep de Montréal, sur les attitudes des jeunes face à la langue, s'intitulait fort justement « Le français : une question d'amour ou d'argent ? ». Des représentants de l'entreprise, venus témoigner de la place importante qu'occupe maintenant le français sur le marché du travail, avaient été invités à y participer. D'une part, les étudiants se sont montrés (par les résultats d'un sondage) très majoritairement préoccupés de la qualité de leur langue. D'autre part, dès qu'ils situaient la langue à l'extérieur du cadre scolaire, la grande majorité de leurs interventions ressemblaient à un plaidoyer en faveur de l'anglais. Cette ambivalence d'attitudes se retrouve chez plusieurs Québécois, portés à considérer le français comme la langue du coeur et l'anglais comme la langue du pain. Ces perceptions sont coriaces et persistent alors même que des progrès substantiels ont été accomplis par le français comme langue des affaires et de l'économie, du moins pour les activités qui ne sont pas tournées vers les marchés extérieurs au Québec.

Sans doute, le Québec faisant partie de l'Amérique du Nord, la connaissance de l'anglais continuera-t-elle d'être un atout précieux pour quiconque est soucieux de sa mobilité et de sa carrière. Certains ont cru, à tort, que la « montée » du français au Québec était incompatible avec une excellente connaissance de la langue seconde. Il faut rectifier cette perception, lever cette hypothèque. C'est sans doute cette préoccupation que traduit le message des jeunes, désireux de prendre leur place pleine et entière en Amérique du Nord.

Mais, une fois cette hypothèque levée, voudront-ils vraiment réussir **en français** au Québec ? Pour le vouloir, il faudrait qu'ils accordent à leur langue non plus seulement une valeur sentimentale, mais aussi une valeur économique. Or, cette attitude ne leur viendra pas toute seule. Il faudra mettre clairement devant leurs yeux, au moyen de cours, de conférences, de colloques, de chroniques, de reportages et d'émissions télévisées, les nombreuses réussites de Québécois francophones dans les domaines de la finance, de l'économie, du commerce et des affaires, comme aussi dans le domaine de la science et de la technologie ; il faudra leur montrer clairement les progrès du français dans les divers secteurs d'activités québécoises depuis dix ans, l'accroissement du nombre de francophones dans les emplois supérieurs, la « demande » qu'on fait du français sur le marché du travail et la valeur que représente actuellement dans l'entreprise une excellente connaissance du français ; il faudra enfin mettre en relief, comme un motif de fierté, les réalisations du Québec sur le plan international et son importance dans le développement de la francophonie.

L'avenir de la langue française au Québec passe donc par un renouvellement des attitudes, basé sur une revalorisation de la langue française. Trop souvent d'ailleurs, celle-ci a été présentée comme un « problème », comme un « handicap » qui empêcherait le Québec d'avancer. La vérité peut être toute différente si la langue française est perçue et présentée comme un « bien collectif », comme une richesse nationale, comme un atout supplémentaire pour le Québec en Amérique du Nord. Ne dit-on pas qu'il faut préserver, développer et exploiter au maximum l'éducation, la culture, l'environnement ou les richesses naturelles d'un État, en y mettant le temps et les ressources voulues ? Pourquoi ne tient-on pas le même discours à propos de la langue ? On se soucie beaucoup de la qualité de la vie, de l'éducation, de l'environnement. Combien investit-on pour améliorer la qualité de la langue, ou pour rendre celle-ci plus attrayante, plus dynamique ? On entend souvent dire que la langue coûte cher. Mais quel prix faut-il payer pour préserver et développer la langue française en Amérique du Nord, quand on connaît les sommes énormes que dépensent les États-Unis pour soutenir leurs produits de langue anglaise, malgré la force internationale de leur langue? La vérité, c'est que la langue française au Québec n'est pas un problème passager, mais un bien permanent.

3- Face au phénomène linguistique

Il est essentiel, pour l'avenir de la langue française au Québec, de bien situer celle-ci dans sa durée et dans son espace.

On entend souvent prononcer des jugements globaux comme ceux-ci : «Le problème de la langue est maintenant réglé au Québec». Or, nous ne connaissons pas de phénomènes interactifs, comme l'éducation, la santé, l'environnement, la culture, qui soient réglés une fois pour toutes, et surtout pas la langue, phénomène interactif par excellence, dont l'évolution, surtout au Québec, est constamment soumise aux pressions géographiques, économiques et démographiques.

La position géographique du Québec dans le contexte canadien et américain, la faiblesse de sa représentation linguistique (2%) dans l'ensemble anglo-américain, la fréquence des contacts et l'omniprésence des communications de langue anglaise, tout contribue à rendre précaire et fragile le statut de la langue française au Québec. Parler des progrès du français comme d'une situation irréversible, c'est peut-être faire preuve d'un bel enthousiasme, mais c'est aller au-delà de ce que le réalisme permet de dire. Quand il est question de langue, rien n'est acquis pour toujours. Dans la situation où se trouve le Québec, il serait plus réaliste de parler d'un processus permanent de francisation.

La nécessité de francisation permanente dans laquelle se trouve le Québec nous incite à développer une attitude de promotion dynamique de la langue française en même temps qu'elle commande une attitude d'éveil et de prudence constante qui consiste à ne pas s'exposer indûment à la force d'attraction de l'anglais. Sur ce dernier point, l'attitude de plusieurs Québécois est encore ambivalente et parfois naïve. On veut assurer le caractère prioritairement français du Québec, mais on est souvent prêt à mettre le français et l'anglais sur le même pied, à déclarer allègrement, par exemple, que Montréal devrait être une ville bilingue, et à souscrire en quelque sorte à un bilinguisme institutionnel qui n'a jamais joué en faveur du français. De même, dans un autre domaine, suffit-il de répéter que la fréquentation assidue des produits culturels et informatiques américains n'a pas d'effet sur la langue pour qu'il en soit vraiment ainsi ? Le risque n'est-il pas plutôt qu'on peut perdre sa langue insensiblement, sans l'avoir vraiment voulu, par un procédé à rebours qui consiste à l'investir de tant de références culturelles « autres » qu'on finit par adopter cette autre langue qui en est le véhicule réel ?

Il est donc important, pour assurer l'avenir de la langue française au Québec, de développer des attitudes qui soient cohérentes par rapport à notre phénomène linguistique propre et, en particulier, par rapport à notre condition permanente de francisation.

Conclusion

Cette dynamique nouvelle dont nous avons parlé, ces attitudes nouvelles face à la langue, ne prendront forme et vie que si l'État, les groupes et les citoyens assument leur part de responsabilité respective face à la langue. On a vu de petits peuples perdre leur langue par manque de consensus et de détermination ; mais on en a vu d'autres, en Europe surtout, faire vivre ou revivre leur langue au moyen d'une volonté soutenue qui a fini par avoir raison de tous les obstacles.

L'avenir de la langue française serait sans doute beaucoup mieux assuré si les gouvernements s'entendaient pour soutenir et renforcer par des moyens privilégiés, à la largeur du Canada, celle des deux langues officielles qui est minoritaire dans l'ensemble canadien, et pour reconnaître la compétence et le caractère particulier que confère au Québec le fait d'être la seule société française en Amérique.

Mais l'avenir de la langue française est aussi l'affaire de tous les groupes et de chaque citoyen. Vivre en français en Amérique du Nord constitue à la fois une aventure difficile et un défi stimulant : c'est un choix personnel et collectif, dont la réalisation ne va pas toute seule. Il y a des gestes à poser chaque jour, de façon conscience, dynamique et cohérente, et nul ne peut se contenter d'être un simple spectateur.

Enfin, l'avenir de la langue française au Québec passe par un nécessaire renforcement de nos liens avec le reste de la francophonie. Ce n'est pas à des écrivains que j'apprendrai le nécessaire enracinement culturel d'une langue. Peut-être dans la hâte fébrile que nous avions de créer notre propre littérature québécoise et de nous démarquer de façon claire et légitime de la France et de toute attache à saveur coloniale, avons-nous négligé un peu trop les liens nécessaires et fertiles que notre langue et notre culture doivent continuer d'entretenir, mais en toute indépendance, avec la France d'abord, et les autres pays francophones ensuite.

Ces liens ne sont pas faciles : ils ne vont pas de soi dans le domaine littéraire, non plus que dans les échanges culturels et économiques. Depuis les beaux jours de la Révolution tranquille, la France et le Québec ont toujours mis de l'avant des projets de coopération et en ont réalisé quelques-uns. Mais nous sommes loin d'avoir réussi la puissante concertation avec la France et avec les autres pays francophones qu'on serait en droit d'attendre pour donner à la langue française, sur le plan international, le statut et l'expansion qu'elle pourrait avoir, si nous le voulions sérieusement. Et quand je vois dans les dernières livraisons de *l'Express* et du *Point*, de la publicité commerciale rédigée uniquement en anglais, et dans celle de *Paris-Match* la publication, complètement en anglais, d'une entrevue d'un ministre égyptien à l'intention des Français, je me questionne sur la volonté réelle des pays francophones de donner à la langue française l'importance internationale que plusieurs lui reconnaissent encore. Car, en tout respect pour l'auguste académicienne, je ne crois pas comme Marguerite Yourcenar, que le français est voué prochainement à une mort certaine.

NOTES

1. Préambule de la Charte de la langue française.

2. Voir : *Avis du C.L.F. au ministre sur la loi 101 et l'avenir de la langue française au Québec*, Conseil de la langue française, Québec, Notes et documents n° 37, pages 5 à 28. Voir également : Michel PLOURDE, *Bilan de l'application des politiques linguistiques des années 70 au Québec*, publié dans le présent recueil, p. 67.

3. Ces différentes constatations s'appuient sur les résultats des recherches faites par le Conseil de la langue française. Ces recherches sont toutes disponibles chez l'Éditeur officiel du Québec : on peut en obtenir la liste en s'adressant au Conseil.

4. C. CASTONGUAY, *Évolution des transferts linguistiques au Québec selon les recensements de 1971 et de 1981*, Conseil de la langue française, document polycopié, septembre 1983.

5. *La situation linguistique au Canada*, Statistique Canada, n° 99-935, janvier 1985.

6. Édith BÉDARD et Daniel MONNIER, *Conscience linguistique des jeunes Québécois*, tome I, Conseil de la langue française, Québec, Dossiers n° 9, 1981, p. 38.

   P. GEORGEAULT, tome II, Conseil de la langue française, Québec, Dossiers n° 10, p. 32.

7. Voir : *Sondage sur la connaissance de certaines dispositions de la loi 101*, Conseil de la langue française, Québec, Notes et documents n° 35. Voir : *Conscience linguistique des jeunes Québécois*, Conseil de la langue française, Québec, Dossiers n° 10, p. 43.

8. *La francisation des entreprises et l'implantation réelle des terminologies françaises*, Centre de linguistique de l'entreprise, 1984.

9. *Conscience linguistique . . .*, *op. cit.*, tome I, p. 56 et tome II, p. 47.

10. *Ibid.*, tome I, p. 71 et tome II, p. 57.

11. *Ibid.*, tome I, p. 69 et tome II, p. 57.

12. *Ibid.*, tome I, p. 71 et tome II, p. 60.

L'intervention linguistique dans les médias est-elle un obstacle à la vitalité de la langue ?

conférence prononcée à l'occasion du 25ᵉ anniversaire
des publications du Comité de linguistique de la Société
Radio-Canada, Montréal, avril 1985

Je voudrais d'abord, à l'occasion des vingt-cinq ans du Comité de linguistique de Radio-Canada, souligner l'extraordinaire contribution de Radio-Canada et de toute son équipe au maintien et au développement d'une langue de qualité dans les médias et dans la population du Québec.

Je voudrais rendre hommage en particulier aux qualités d'esprit et de coeur de ceux qui ont créé et animé ce Comité de linguistique, dont l'oeuvre remarquable s'est poursuivie sans relâche et dont la renommée dépasse de beaucoup nos frontières : je salue donc chaleureusement Philippe Desjardins, Jean-Marie Laurence, Fernand Guérard et celui qui dirige actuellement avec beaucoup de compétence le Service linguistique, Robert Dubuc.

Par ses publications, par son bulletin, par son service de consultations, par sa présence et ses interventions, le Comité de linguistique de Radio-Canada est devenu un élément dynamique indispensable de notre paysage et de notre progrès linguistiques québécois. Il a contribué à créer chez nous, et non seulement au sein des médias, cette conscience linguistique qui nous caractérise et il a joué un rôle actif dans l'affirmation et l'organisation de la francophonie.

Je reprends à mon compte, entièrement, ce beau témoignage que vient d'écrire Nada Kerpan : « Véritable innovateur, promoteur infatigable de la terminologie et du français, fort producteur, grand maître, maître d'oeuvre, maître à suivre et maître suivi, voilà comment se classe à travers le temps l'auteur qu'est le Comité de linguistique de Radio-Canada. Par sa production, le monde de la terminologie et la langue française ont été et demeurent des mieux servis ».

Hommages, félicitations et longue vie !

* * *

Montaigne, qui aimait tant la conversation (nous dirions aujourd'hui la communication) reconnaît, dans ses *Essais*, qu'il est incapable d'avoir un « style égal, uni et ordonné » et qu'en parlant « il suit tout simplement sa forme naturelle ». « Mon langage français est altéré, dit-il, et en la prononciation et ailleurs, par la barbarie de mon cru » et il admet n'avoir vu jamais homme en deçà de la Charente « qui ne blessât les oreilles pures françaises » autant que lui. Il ajoute pourtant que son langage « libre » et « déréglé » lui « plaît ainsi », sinon parce qu'il l'approuve, du moins par « inclination »[1].

De son côté, Claudel disait que « les grands écrivains n'ont jamais été faits pour subir la loi des grammairiens mais pour imposer la leur, et non pas seulement leur volonté, mais leur caprice[2] ». Et en confiant, dans son *Journal*, qu'« on peut être à la fois un fonétiste et une phoutue bête », il s'amusait à écrire « fonétiste » avec un « f » et « phoutue » avec un « ph »[3] ! ...

Heureusement, Montaigne et Claudel n'étaient pas des animateurs de radio ou de télévision, et sans doute prévoyaient-ils déjà que leur style et leur écriture n'auraient pas d'impact sur le grand public ! Mais, comme on connaît la naturelle liberté de l'un et la sauvage indépendance de l'autre, on peut se demander quelle sorte de clients ils auraient pu constituer pour les services linguistiques de Radio-Canada !

Pour Claudel, à mon avis, cela aurait frôlé la catastrophe ! C'eût été le rejet pur et simple de toute forme d'intervention linguistique. « Tout ce que la grammaire et le bon usage autour de moi m'enseignaient, a-t-il dit, tout ce que les professeurs, de force, ont essayé de me bourrer dans l'estomac, je l'ai rejeté avec enthousiasme[4] ». Il aurait sans doute considéré que l'intervention linguistique est un obstacle à la vitalité de la langue.

Pour Montaigne, l'affaire n'aurait pas été si claire. Malgré son inclination naturelle pour la liberté et pour le langage de son terroir, la sagesse des *Essais* aurait prévalu. Il aurait voulu savoir ce que le Comité de linguistique peut offrir et il aurait été un lecteur assidu de *C'est-à-dire!* Sensible à certaines « dispositions » ordonnées qui lui faisaient défaut, il aurait voulu entendre les arguments de Robert Dubuc, car « notre esprit, dit Montaigne, se fortifie par la communication des esprits vigoureux et réglés ». Et il ajoute : « Si je confère avec une âme forte et un roide jouteur, il me presse les flancs, me pique à gauche et à dextre, ses imaginations élancent les miennes[5] ». N'est-ce pas déjà là, toutes proportions gardées, une certaine définition de l'intervention linguistique, qui ne fige pas la vie mais qui la règle en la stimulant ?

Chacun de vous aura sans doute compris que, pour rendre mon scénario plus animé, j'ai évité de choisir Malherbe ou Boileau ! . . .

Cette entrée en matière en forme de divertissement littéraire me permet au moins de poser trois questions :

— Avec les yeux de qui doit-on voir l'intervention linguistique dans les médias ?

— Cette intervention doit-elle empêcher les fantaisies langagières à la Claudel et les régionalismes à la Montaigne ?

— Quels doivent être le style et l'effet de cette intervention linguistique ?

Bref, la triple question qui se pose est celle du fondement, du contenu et des modalités de l'intervention linguistique dans les médias. Le propos qu'on m'a demandé de développer se rapporte surtout à la troisième question, mais on ne saurait rien dire de pertinent à ce sujet si on n'est pas d'abord fixé sur la raison d'être et l'objet de l'intervention linguistique elle-même. J'annoncerai donc tout de suite mes couleurs et je commencerai par livrer rapidement mes conclusions (ou mes convictions) sur les deux premiers points, tout en laissant aux deux autres conférenciers le soin de les développer davantage, de les nuancer ou de me contredire.

Faut-il intervenir ?

Écrivains, linguistes et communicateurs ont ceci en commun qu'ils s'expriment et qu'ils se servent du même outil, la langue. Mais ils n'ont pas le même rôle social ni la même responsabilité professionnelle. Les écrivains sont les artistes de la langue ; on s'attend éventuellement à ce qu'ils poussent la phrase et le mot jusqu'aux confins de la liberté, de la fantaisie, de la virtuosité, voire de l'expérimentation. Les linguistes et les grammairiens sont les spécialistes et les artisans de la langue : ils travaillent à perfectionner l'outil, à le rendre conforme aux normes d'utilisation courante et à l'ouvrir à de nouveaux usages. Quant aux journalistes et aux animateurs, ils ne sont, comme tels, ni les artistes ni les artisans de la langue ; ils en sont plutôt les grands utilisateurs publics.

On n'attend donc pas d'eux généralement qu'ils se livrent à des prouesses de style ou à des fantaisies verbales ; le public n'exige pas d'eux non plus une hypercorrection du langage qui risquerait de figer la communication dans une froideur académique ; mais on n'accepte pas non plus qu'ils parlent comme le premier venu, et on s'attend à ce qu'ils fassent usage publiquement d'une langue honnête et correcte.

La raison en est simple. Les journaux, la radio, la télévision, font partie, avec l'administration publique et le système d'éducation, des communications institutionnalisées. Ils sont susceptibles de toucher tous les citoyens quotidiennement. Comme l'éducation, leur impact est important. Ils font partie de la qualité de notre environnement. Nous avons besoin d'être informés chaque jour de l'évolution du monde et de notre société. Comme nous ne pouvons pas toujours choisir notre journaliste ou notre animateur, les entreprises de presse, de radio ou de télévision se doivent de mettre à notre disposition ceux qui répondent aux meilleurs critères professionnels. La qualité de la langue est un de ces critères. Penser le contraire, ce serait faire insulte à la population.

Dans les recherches et les sondages qu'il a publiés sur *Le français et les médias*[6] et sur *La langue des animateurs de la radio et de la télévision francophones au Québec*[7], le Conseil de la langue française n'a pas directement posé la question du rôle ou de la responsabilité des journalistes et des animateurs face à la qualité de la langue, mais à la lumière des consultations publiques et des colloques qu'il a tenus depuis six ans, il en conclut que cette responsabilité est largement reconnue et acceptée. On se reportera en particulier aux communications pertinentes du colloque sur « La qualité de la langue[8] » et du congrès « Langue et société au Québec[9] », comme aussi aux *Douze essais sur l'avenir du français au Québec*[10] et aux rapports de consultation du Conseil auprès du public et, en particulier, auprès des communicateurs de la région de Montréal[11].

Le sondage SORECOM réalisé en 1982 à la demande du Conseil de la langue française mesurait le pourcentage d'accord des animateurs de la radio ou de la télévision aux énoncés suivants :

— « Les animateurs(trices) de la radio et de la télévision ont beaucoup plus d'influence sur la langue des jeunes que n'en ont les enseignants » :
72% « complètement d'accord » ou « plutôt d'accord » ;

— « On doit être plus exigeant en ce qui a trait à la qualité de la langue dans le milieu de la radio, de la télévision et du journalisme que dans un autre milieu de travail » :
64% « complètement d'accord » et
25% « plutôt d'accord », pour un total de 89% ;

— « Il est indispensable pour un animateur ou une animatrice qui veut faire carrière de maîtriser parfaitement sa langue » :

66% « complètement d'accord » et
23% « plutôt d'accord », pour un total de 89% ;

— « En tant qu'animateur(trice), j'ai conscience d'avoir un rôle à jouer dans l'effort qui est fait pour améliorer le français au Québec » :
67% « complètement d'accord » et
24% « plutôt d'accord », pour un total de 91%[12].

Donc, le journaliste ou l'animateur est conscient qu'il a aussi des obligations envers la langue et envers la société. C'est pourquoi je dirais qu'en un sens son rôle est plus délicat, peut-être même plus difficile, que celui de l'écrivain et du grammairien. On demande à l'écrivain que sa langue soit vivante, sinon correcte. On demande au grammairien que sa langue soit correcte, sinon vivante. Que demande-t-on au journaliste ou au communicateur ? Que sa langue soit à la fois correcte et vivante. Qu'il fasse passer son message, sans offenser la langue et sans être empesé. Or, maîtriser parfaitement à la fois la langue et la communication, c'est tout un art. Personne ne peut prétendre y arriver du premier coup. Au contraire, les journalistes et les communicateurs que nous avons rencontrés s'accordent à reconnaître la nécessité d'une stimulation et d'un soutien constants. Cela suffirait déjà à justifier l'existence de services linguistiques dans les médias.

Mais il y a plus. Il y a les circonstances dans lesquelles travaillent actuellement les journalistes et les communicateurs, et que Louise Blanchard a mises en lumière dans un « Essai » récent, dont je cite quelques extraits. Le journaliste ou le communicateur « vit une situation encore plus complexe que celle des participes passés ou des imparfaits du subjonctif [. . .] Soumis à des patrons qui disent vendre de l'information et non de la littérature [. . .] il ne reçoit aucune stimulation pour l'encourager à utiliser au maximum les ressources de la langue française [. . .] Personne n'est plus vulnérable [que lui . . .] en ce qui concerne la maîtrise de la langue. Sa formation universitaire a beau être de calibre supérieur, il a beau faire preuve d'un talent particulier pour l'écriture [ou pour la parole], une fois précipité dans la frénésie du quotidien, voilà ses fondations ébranlées jour après jour par les contraintes de temps (le « deadline », dit-on), d'espace, et par la limitation des ressources mises à sa disposition [. . .] Dans une salle de rédaction [ou dans un studio de télévision] le journaliste [ou le communicateur] est livré entièrement à lui-même[13] ».

La conjoncture actuelle met donc en relief plus que jamais le bien-fondé de l'intervention linguistique dans les médias. La crise économique récente a amené les médias et les entreprises de presse à se concentrer avant tout sur leur rentabilité ; la crise universelle des langues et les carences de notre système de formation ont placé devant le public des communicateurs dont la compétence linguistique est mal assurée ; et on a vu disparaître des salles de rédaction les derniers « conseillers maison » soucieux de la qualité de la langue. Est-il enfin besoin de rappeler que la situation de la langue française en Amérique du Nord et son statut précaire face à l'anglais commandent aux communicateurs québécois l'adoption de stratégies particulières pour assurer la vitalité de leur langue ? Il nous paraît donc nécessaire qu'une intervention linguistique adéquate et bien comprise vienne aider les journalistes et les communicateurs à combler leurs lacunes, parfaire leur formation, préserver leur langue, perfectionner et enrichir l'outil dont ils se servent chaque jour.

Sur quoi faut-il intervenir ?

Mais sur quoi doit porter cette intervention linguistique ? Manifestement sur tous les aspects de la langue considérée comme outil d'expression et de communication. Cela inclut l'emploi des mots justes et appropriés, la correction de la syntaxe, l'utilisation d'un niveau de langue convenable, l'ordre et la clarté de la phrase, aussi bien que l'emploi d'une langue riche, vivante et imagée.

Les qualificatifs auxquels j'ai recours, « juste », « approprié », « correct », « convenable », supposent des jugements de valeur et une langue de référence. Cela est certain, et je ne m'en défends guère. Mais je ne dis point que ces jugements de valeur sont absolus et que cette langue de référence doit être universelle. Au Québec comme en France, j'aime bien savourer les parlers régionaux, et j'aime aussi, dans les conversations privées, varier mes niveaux de langue selon les personnes. Mais quand j'écoute la radio ou la télévision, je m'attends la plupart du temps à un français plus soutenu, proche du français commun. Ce français n'a pas à être calqué sur le français de France — il a même avantage parfois à s'en dissocier, par exemple pour contrer la manie des communicateurs français qui empruntent trop facilement à l'anglais — mais ce doit être un français standard d'ici, accessible au reste de la francophonie.

Jusqu'à tout récemment, la plupart des sociologues du langage ont ignoré le rôle que jouent les médias dans la standardisation de la langue. Ils ont surtout concentré leur attention sur le système d'éducation (Fishman, 1978 ; McCormack et Wurm, 1979). Ceux qui tiennent compte des médias leur accordent une importance égale ou seconde par rapport à l'éducation (Noss, 1967 ; Karam, 1974). Ils ont probablement négligé le fait que les médias peuvent aussi avoir une influence sur l'éducation[14], et d'ailleurs ils ont commencé à en reconnaître maintenant l'importance primordiale.

D'après Allan Bell, « dans plusieurs pays, la langue des nouvelles radiodiffusées est considérée comme l'incarnation de la langue standard. Les médias jouent un rôle multiple — actif aussi bien que passif — dans la standardisation de la langue. D'abord, en choisissant leurs propres standards, les médias reflètent les évaluations langagières de la société en général. Ils étendent ensuite cette standardisation en choisissant et en codifiant certaines formes à l'intention de leurs communicateurs. Enfin, par l'usage de ces formes et d'un parler standard global, les médias propagent la langue standard et en rehaussent le prestige ». Comme le fait remarquer Noss (1967 : 64), les médias « exercent une influence décisive non seulement sur la diffusion de la langue nationale, mais aussi sur la forme dans laquelle elle est finalement acceptée par le public[15]. »

Il y a plus de dix ans, l'étude de d'Anglejan et Tucker montrait qu'une large majorité des répondants identifiaient le français de Radio-Canada comme la langue standard de prestige. Cette langue était très proche du français européen, qui recevait alors la plus haute cote de la part des personnes interviewées, suivie du français soigné des classes professionnelles du Québec[16]. Il est peut-être exact de dire qu'aujourd'hui la langue standard des médias québécois a évolué vers un modèle un peu moins rigide, tout en demeurant soutenu. Quoi qu'il en soit, la majorité des animateurs québécois de la radio et de la télévision qui ont été interrogés par SORECOM pour le compte du Conseil de la langue française estiment que la langue parlée par les animateurs de la radio et de la télévision d'État correspond au plus haut niveau du français standard et même au français très soutenu, alors que la langue parlée par les animateurs des stations de radio et de télévision privées ne correspondrait le plus souvent, selon eux, qu'à l'échelon inférieur du français standard si ce n'est, parfois, au français «joualisant»[17].

Quand vient le temps de s'évaluer eux-mêmes, les animateurs sont en majorité plus élogieux que dépréciatifs. Mais ces évaluations personnelles sont inférieures à celles qu'ils font de l'animateur/animatrice qu'ils qualifient de «meilleur(e)» et dont il jugent la langue comme «soutenue». Les animateurs définissent alors la norme sociale «qui, en matière d'animation, leur semble idéale». Les modèles auxquels ils souscrivent: Pierre Nadeau, Joël Le Bigot, Denise Bombardier, Andréanne Lafont et Lise Payette, sont donc cotés très haut. La langue standard proposée correspond, somme toute, au français international[18].

Enfin, il est intéressant de noter que, tout en accordant beaucoup d'importance au fait de «garder son langage à soi» et aussi «d'adapter son langage au style de l'émission», les animateurs de la radio et de la télévision se disent majoritairement convaincus qu'il n'est pas important «de parler le même langage que son public» et, surtout, ils considèrent comme important, à 85%, de «parler un français impeccable[19]».

L'intervention linguistique devrait donc porter sur tous les aspects relatifs à l'implantation, l'acquisition, l'acceptation, la maîtrise et la diffusion d'un français québécois standard ouvert sur la francophonie internationale.

Comment et jusqu'où faut-il intervenir ?

Mais comment cette intervention doit-elle se faire et jusqu'où doit-elle aller ?

Nous avons d'abord le choix entre trois intervenants : l'État, les médias eux-mêmes et les communicateurs qui exercent la profession. Sans doute les trois doivent-ils conjuguer leurs efforts pour assurer la diffusion d'une langue de qualité. Mais nous écartons d'emblée les mesures législatives prises par l'État. Théoriquement, ce rejet n'est pas évident et l'État serait fondé d'intervenir. Comme l'administration publique et l'éducation, les médias font en effet partie des communications institutionnalisées et, de ce fait, assument leur part de responsabilité dans la préservation et le développement de la langue nationale. Mais nous sommes ici dans le domaine de la communication verbale et de la qualité de la langue, où la spontanéité, l'usage et l'évolution des consensus jouent un grand rôle. Ces facteurs ne se légifèrent pas. Certes, l'État pourrait intervenir lui-même par des mesures d'incitation et de soutien, mais la tendance à la bureaucratie et à la centralisation risquerait d'alourdir la démarche de communication et de diminuer l'efficacité de l'intervention en la tenant trop éloignée des centres d'expression et de création.

Également pour des raisons d'efficacité et pour éviter la dispersion, on ne peut pas s'en remettre non plus uniquement aux communicateurs eux-mêmes pris individuellement. Leurs activités professionnelles les accaparent trop ; ils ont d'autres priorités en tête, ils sont bousculés par les échéances et les heures de tombée et, s'ils ont été admis dans la profession en dépit d'une mauvaise formation linguistique, ils auront tendance à croire qu'ils peuvent se tirer d'affaire avec le minimum d'efforts et un peu de brio. Il est vrai que les syndicats et les associations professionnelles pourraient jouer un rôle déterminant en hissant la qualité de la langue au niveau d'un critère essentiel à la reconnaissance de la compétence professionnelle. Mais encore faudrait-il le vouloir vraiment et ne pas laisser tomber facilement les clauses professionnelles au profit des clauses salariales dans la négociation avec la partie patronale.

L'intervention linguistique qui a le plus de chances de réussir est l'intervention institutionnalisée, dont l'initiative revient aux directions des médias et des entreprises de presse, secondées en cela par les syndicats et les associations professionnelles. À notre avis, ce sont ces **directions** qui en ont la responsabilité, puisqu'en accaparant une partie de l'attention du public elles ont contracté envers celui-ci une obligation de service et de respect.

L'intervention institutionnelle

Mais si l'on veut qu'elle donne des résultats, cette intervention institutionnelle des médias doit toucher au moins trois points : la définition d'une politique linguistique, la gestion du personnel, les ressources et les mesures de soutien.

À la rigueur, les ressources et les mesures de soutien relatives à l'intervention linguistique pourraient même être réduites au minimum, si les entreprises de presse et les médias se donnaient vraiment une politique linguistique et une gestion du personnel en accord avec cette politique. À la condition toutefois de considérer que la langue est l'outil de la communication et qu'il est dans l'intérêt même de l'entreprise de soigner son outil et d'y faire attention en y consacrant le temps qu'il faut.

Certes, aucune politique linguistique n'est facile à concevoir et à formuler. La langue est en constante évolution, et il faut éviter dans ce domaine toute forme de dogmatisme qui viendrait la figer. Quand fut créée en France, il y a moins de trois ans, la Haute Autorité de la communication audiovisuelle, elle fut chargée, entre autres, de veiller « à la défense et à l'illustration de la langue française » dans les services de radio et de télévision. Sa présidente, Michèle Cotta, disait alors : « Pour moi, **défendre** le français, c'est le protéger contre les déviations — de prononciation, de syntaxe ou de vocabulaire — qui l'appauvrissent. Dans mon esprit, défendre le français, ne veut pas dire défendre un français qui serait immuable et éternel. Mais distinguer, dans l'évolution de la langue, ce qui est normal et ce qui est maladif. Défendre la langue française, c'est définir son évolution [. . .] Nous devons veiller à ce que la langue française reste une langue internationale [. . .] Conserver à la langue française sa tenue. Ce n'est ni un argot, ni un patois, mais le fond commun de toute une civilisation, de toute une culture que nous ne devons pas laisser se dénaturer. Mais cela ne veut pas dire non plus prôner un langage coupé de ses racines [. . .] À partir du moment où l'on comprend que défendre la langue française c'est défendre une langue qui vit, on ne doit plus craindre le ridicule. L'identité d'un pays passe par sa langue[20]. »

Les responsables des médias ont donc des choix à faire, et leur politique linguistique devrait refléter ces choix. Ou bien, ils favorisent la diffusion d'une langue correcte et vivante, ou bien ils s'abstiennent et laissent faire, ou bien ils font des concessions vers le bas sous le fallacieux prétexte de s'adapter à leurs auditeurs. Seul le premier choix peut être qualifié de « responsable », compte tenu de la position qu'occupent les médias dans notre société.

Une politique linguistique est l'énoncé de ce choix « responsable ». Essentiellement, cet énoncé devrait préciser la mission ou la responsabilité de l'institution face à la défense et à la diffusion de la langue française, décrire ou qualifier globalement la langue de communication que l'institution veut privilégier dans ses émissions ou ses productions, indiquer peut-être certaines priorités qui doivent retenir l'attention des directeurs et des communicateurs, identifier enfin les attentes institutionnelles et les responsabilités sectorielles à cet égard.

Déjà, si cet énoncé de politique existe, s'il est promulgué clairement à tous les niveaux, s'il est connu de tous et rappelé périodiquement avec conviction dans les réunions de production et de programmation, il peut avoir un impact important et un effet d'entraînement non négligeable sur l'ensemble des cadres et des professionnels de l'institution concernée.

Évidemment, cela ne suffit pas. Cette politique doit être appliquée. Il faut une intervention plus directe au niveau des opérations et du personnel. Si, par exemple, une partie substantielle des émissions finit par emprunter le ton et la langue des chicanes de ménage ou des soirées d'amateurs improvisées, il est sans doute temps que les plus hauts responsables interviennent au niveau de la programmation.

Mais le nerf de la guerre, pour l'application d'une politique linguistique dans les médias, c'est la gestion du personnel. Et en tout premier lieu, les critères d'embauche, d'évaluation et de promotion. S'il y a un endroit où il faut être clair et déterminé, c'est bien ici. Si la qualité de la langue parlée ou écrite, selon le cas, ne constitue pas un critère sérieux dans le recrutement, l'évaluation et la promotion des communicateurs professionnels, la crédibilité même de la profession s'en trouve compromise et la langue devient alors assujettie aux impératifs du vedettariat et du désir de plaire. Certes, la plupart des médias et des entreprises de presse tiennent compte du critère linguistique, mais globalement et confusément. Ce critère peut favoriser un candidat, mais il constitue rarement un facteur dirimant. On n'entend pas dire assez souvent qu'un candidat s'est vu refuser le poste sollicité ou qu'il a raté une promotion à tel ou tel poste à cause de sa langue. Ce serait pourtant un grand bien pour l'ensemble de la profession et une énorme incitation pour tous les communicateurs si une nouvelle du genre venait frapper leurs oreilles de temps en temps.

Car il faut se garder, dans ce secteur, de confondre clarté et fermeté avec coercition. Qui croira en effet que le contraire, c'est-à-dire l'ambiguïté et la mollesse, est synonyme d'incitation ? À cet égard, les animateurs de la radio et de la télévision francophones du Québec n'évaluent pas très haut les exigences de leurs employeurs. Pour la grande majorité d'entre eux, le « critère considéré comme le plus important par les employeurs c'est **l'aptitude à communiquer facilement avec le public** ». Seulement 4 % d'entre eux croient que c'est la « correction (ou la qualité) de la langue parlée[21] ».

Et pourtant, les consultations menées par le Conseil de la langue française démontrent que la grande majorité des communicateurs souhaitent et réclament non pas un encadrement tâtillon, mais une valorisation institutionnelle de la qualité de la langue accompagnée de mesures de soutien[22].

225

Cette valorisation de la langue devrait être visible à l'intérieur de l'institution; elle devrait faire l'objet d'une préoccupation constante, à l'occasion notamment des réunions du personnel et non pas seulement une fois l'an; elle devrait provenir enfin des plus hautes autorités et avoir toute l'influence voulue.

Il y a deux ans, le président de la compagnie luxembourgeoise de Télédiffusion, Jacques Rigaud, interrogé sur la politique particulière de la R.T.L. en ce qui concerne la qualité de la langue parlée sur ses ondes, répondait ceci: « Il n'y a pas d'organisme de contrôle ni de directives hiérarchiques mais une vigilance maniaque sur ce point. Dans la manière dont je conçois mon rôle de président, je n'hésite pas à téléphoner personnellement à un journaliste pour lui faire une remarque concernant son usage de la langue, que ce soit en ce qui concerne la correction syntaxique ou la propriété des termes [. . .] Les journalistes savent très bien que sur ce plan nous sommes intraitables. De même que nous nous attachons à restituer une expression diaprée de l'opinion, nous plaçons le respect de la langue au même niveau que le respect des consciences. Un de nos objectifs est de bannir le jargon, ce qui n'est pas toujours facile . . . [23] »

L'intervention personnelle du président de la R.T.L. est probablement un cas d'espèce. 80% des animateurs de la radio et de la télévision québécoises affirment, pour leur part, qu'ils ne reçoivent « jamais », ou en tout cas « rarement », des « conseils ou des commentaires de la part de leurs supérieurs sur la langue qu'ils utilisent en ondes ». Ces conseils et ces commentaires sont cependant plus fréquents de la part des collègues de travail et de la part des auditeurs[24].

Si les entreprises de presse et les médias québécois n'ont pas toujours affiché une grande détermination dans la définition de leur politique en matière de langue ou dans l'adoption de critères d'excellence linguistique pour la gestion de leur personnel, plusieurs d'entre eux ont consenti par contre à la mise en place de ressources et de moyens susceptibles d'aider les communicateurs à corriger, à perfectionner et à enrichir leur langue. Le Comité de linguistique de Radio-Canada a été, depuis 25 ans, le plus bel exemple d'initiative institutionnelle destinée à soutenir la langue française dans les médias. Né de la base et largement appuyé par l'administration, il met à la disposition de ses communicateurs et de la collectivité québécoise en général la compétence de ses ressources humaines en linguistique, en traduction et en terminologie, il apporte l'assistance voulue aux communicateurs qui ont recours à son service de consultation, et, par le moyen de ses bulletins et de ses publications, il remplit à la fois des fonctions d'animation, de prévention, de correction et d'enrichissement pour un meilleur usage public de la langue française.

Dans les autres médias électroniques québécois, les ressources consacrées spécifiquement à la correction et à l'amélioration de la langue sont quasiment inexistantes. Dans les entreprises de presse, souvent une personne est affectée à la révision des textes : ce peut être un journaliste d'expérience, le secrétaire de la rédaction ou le chef de pupitre. Plus récemment, la création d'un comité d'information dans certains journaux laisse peut-être espérer un accroissement de l'intérêt ou de l'attention portés à la qualité de la langue. Enfin, dans la plupart des cas, les journalistes semblent avoir à la portée de la main les dictionnaires et autres outils de référence. Dans un journal en particulier, ils bénéficient d'un forfait mensuel pour s'équiper personnellement des outils appropriés. Parmi ces outils, le *Guide du journaliste*, édité et réédité par la Presse canadienne, et maintenant épuisé, semble avoir rendu des services appréciables et continuer de faire l'objet de demandes, si bien que l'Office et le Conseil de la langue française viennent de décider d'accorder une subvention conjointe pour assurer la diffusion de la nouvelle édition.

Qu'il me soit permis également de souligner que le Conseil de la langue française remet maintenant chaque année le Prix Jules-Fournier, d'une valeur de 5 000 $, à un journaliste de la presse écrite qui s'est illustré par la qualité de sa langue.

L'intervention et la vitalité de la langue

Après avoir fait le tour de l'intervention linguistique et de ses modalités, le temps est maintenant venu de répondre à la question : « L'intervention linguistique dans les médias est-elle un obstacle à la vitalité de la langue ? »

De quelque côté que je me tourne, je ne vois aucun signe à l'horizon qui me permette de craindre qu'elle le soit ou qu'elle le devienne à brève échéance. Pour que cela arrive il faudrait que l'intervention linguistique soit très contraignante ou que la vitalité de la langue soit très faible.

Or, nous avons dit que l'intervention linguistique, dans les médias, ne doit pas être coercitive ni avoir recours aux moyens punitifs. Il peut effectivement exister un type d'intervention qui soit stérile, aliénante ou freinante. Il faut, à mon avis, éviter l'attitude autoritaire et « mauvaise humeur ». Il faut éviter toute approche qui ne réussirait finalement qu'à bloquer les gens et qu'à assujettir la langue française à une sorte d'*académie* ou de *tribunal* auquel on sentirait le besoin d'avoir recours avant d'ouvrir la bouche. Il faut au contraire privilégier une approche qui amène les communicateurs à se sentir appuyés, assistés et propulsés en avant vers l'acquisition d'une qualité de langue perçue non pas comme une contrainte mais comme un plaisir et une libération.

Ce que nous avons dit de l'intervention institutionnelle relative à la définition d'une politique linguistique et à l'adoption de critères d'excellence pour le recrutement et la promotion du personnel ne va absolument pas à l'encontre de l'approche positive que nous venons de définir. On sait d'ailleurs que le plaisir ne va pas sans effort, et que l'effort est source de satisfaction. Nous croyons qu'une intervention institutionnelle exigeante mais bien faite est une réponse à la paresse humaine et peut grandement stimuler la vitalité de la langue, alors qu'une absence d'intervention institutionnelle peut freiner et faire obstacle. Tout réside vraiment dans le style d'intervention.

L'intervention linguistique risquerait d'être un obstacle à la vitalité de la langue si celle-ci était très faible. Or, que voit-on au Québec depuis vingt ans ? Une langue française qui s'est enrichie et développée, une littérature qui compte parmi les plus productives et les plus vivantes de la francophonie, un système de communication florissant où des animateurs utilisent leur langue de la façon la plus libre et la plus spontanée qui soit. Comme le disait Joël Le Bigot dans une entrevue récente : « Les gens maintenant osent parler ; de plus en plus leur langue s'anime, évolue. C'est une langue vivante et imagée, de moins en moins inhibée, qui ose s'aventurer hors de certaines contraintes linguistiques et qui se libère de la peur de faire des fautes en parlant[25]. » Bref, il n'y a rien à craindre de ce côté : l'intervention linguistique, dans nos médias, est trop respectueuse et trop discrète pour faire obstacle à la santé et à la vitalité de la langue.

Certes, il est bon de se prémunir contre une intervention abusive et autoritaire, mais le danger qui guette actuellement les médias québécois est bien plus le laisser-faire linguistique que l'intervention abusive. Il existe déjà un type d'intervention directe qui consiste à réviser ou à corriger les textes et à faire remarquer aux communicateurs leurs erreurs les plus fréquentes : ce type d'intervention doit être soutenu et généralisé. Il existe un autre type d'intervention, plus instrumental et moins direct, qui consiste à proposer, à conseiller, à soutenir et à tenir en éveil au moyen de bulletins et de consultations : c'est le type d'intervention incitative qu'a remarquablement illustré le Comité de linguistique de Radio-Canada depuis vingt-cinq ans et dont la nécessité n'est plus à démontrer. Mais le troisième type d'intervention existe beaucoup moins, celui des directions des médias, qui consiste à valoriser la qualité de la langue française et à donner aux autres interventions toute leur force et leur légitimité : c'est cette intervention institutionnelle et « politique » qui a été jusqu'ici la moins présente et la moins convaincue.

Si, dans certains médias, on voit encore chaque jour des journalistes ou des communicateurs pour qui la qualité de la langue est objet de plaisanterie, la faute en est imputable la plupart du temps au manque de conscience linguistique des directions concernées. Dans on ouvrage intitulé *Gérer l'État*, Philippe Galy montre que la défense de la langue française dans la radio et la télévision est « considérée à tort comme une manie de rétrogrades chauvins », alors qu'elle « devrait être un aspect très actif de la politique culturelle et internationale », à cause des consé quences politiques, économiques et culturelles que peut avoir l'affaiblissement du français[26]. Comme le Québec est placé sur la ligne de front de la concurrence et de la pénétration de l'information et des émissions américaines, on sait déjà que sa seule chance est de miser sur l'ingéniosité et l'excellence. Les administrateurs et les dirigeants des médias québécois francophones devraient donc savoir que, si leurs émissions sont faibles sur le plan linguistique et culturel, elles finiront, à la longue, par ne plus intéresser qu'un auditoire captif condamné à une langue traduite ou pauvrette. Il y va donc de l'intérêt même des propriétaires et des responsables des médias québécois d'éviter la provincialisation de ceux-ci et d'assurer l'excellence de la langue française qu'ils diffusent, à cause des conséquences économiques et culturelles qu'ils peuvent être les premiers à subir.

On ne demande pas à l'intervention linguistique des dirigeants d'être coercitive. Une intervention sans réglementation est meilleure qu'une réglementation sans intervention. Ainsi, par exemple, l'article premier de la Loi « Bas-Lauriol » de 1975, en France, dit expressément que « le recours à tout terme étranger ou à toute expression étrangère est prohibé lorsqu'il existe une expression ou un terme approuvés » en français et que cette règle s'applique « à toutes informations ou présentations de programmes de radiodiffusion et de télévision [. . .] ». Or, on voit bien que cela n'empêche pas un bon nombre de commentateurs français d'utiliser allègrement des expressions et des termes anglais alors que d'excellents équivalents français existent.

C'est par une présence personnelle, une conviction non équivoque et un rappel constant que l'intervention linguistique des dirigeants aura son plus grand effet d'entraînement sur la qualité et l'enrichissement de la langue française dans les médias. Ils n'ont d'ailleurs rien à craindre pour leur cote d'écoute. Les trois quarts des animateurs québécois sont convaincus que « la cote d'écoute n'a rien à voir avec la qualité de la langue utilisée sur les ondes[27] », et la preuve a été faite qu'il est possible de proférer des drôleries et des bêtises dans une langue parfaite ! . . . C'est Claudel (toujours Claudel !) qui disait que « les poèmes se font à peu près comme les canons : on prend un trou, et on met quelque chose autour » ! Si cette définition devait s'appliquer à certaines émissions de radio et de télévision, je suggère que l'enveloppe, autour, soit au moins coulée dans une langue solide . . .

Je terminerai en disant que, pour moi, la vie est la qualité dominante des Québécois et que c'est aussi la qualité dominante des communicateurs québécois. Cette vie est faite d'une immense capacité d'adaptation, de création et de renouvellement. Ce n'est certes pas une intervention linguistique accrue qui lui fera obstacle ou qui gênera la spontanéité de nos animateurs.

Sans doute la qualité de la langue est-elle encore beaucoup trop perçue comme une valeur extérieure surajoutée à la langue et même parfois comme un corset qui oblige à se tenir droit. Le communicateur québécois se sent à l'aise en bras de chemise et sans cravate. Et c'est sans doute pourquoi la moitié des animateurs de la radio et de la télévision francophones du Québec estiment qu'« il est justifié de faire des compromis au niveau de la langue » pour « donner à une émission un style décontracté[28] ». Mais le jour, qui n'est peut-être pas très loin, où les communicateurs québécois pourront conjuguer, grâce à leur vitalité, la décontraction et la correction, ce jour-là ils pourront vraiment dire : « La parole est à nous ! »

NOTES

1. MONTAIGNE, *Essais*, livre II, chapitre XVII, « De la présomption ».

2. CLAUDEL, *Positions et Propositions*, dans *Oeuvres en prose*, Pléiade, 1965.

3. CLAUDEL, *Journal I*, Pléiade, 1968.

4. CLAUDEL, *L'oeil écoute*, dans *Oeuvres en prose*, Pléiade, 1965.

5. MONTAIGNE, *Essais*, livre III, chapitre VIII, « De l'art de conférer ».

6. Sylvie BEAUCHAMP et Pierre BOUCHARD, *Le français et les médias*, Conseil de la langue française, Québec, Dossiers n° 11, 1982.

7. ROCHETTE, BÉDARD, SORECOM, GEORGEAULT, *La langue des animateurs de la radio et de la télévision francophones au Québec*, Conseil de la langue française, Québec, Dossiers n° 20, 1984.

8. Édith BÉDARD, *La qualité de la langue après la loi 101*, Conseil de la langue française, Québec, Documentation n° 3, 1980. Voir aussi : Arianne ARCHAMBAULT et Myriam MAGNAN, *La qualité de la langue dans les domaines de l'enseignement, de l'Administration, des médias et de la publicité*, Inventaire des préoccupations, Conseil de la langue française, Québec, Notes et documents n° 15, pp. 8 à 87.

9. Voir : *Actes du congrès « Langue et société au Québec »*, Conseil de la langue française, Québec, tome I, communications de Raymond LAPLANTE (pp. 160-163), de Lisette MORIN (pp. 164-167), d'Henri BERGERON (pp. 231-233), de Denis DUMAS (pp. 234-238) ; et tome II, la communication de Paul MORISSET (pp. 446-449).

10. *Douze essais sur l'avenir du français au Québec*, Conseil de la langue française, Québec, Documentation n° 14, 1984.

11. *Consultation dans la région de Montréal*, Rencontre avec des animateurs, des journalistes et des propriétaires et administrateurs de médias, Conseil de la langue française, Québec, Notes et documents n° 29, 1982.

12. ROCHETTE, BÉDARD, SORECOM, GEORGEAULT, *op. cit.*, pp. 126-127.

13. Louise BLANCHARD, dans *Douze essais . . . , op. cit.*, pp. 1 à 12.

14. Allan BELL, «Broadcast News as a Language Standard», dans *International Journal of the Sociology of Language*, n° 40, Mouton, 1983, pp. 29 à 42.

15. *Ibid.*, p. 29 (traduit de l'anglais par l'auteur du présent article).

16. *Ibid.*, pp. 31-32.

17. ROCHETTE, BÉDARD, SORECOM, GEORGEAULT, *op. cit.*, pp. 160-161.

18. *Ibid.*, pp. 129-131, et p. 186.

19. *Ibid.*, pp. 145-146.

20. *Médias et Langage*, n° 17, janvier-février 1983, pp. 17-18.

21. ROCHETTE, BÉDARD, SORECOM, GEORGEAULT, *op. cit.*, p. 156.

22. Voir : *Consultation dans la région de Montréal, 18 et 19 octobre 1982*, Conseil de la langue française, Notes et documents n° 29.

23. *Médias et Langage, ibid.*, p. 28.

24. ROCHETTE, BÉDARD, SORECOM, GEORGEAULT, *op. cit.*, p. 149.

25. *La francisation en marche*, O.L.F., vol. 4, n° 10, mars 1985, p. 7.

26. Philippe GALY, *Gérer l'État*, Berger-Levrault, 1978.

27. ROCHETTE, BÉDARD, SORECOM, GEORGEAULT, *op. cit.*, p. 127.

28. *Ibid.*, p. 147.

PARTIE II

Extraits

Le Conseil de la langue française

causerie prononcée devant l'Association des conseils en
francisation du Québec, Montréal, mars 1980

[. . .] Le Conseil de la langue française, comme l'Office de la
langue française, a été créé par la Charte de la langue française,
ou loi 101, le 26 août 1977. L'objectif de cette loi est de faire du
français la langue officielle de l'État et de la Loi au Québec et la
langue normale et habituelle de l'enseignement, des communications, du travail, du commerce et des affaires.

Vous connaissez déjà l'Office, qui existait sous le nom de
« Régie » avant l'entrée en vigueur de la Charte de la langue
française. L'Office est chargé de la francisation des entreprises
avec qui vous travaillez. C'est un organisme dont l'effectif est
nombreux et qui peut être considéré comme un ministère de la
langue, ou plus précisément un ministère de la francisation.
Son rôle se situe au niveau même de l'application de la loi, et il
a pour mandat de faire en sorte que le français devienne, le
plus rapidement possible, la langue du travail et des communications à l'intérieur des entreprises et de l'administration publique au Québec.

Le Conseil de la langue française a un rôle bien différent de
celui de l'Office. D'abord, il ne se situe pas au niveau exécutif
qui est celui de l'application de la loi. Le Conseil est un organisme consultatif chargé de suivre de près l'évolution de la

situation de la langue, de consulter le public, de donner des avis au ministre et d'informer la population sur les questions qui touchent la langue française. Il joue, dans le domaine de la langue, à peu près le même rôle que joue, dans son domaine, le Conseil supérieur de l'éducation.

En créant le Conseil de la langue française, la loi a chargé cet organisme de conseiller le ministre sur toutes les questions relatives à la politique de la langue française au Québec, à l'application et à l'interprétation de la Charte de la langue française, et à l'évolution de la situation de la langue française au Québec quant à son statut et à sa qualité. Il s'agit donc d'un mandat très large. D'une part, le Conseil est amené à se préoccuper de la francisation qui est le domaine propre de l'Office, et, à cet égard par exemple, les règlements de l'Office pour l'application de la loi doivent être soumis au Conseil. Mais, d'autre part, le Conseil doit déborder ce cadre pour s'occuper d'autres aspects importants de la langue française que ne touche pas nécessairement la loi 101, comme par exemple l'éducation, les communications ou l'immigration. C'est pourquoi la loi spécifie que le Conseil doit saisir le ministre des questions relatives à la langue qui, à son avis, appellent l'attention ou l'action du gouvernement.

Le Conseil de la langue française est donc avant tout, pour les questions de langue, un organisme de consultation, d'étude et de réflexion, et jusqu'à un certain point d'animation auprès du public.

Si l'on comparait la Charte de la langue française à une personne, on pourrait dire que l'Office et la Commission de surveillance en sont les membres extérieurs, alors que le Conseil en est plutôt un organe intérieur. Si l'Office est la main qui exécute, et si la Commission de surveillance est un peu le bras de la Justice, le Conseil est en quelque sorte, selon le mot d'un poète, « l'oeil qui écoute », le regard qui observe et critique, l'oreille qui se prête aux commentaires et aux suggestions. Si l'Office est le moteur qui fait avancer la francisation, le Conseil en est peut-être la chambre de décompression, l'avertisseur sonore, mais aussi le système d'allumage et de relance. L'Office régit et réglemente, négocie et contrôle ; le Conseil consulte et réfléchit, analyse et recommande.

Par conséquent, le Conseil est avant tout composé de conseillers et de chercheurs tournés vers l'étude et la consultation. Le Conseil comprend d'abord un collège de douze conseillers, tous nommés par le gouvernement après consultation des communautés culturelles et des milieux universitaires, patronaux, syndicaux et socioculturels. Le Conseil comprend aussi une permanence de 40 personnes constituée surtout de chercheurs, de juristes et de professionnels des communications.

Le budget du Conseil dépasse les deux millions de dollars. Les sommes consacrées aux études et aux recherches sont les plus importantes et atteignent 600 000 $. Le plan de recherche que s'est donné le Conseil de la langue française a été approuvé par le Conseil du trésor. Il s'agit de déterminer les indicateurs sociologiques, démographiques, économiques, linguistiques et juridiques qui vont nous permettre de connaître et de mesurer l'évolution de la situation de la langue française au Québec quant à son statut et à sa qualité au cours des années qui viennent. Je ne m'attarderai pas à décrire ici les recherches qui ont déjà été lancées sur cette base. La revue de programme du Conseil de la langue française et son rapport annuel en font état, et je vous y réfère.

[. . .] Quelles attentes peut-on avoir par rapport au Conseil de la langue française ? Disons d'abord (puisque nous venons de parler de la recherche) qu'il convient d'attacher une extrême importance aux données que l'on pourra tirer des études et recherches. Le Conseil de la langue française se considère un peu comme l'héritier spirituel des études de la Commission Gendron. Certaines de nos conclusions devront être comparées dans le temps à celles de cette Commission, afin de savoir vraiment si la langue française progresse ou non au Québec. Les questions de langue portent aussi avec elles quelque chose d'émotif, et je crois qu'il est extrêmement important de dépassionner le débat et de contribuer, au moyen de données objectives et factuelles, à rendre plus sereine la discussion portant sur la situation linguistique au Québec.

Mais, au-delà de la recherche, quelles relations concrètes le Conseil de la langue française peut-il avoir par exemple avec l'entreprise? Je sais que cette question vous intéresse.

Je rappellerai d'abord que le Conseil, au contraire de l'Office, ne se situe pas sur le plan exécutif, mais consultatif. Le Conseil n'intervient pas directement auprès de l'Office, mais auprès du ministre. Il peut, par contre, recevoir les observations des entreprises sur les difficultés d'application de la loi et faire rapport au ministre. Il peut entreprendre l'étude de questions qui vous préoccupent particulièrement; il doit attirer l'attention du ministre sur des questions qui lui paraissent préoccupantes. Il est donc extrêmement important que le Conseil de la langue française et l'Association des conseils en francisation du Québec entretiennent des relations étroites et fréquentes et que votre organisme informe avec précision le Conseil sur le rythme et l'évolution du processus de francisation.

Il est donc éminemment souhaitable que vous restiez en contact avec le Conseil, et que le Conseil reste en contact avec vous et avec le public. Le rôle du Conseil est essentiellement d'écouter, d'ouvrir les yeux, de prêter une oreille attentive et réceptive, de recueillir de votre bouche les observations pertinentes et l'évaluation même que vous faites de la situation, de les analyser et de les confronter, et d'arriver finalement à des avis ou à des recommandations. Ces avis ou ces recommandations sont avant tout destinés au ministre de qui relèvent les décisions en matière de langue, mais ils pourront aussi servir dans certains cas à informer ou à alerter l'opinion publique et les principaux agents de la francisation y compris l'Office de la langue française.

Dans cette perspective, et dans le cadre des relations que je viens de définir, je voudrais faire quelques commentaires, en terminant, sur le mémoire que vous venez de déposer devant le Conseil de la langue française. Je souligne d'abord la joie et la satisfaction des membres du Conseil devant l'intérêt qu'a manifesté l'Association des conseils en francisation du Québec et devant l'importance qu'elle accorde à la qualité du français dans l'entreprise. L'intérêt de votre Association à cet égard n'est pas passager: votre préoccupation se traduit par des gestes répétés. Je vous remercie, et je remercie votre présidente, madame Christiane Faure, de la contribution précieuse que votre document apporte à la réflexion du Conseil. Je relève la pertinence et l'excellence de vos analyses, aussi bien celles qui ont trait à la situation et au comportement de l'employé francophone dans une entreprise à caractère anglophone, que celles qui posent le problème de la traduction, de la rédaction et de la révision au sein de l'entreprise.

Une rencontre aura lieu, à la mi-mai, entre le Conseil et votre Association, pour discuter de votre mémoire, analyser plus profondément les causes de la situation que vous décrivez et identifier en commun les solutions qu'il est possible d'envisager [. . .]

Les droits linguistiques et la Constitution

conférence prononcée devant l'Association des étudiants
en sciences et génie, Université Laval, Québec,
septembre 1980

Au début de ce mois, le 3 septembre, je rendais publique la
position du Conseil de la langue française sur le projet du gouvernement fédéral d'enchâsser les droits linguistiques dans la
Constitution canadienne. Les questions linguistiques touchent
beaucoup de monde, comme vous le savez, et sont assez déli-
cates. Notre conférence de presse a donc trouvé un large écho
dans les médias. Les uns, très nombreux, nous ont félicités de
rompre enfin un silence qui commençait à se faire lourd au
Québec. D'autres nous ont taxés d'ingérence politique. Un
quotidien anglais, pour sa part, n'a vu que des propos alarmis-
tes dans notre intervention et a prétendu que nous voulions
l'extermination de la minorité anglophone du Québec.

Comme c'est la première fois depuis ma conférence de presse
que j'ai l'occasion d'intervenir publiquement, vous me permettrez d'abord de commenter brièvement ces réactions. Je vous
livrerai ensuite l'essentiel des positions du Conseil, compte
tenu de la situation linguistique actuelle au Québec. Et nous
terminerons, si vous le voulez bien, par un échange de vues de
quelques minutes, car il est extrêmement important pour le
Conseil de la langue française d'entendre les observations du

public, et notamment d'un public jeune qui s'apprête à quitter le monde de l'éducation pour le monde du travail.

Donc, d'abord mes commentaires. Et le premier, sur le silence québécois des derniers mois. N'est-il pas étonnant en effet qu'une population aussi sensible aux questions linguistiques semble, en quelque sorte, s'être «retirée» d'un dossier aussi important pour l'avenir du français que celui du projet de Charte constitutionnelle canadienne? Comment expliquer cela? J'ai posé la question aux journalistes. On m'a répondu: «On est tanné»!... Quant à nous, nous nous sommes exprimés, à cause de l'importance du sujet en lui-même, à cause aussi de ses répercussions sur le développement linguistique et culturel du Québec.

Deuxième commentaire. On nous a taxés d'ingérence politique. Même un journaliste a eu de la difficulté à bien situer notre intervention: «Qu'arriverait-il, a-t-il demandé, si tous les organismes gouvernementaux se prononçaient comme vous le faites?» La réponse est pourtant claire. D'abord, tous les organismes gouvernementaux n'ont pas à se prononcer sur les questions de langue. Ensuite, le mandat du Conseil de la langue française est explicite à ce sujet. Le Conseil a été créé pour donner son avis sur «la politique québécoise de la langue française» (article 186 de la loi). Or, le projet de Charte constitutionnelle canadienne touche et heurte directement la politique québécoise de la langue française. Il appartient donc au Conseil de mesurer quelles en seront les conséquences pour la langue française: cette préoccupation intéresse tout le monde, et non pas seulement les gouvernements ou les partis politiques. Il faut bien se garder d'ailleurs de confondre «politique» (en anglais «politics») et «politique» (en anglais «policy»). C'est à cette dernière politique linguistique uniquement que s'intéresse le Conseil de la langue française, et cela concerne tout le monde, et non pas seulement les hommes politiques.

Troisième commentaire. On nous a prêté un ton alarmiste et «anti-minorités». Vous verrez qu'il n'en est rien. Pour le moment, je ferai quelques remarques. Nous avions pris la peine de préparer une version anglaise intégrale de l'avis du Conseil. Pourquoi le quotidien anglais de Montréal a-t-il préféré nous prêter des propos au lieu de nous citer textuellement, comme les autres quotidiens ont eu la décence de le faire ? Heureusement, cette attitude ne reflète pas celle de la minorité anglophone qui, en général, comprend et accepte qu'en prenant les mesures légitimes pour maintenir et développer la langue française, le Québec n'entend pas s'attaquer à sa minorité anglophone qu'il continue de respecter et de traiter généreusement, comme cela a d'ailleurs été reconnu par des témoignages à la largeur du Canada.

[. . .] Dans son Avis, le Conseil rappelle d'abord les fondements historiques de la législation linguistique québécoise. Il évoque les conclusions des études démographiques, sociologiques et linguistiques qui, au tournant des années 70, démontraient « que le Québec glissait progressivement vers une anglicisation dont rien ne laissait prévoir le ralentissement ». La loi 22 d'abord, puis la loi 101, sont venues comme des réponses à cette préoccupation conjointe de la population et du gouvernement. Plus qu'une protection, la Charte de la langue française était et demeure « un projet collectif, un instrument de convergence culturelle et de cohésion sociale pour un peuple qui, depuis les premiers jours de la Révolution tranquille, est plus que jamais décidé à affirmer son identité culturelle et à reprendre en main tous les leviers de sa vie économique et sociale, sans manquer pour autant au respect qu'il a toujours entretenu envers sa minorité anglophone. »

Nous croyons que, compte tenu du contexte historique, la loi 101 était et demeure juste, rationnelle et nécessaire. Elle a contribué à rétablir une certaine paix sociale en matière linguistique. Grâce à elle, « la situation de la langue française commence maintenant à s'affirmer et à s'améliorer au Québec, et la majorité francophone commence en toute légitimité à s'assumer pleinement. »

Or, certains articles du projet de Charte constitutionnelle canadienne risquent de venir compromettre cet équilibre chèrement acquis, car ils vont directement à l'encontre de certaines dispositions importantes de la Charte de la langue française. Et non seulement ils s'attaquent à l'économie interne de la loi 101, mais ils tendent aussi à dépouiller le Québec de la compétence législative exclusive dont il jouissait jusqu'ici pour assurer la maîtrise de son développement linguistique et culturel. Si vous voulez, nous allons examiner ensemble quelques-uns de ces articles.

(Ici, on pourra se reporter directement à l'Avis du Conseil : « Notes et documents », n° 3. — C'est l'essentiel de ce texte que le conférencier a livré à son auditoire.)

Les traducteurs et la qualité de la langue

causerie prononcée devant la Société des traducteurs du
Québec, Montréal, mai 1981

Je voudrais d'abord remercier monsieur Raymond Frenette
des paroles trop aimables qu'il a eues à mon endroit et je voudrais vous remercier de m'avoir invité aujourd'hui. Vous me
faites un grand honneur, car — j'aurai l'occasion de le dire —
j'ai la plus haute estime qui soit pour la profession de traducteur. Cet honneur, je le dois sans doute à l'amour que nous
partageons, vous et moi, pour la langue française.

On m'a suggéré, au cours de cette causerie, de répondre à
deux questions:

— Que pensez-vous de la traduction et des traducteurs?

— La qualité de la langue vous préoccupe-t-elle?

J'essaierai de répondre à ces deux questions, mais cette brève
causerie devrait être un échange, car je souhaite aussi vous
retourner les questions et connaître votre opinion.

***

Pour moi, le traducteur est beaucoup plus qu'un utile trans-
bordeur qui fait passer d'une rive à l'autre. J'ai personnellement tendance à résister à toute définition du traducteur qui

247

sentirait trop l'huile, la mécanique, voire l'habileté. Pour moi, la traduction n'est pas avant tout une technique ou un savoir-faire, mais c'est profondément une connaissance, au sens le plus claudélien et le plus étymologique du mot, celui de co-naissance. Il ne suffit pas au traducteur de connaître une langue de départ et une langue d'arrivée et de s'offrir au lecteur ou à l'auditeur comme un habile entremetteur. À mon avis, le traducteur n'est rien si, entre la phrase qui meurt et celle qui prend vie dans sa bouche ou sous sa plume, il n'est pas lui-même le lieu d'une co-naissance, d'un accouchement auquel participe tout son être.

On serait tenté de dire que le traducteur est le plus souvent pressé par le temps et que l'interprète, en particulier, est forcé de livrer sa note aussi vite que l'organiste qui presse sur le soufflet — et l'on serait tenté de conclure par conséquent que le genre de traduction dont je parle, fruit d'un travail viscéral et d'une poussée intérieure, n'est valable que pour les traducteurs de grands romans à qui Bernard Pivot dédiait son émission *Apostrophes* de dimanche dernier.

Eh bien! ce n'est pas mon avis. Je persiste à dire que tout traducteur, tout traducteur digne de ce nom, est en même temps un créateur et que la co-naissance dont il est constamment le siège l'assimile en quelque sorte à un écrivain. Cela suppose que, pour chacune des deux langues qu'il connaît, il aura dépassé les codes du langage pour atteindre au contenu culturel et aux structures de pensée propres à chacune. Cela veut dire que par une fréquentation assidue et une longue amitié il aura fait sa demeure dans chacune des deux langues, condition indispensable à la véritable co-naissance. Et j'ajouterais qu'il n'y a pas de co-naissance sans amour.

C'est un métier exigeant, c'est un sublime défi, et c'est pourquoi je vous ai dit au début de notre entretien que j'ai le plus grand respect qui soit pour les traducteurs et la traduction.

Nous parlerons à l'instant de qualité de la langue. Je dirai tout de suite qu'à mon avis le traducteur doit, au moins pour la langue d'arrivée qui est sa langue maternelle, bien maîtriser l'art d'écrire ou de rédiger.

Je sais que la Société des traducteurs du Québec s'est donné des objectifs élevés. C'est un organisme sérieux, jouissant d'une grande crédibilité, et qui a assumé depuis longtemps, grâce à un système de communication efficace et à une incitation constante à la formation continue auprès de ses membres, des responsabilités professionnelles non négligeables.

Il me semble qu'un des rôles importants de la S.T.Q. devrait être de susciter et d'entretenir auprès de ses membres cette exigence intérieure de la profession dans le sens que j'ai décrit. Car je crois que le respect de la profession et de lui-même passe, chez le traducteur, par cette responsabilité face à la langue.

Bien sûr, une association professionnelle pourrait souhaiter jouir d'un pouvoir disciplinaire plus grand et d'un contrôle plus serré de la profession afin d'éliminer les indésirables, les colporteurs de la langue, les vendeurs de mots sous pression.

Mais s'il m'est permis de donner une opinion qui n'engage personne, je crois que, par delà les pouvoirs de réglementation, la véritable force d'une association professionnelle réside avant tout dans la capacité qu'elle peut se donner à elle-même, par sa propre imagination et sa propre conviction, d'amener ses membres à un haut degré de conscience et de standards professionnels.

Et nous savons que l'ouvrage ne manque pas pour les traducteurs au Québec. On a pu déplorer le fait que la francisation repose beaucoup trop sur la traduction et qu'idéalement on devrait pouvoir s'en passer de plus en plus. Le bulletin de votre Société a fait écho à l'étude de la SECOR, à propos de laquelle j'aimerais bien connaître vos réactions : on y dénonçait le traducteur, avec l'anglophone récalcitrant et le francophone colonisé, comme le 3ᵉ ennemi de la francisation au sein des entreprises, et peut-être le plus perfide.

En dépit de tout cela, je crois que le travail des traducteurs restera toujours une dimension importante de la vie linguistique du Québec, tributaires que nous sommes de l'économie et des communications nord-américaines. Et c'est pourquoi il est si important pour vous, traducteurs, de prendre conscience de votre responsabilité face à l'évolution de la situation linguistique au Québec et en particulier face à la qualité de la langue.

**

Voici une expression fort préoccupante : la **QUALITÉ** de la langue. Qu'est-ce que la qualité de la langue ? La Charte de la langue française parle de la qualité de la langue à propos du Conseil de la langue française. Et on nous a posé la question : Est-ce que cela vous préoccupe ?

Dès sa création, le Conseil de la langue française s'est préoccupé de la qualité de la langue. Il a tenu, en octobre 1979, un colloque sur « La qualité de la langue après la loi 101 », colloque qui réunissait des représentants des médias, des enseignants, des publicitaires, des administrateurs publics. Dans un document préliminaire (*La qualité de la langue : survol des préoccupations récentes*), le Conseil s'était efforcé de dresser l'inventaire des questions et des secteurs touchant la qualité de la langue. Les *Actes* de ce colloque font état des communications et des interventions extrêmement pertinentes qui ont été faites à cette occasion.

Le Conseil a également inscrit la qualité de la langue à son programme de recherches. Des études ont été publiées ou le seront ultérieurement sur la qualité de la langue dans la rédaction des lois, dans l'administration publique, dans les textes utilisés à l'école primaire, dans la publicité alimentaire, et aussi sur la qualité de la langue des animateurs de la radio et de la télévision québécoises. Le Conseil a mis sur pied un Comité qui se penche spécifiquement sur la qualité de la langue et il attache également beaucoup d'importance à cette question lors des consultations qu'il organise dans les diverses régions du Québec[1].

---

1. Dans une autre allocution non publiée ici (30 janvier 1983), le conférencier rappelait d'autres gestes posés par le Conseil de la langue française, marquant son intérêt pour la qualité de la langue : Rencontre sur la francisation des entreprises (février 1981), congrès « Langue et société au Québec » (novembre 1982), publication d'un ouvrage sur la norme linguistique, colloque sur la qualité de la langue, organisé avec la S.T.Q (janvier 1983).

Je ne crois pas qu'il faille lancer des campagnes du « bon parler français. » Il ne s'agit pas non plus de régenter la langue de la littérature : il convient que les écrivains gardent une certaine liberté face à la langue et ils peuvent aussi, le cas échéant, nous renvoyer, à travers leurs personnages, l'image d'une langue française telle qu'ils l'entendent parler.

Le Conseil de la langue française n'entend pas entrer dans les maisons. Ce qui doit le préoccuper avant tout, c'est la langue publique, écrite ou parlée. En particulier, la langue de l'école, celle des médias et de la publicité, et la langue officielle de l'Administration et de nos hommes publics.

Nous croyons que la guerre des deux clans est enfin terminée. Les « joualisants » ont été forcés de déposer les armes. Les puristes eux-mêmes ont fait un pas en avant, pour reconnaître qu'il peut exister une langue française d'ici, qui soit tout à fait correcte sans perdre pour cela son caractère québécois. Quant à moi, je ne veux pas réduire la qualité de la langue uniquement à une question de norme et de terminologie.

Je préfère, pour aujourd'hui, éviter les définitions et avoir recours à une approche plutôt sociologique que linguistique. Je me contenterai de poser quelques paramètres pour une réflexion que je vous invite à poursuivre sur la base d'une comparaison avec la qualité de la vie.

Qu'est-ce que la qualité de la vie ? Qu'est-ce que la qualité de la langue ?

Quant on n'a pas cette qualité, quand elle ne nous entoure pas, quand on n'en jouit pas, on sait très bien qu'elle nous manque. Mais il faut être malin pour décrire de façon adéquate et péremptoire les conditions qu'il faut pour qu'elle soit présente. Je me contenterai de proposer à votre réflexion ce petit schéma « analogique » entre la qualité de la vie et la qualité de la langue :

Pour avoir la qualité de la vie, il faut :

Une économie saine

— libérée du joug extérieur

— confiante en elle-même, capable de s'assumer

— qui n'hésite pas à investir

— qui n'est pas centralisée entre les mains d'un petit groupe de châtelains

— et qui se répercute en bénéfices pour tous

Cette économie saine est généralement accompagnée d'un pouvoir d'achat confortable.

Un environnement sain et stimulant

— sans pollution de l'air

— avec un assainissement des eaux

Pour avoir la qualité de la langue, il faut ;

Une langue saine

— libérée de son asservissement étranger, décolonisée

— fière d'elle-même, capable de s'assumer et de tenir sa place

— qui n'hésite pas à inventer pour rester bien vivante

— qui n'est pas l'apanage d'une élite ou des cercles littéraires

— qui rejaillit sur tous par sa force pédagogique d'entraînement et qui ne reste pas non plus figée elle-même maladivement dans son propre passé

Cette langue saine est généralement accompagnée d'un pouvoir d'achat et d'échanges dans la francophonie internationale.

Un environnement sain et stimulant

— comportant une dépollution de l'air et des ondes que nous transmettent chaque jour les médias

— une oxygénation des eaux du spectacle et un enrichissement où se ressource l'âme culturelle d'un peuple

252

— des espaces verts pleins
d'oxygène

— des lieux de préservation
du patrimoine

Des loisirs généreux et des services adéquats au citoyen et à la communauté.

Des services d'éducation et d'animation linguistique adéquats et une tenue exemplaire de l'administration publique.

Pour que la qualité de la langue soit présente, il faut par-dessus tout, à mon avis, la présence d'une intention collective appuyée par une volonté politique active. Cette volonté politique doit se manifester, entre autres, dans la diffusion et l'implantation d'une terminologie française adéquate et moderne, dans la mise en place de mesures d'assistance linguistique aux médias, dans la valorisation de l'emploi public d'une langue correcte en toutes circonstances, et surtout dans l'insistance mise par l'État sur l'importance primordiale de l'apprentissage du français à l'école.

Le cadre de la présente causerie ne me permet pas de développer davantage, et j'ai déjà d'ailleurs abusé de votre temps. Je vous remercie de votre attention et je souhaite que le Conseil de la langue française poursuive, avec la Société des traducteurs du Québec, une réflexion commune sur cet aspect primordial — la qualité de la langue — qui n'est pas, comme on pourrait le croire, un vernis de luxe surajouté à la langue, mais qui est la langue elle-même dans son expression à la fois la plus apparente et la plus fondamentale.

Le rôle du Conseil de la langue française face à la qualité de la langue

intervention lors d'un séminaire organisé par un comité du Conseil, Québec, septembre 1981

Détermination des rôles selon la Charte de la langue française

Le Conseil de la langue française

La Charte parle de la **qualité** de la langue lorsqu'elle définit le mandat du Conseil :

— Le Conseil doit surveiller l'évolution de la situation linguistique au Québec quant au statut de la langue française et à sa **qualité** et communiquer au ministre ses constatations et ses conclusions (art. 188*b*).

— Le Conseil peut recevoir et entendre les observations et suggestions des individus et des groupes sur les questions relatives au statut et à la **qualité** de la langue française (art. 189*a*).

L'Office de la langue française

La Charte ne parle pas **directement** de la **qualité** de la langue française lorsqu'elle précise le mandat de l'Office ou les éléments qui constituent un programme de francisation, mais elle dit que :

— L'Office doit normaliser et diffuser les termes et expressions qu'il approuve (art. 113*a*).

— L'Office peut assister les organismes de l'Administration, les organismes parapublics, les entreprises, les associations diverses et les individus en matière de **correction** et d'**enrichissement** de la **langue française parlée et écrite** au Québec (art. 114*g*).

De plus, les commissions de terminologie (art. 116) et les programmes de francisation (art. 141) administrés par l'Office touchent, de près ou de loin, à la qualité de la langue.

Transcription de ces rôles dans la réalité

À première vue, le rôle de l'**Office**, sur le plan de la qualité, serait très relié à la terminologie et à la francisation et repose sur un pouvoir d'intervention légal comportant des opérations d'approbation, de normalisation et de diffusion. Mais il ne faut pas oublier que l'Office a aussi un pouvoir d'aide et d'assistance, non seulement auprès des organismes, mais aussi auprès des individus sur le plan de la correction et de l'enrichissement de la langue parlée et écrite.

Le rôle du **Conseil**, en matière de qualité de la langue, est beaucoup plus vaste et paraît, à première vue, moins interventionniste. En effet, la notion de qualité englobe et dépasse les aspects terminologiques, lexicographiques et correctifs du langage, pour rejoindre les niveaux de langage, les références culturelles et les autres aspects sociaux d'une situation linguistique dont le Conseil a le devoir de surveiller l'évolution. Par ailleurs, c'est au ministre que le Conseil doit livrer ses constatations et ses conclusions. Notons par contre que le Conseil peut recevoir et entendre les observations et les suggestions des individus et des groupes sur la qualité de la langue et qu'il peut aussi, selon la Charte, « informer le public sur les questions concernant la langue française au Québec » (art. 189*d*), ce qui est déjà une certaine forme d'intervention.

La Charte a mis l'insistance sur le statut de la langue française. C'est par là en effet qu'il fallait commencer. Mais après quatre ans d'application de la loi, un peu tout le monde se questionne sur la qualité. On en sent la nécessité, voire la priorité croissante [. . .]

La difficulté réside avant tout dans le consensus à faire autour de la notion de qualité de la langue, et conséquemment dans la politique d'action qu'il convient d'articuler autour de cette notion.

La notion de qualité de la langue

Pour éviter de tomber dans d'interminables débats, aussi vains que frustrants, comme en a connus l'histoire de la langue au Québec, je suggère qu'on ne cherche pas à définir la qualité de la langue, mais qu'on se livre plutôt à l'**exercice pratique** de forger des consensus autour des **conditions** réalistes et des **actions** concrètes qui permettraient d'améliorer la qualité de la langue, comparée **analogiquement** à la qualité de la vie.

On ne sait pas trop en effet ce qu'est la qualité de la vie, mais on sait fort bien la reconnaître quand elle est là et peut-être surtout quand elle n'y est pas ; et de toute façon on arrive assez facilement à des consensus sur les conditions de sa présence.

[. . .] Compte tenu de ce qui précède et de l'évolution du Québec depuis quelques années, j'avance, d'une part, certaines conditions ou certaines approches, et d'autre part, certaines hypothèses de travail.

Conditions ou approches

— Tout en favorisant au maximum la coopération avec la France, il ne m'apparaît ni juste ni souhaitable que la langue française du Québec calque son évolution sur celle de la France, ou soit continuellement «balisée» par celle de la France. Les limites de cette autonomie sont cependant commandées par le bon sens et le bon goût, ainsi que par les règles et les mécanismes qui permettent d'échanger décemment et efficacement avec tous les parlants-français du monde.

— Il faudrait éviter toute approche qui aurait pour effet de ranimer les querelles d'école chez les linguistes : le temps n'est plus aux polémiques coûteuses et stériles.

— Éviter toute approche qui aurait pour résultat de faire sentir aux Québécois qu'ils se partagent en deux classes : ceux qui parlent bien, ceux qui parlent mal.

— Il ne faut pas non plus assujettir la langue française du Québec à une sorte d'Académie française ou à un tribunal de la langue auquel on sentirait le besoin d'avoir recours avant d'ouvrir la bouche.

— Donc, éviter une approche qui conduirait les gens à se sentir « bloqués », évalués, jugés ou surveillés, et privilégier au contraire une approche qui les amènerait à se sentir appuyés, assistés et propulsés en avant vers l'acquisition d'une qualité de la langue perçue non pas comme une contrainte mais comme un plaisir et une libération (ce qui ne va pas sans effort, mais on sait que l'effort est source de plaisir).

— Il faut d'abord chercher à travailler à la qualité de la langue, et ne pas s'attacher avant tout à rechercher des coupables, des boucs émissaires, comme les enseignants, les médias, etc.

— Favoriser l'approche modeste et patiente qui, après avoir évalué ses chances, n'hésite pas à se mettre à l'oeuvre en gardant à l'esprit deux certitudes, à savoir qu'elle ne changera pas tout, ni d'un seul coup, ni toute seule, et que son action devrait se conjuguer avec celle de plusieurs autres intervenants.

— Enfin, il faudrait développer cette conviction que ce n'est pas tellement par une loi ou des règlements qu'on peut assurer la qualité de la langue et que, si la Charte s'est contentée d'être discrète sur ce point, c'est sans doute pour permettre à tous les citoyens d'assumer en cela une responsabilité qui ne demande qu'à être animée et soutenue [. . .]

Hypothèses de travail

Les hypothèses qui suivent ne sont ni exclusives ni exhaustives. Elles permettront de stimuler l'imagination pour trouver la voie qui pourrait convenir au Conseil de la langue française.

• **Le statu quo**. Cette hypothèse consiste à dire : Continuons à nous préoccuper de la qualité de la langue comme nous l'avons fait jusqu'ici. Nous avons eu un bon colloque sur la qualité de la langue, la Direction des études et recherches a entrepris des recherches dans ce domaine, un livre sera bientôt publié sur la norme, il y a un comité du Conseil sur la qualité de la langue. Ceci débouchera encore sur des publications ou des interventions ponctuelles du Conseil. C'est bien. On ne peut pas faire plus.

• **L'intensification du mandat du Conseil**. Soit par l'**écoute**. Cette hypothèse consiste à dire : L'article 189*a* de la Charte donne au Conseil le pouvoir de « recevoir et d'entendre les observations et suggestions des individus et des groupes sur les questions relatives à la qualité de la langue ». Commençons donc par écouter ! Que le Conseil et le comité sur la qualité de la langue, à chacune de leurs réunions, reçoivent et entendent systématiquement des individus et des groupes. Ce sont ces représentants de la population qui nous traceront clairement ce que nous aurons à faire pour la qualité de la langue au Québec.

— Soit par les **études et recherches**. Cette hypothèse consiste à dire : En matière de qualité de la langue, le rôle essentiel du Conseil est de « surveiller l'évolution de la situation linguistique et de communiquer au ministre ses constatations et ses conclusions ». Par conséquent, sans remuer ciel et terre, intensifions et multiplions nos études et nos recherches dans ce secteur. Puis, remettons au ministre nos constatations et nos conclusions, et publions celles-ci en même temps afin de mieux informer le public. D'autres organismes ou le ministre feront le reste.

• **Les grands moyens**. Cette hypothèse consiste à dire : La Charte de la langue française est un projet de société extrêmement important, et il est urgent de profiter des énergies vives qu'elle canalise surtout au cours des premières années de son existence. On est déjà en retard pour se préoccuper de la qualité de la langue. Il faut s'attaquer sans délai à cette question, avec autant d'énergie et de détermination que pour la francisation et le statut de la langue. Il faut une vaste action concertée, qui touche tous les secteurs à la fois (éducation, Administration, entreprises, médias) et qui fasse suite à un plan d'action gouvernemental discuté sur la place publique et auquel la population aura largement été sensibilisée. Le Conseil de la langue française devrait être au centre de cette entreprise.

● **L'animation planifiée**. Cette hypothèse consiste à dire : En matière de qualité de la langue, le C.L.F. devrait aller plus loin que de remplir ses fonctions d'études, d'écoute et d'information du public. Il devrait jouer un rôle d'animation planifiée, en commençant par un secteur de choix, puis en passant à un autre un an ou deux après, en espérant d'ailleurs qu'un secteur en entraîne un autre et que le mouvement fasse boule de neige. C'est ainsi par exemple que nous devrions commencer notre animation planifiée **avec et auprès** des enseignants et des centres de perfectionnement des maîtres. Le second secteur pourrait être celui des médias avec Radio-Québec et Télé-Métropole . . . Ces choix d'intervention devraient être précédés de certains consensus comme les suivants : c'est avant tout de la langue publique qu'il faut s'occuper, et non de la langue des individus. Il faut reconnaître que la qualité de la langue est considérablement aidée par l'acquisition précoce des règles du langage et des structures mentales qui rendent l'enfant habile à l'exercice de la parole et au « jeu » du langage.

Quelle que soit l'hypothèse ou la combinaison d'hypothèses retenue, le plan d'action du Conseil devrait prévoir les rôles respectifs du Conseil et des différentes directions ainsi que les mesures susceptibles d'assurer une concertation et une coordination optimales.

« Codification, valeurs et langage »

allocution d'ouverture au colloque international sur
« Codification, valeurs et langage », Montréal,
octobre 1981

Je suis heureux, comme président du Conseil de la langue française, de me joindre au recteur de l'Université McGill, monsieur Johnston, au recteur de l'Université de Montréal, monsieur Lacoste, et au Comité d'organisation de ce colloque présidé par Me Paul-André Crépeau, pour vous souhaiter à tous la plus cordiale bienvenue et former des voeux pour que les échanges et les discussions de cette importante rencontre internationale connaissent le plus franc succès.

On se demandera peut-être pourquoi un organisme public voué à la langue, comme le Conseil de la langue française, s'intéresse de près à la codification des lois.

Il convient d'abord de rappeler le mandat général du Conseil. Cet organisme a été créé par l'Assemblée nationale du Québec en 1977, et la loi qui le constitue est connue sous le nom de Charte de la langue française, qui fait du français la langue officielle du Québec et la langue normale du travail, de l'enseignement, des communications, du commerce et des affaires. Le mandat du Conseil est de donner des avis au ministre responsable sur l'interprétation et l'application de la législation linguistique du Québec, et aussi de poursuivre des études et des recherches sur l'évolution de la situation de la langue française au Québec dans les différents secteurs de la vie publique et sociale. C'est ainsi que des recherches démographiques, sociologiques, économiques et juridiques sont en cours actuellement au Conseil. À titre d'exemple, les trois dernières publications du Conseil portaient sur la langue des commerces et des services publics, sur les attributs linguistiques et les disparités de revenu au sein de la main-d'oeuvre hautement qualifiée du Québec et sur les droits linguistiques des Acadiens du Nouveau-Brunswick.

Mais pourquoi le Conseil de la langue française s'intéresse-t-il au domaine juridique? Il y a à cela deux raisons que nous tirons toutes deux de la Charte de la langue française elle-même. Il y est dit d'abord que le Conseil doit conseiller le ministre sur la politique québécoise de la langue française; or, on ne saurait s'acquitter adéquatement de cette tâche si la réflexion qu'on poursuit n'était éclairée par la connaissance de ce qui se fait ailleurs: c'est pourquoi le Conseil a entrepris un programme d'étude comparée des législations linguistiques et des politiques linguistiques que se sont données d'autres pays, dans des circonstances analogues ou différentes. La publication que nous avons lancée tout à l'heure sur le statut juridique de la langue française en France entre dans cette catégorie.

Mais il y a plus. Quand on lit la Charte de la langue française, on s'aperçoit que c'est au chapitre consacré au Conseil de la langue française qu'il est question, à deux reprises, de la qualité de la langue. Or, parmi les facteurs les plus importants qui concourent à la qualité de la langue, il faut mentionner l'ordre et la clarté, la compréhension et l'accessibilité. Et qui niera l'importance de ces facteurs à la fois dans la rédaction et la codification des lois?

Depuis une quinzaine d'années, en raison des nouvelles conjonctures économiques et sociales, la plupart des gouvernements ont été amenés à multiplier les lois dans tous les domaines de l'activité publique et sociale. Chaque citoyen est désormais atteint presque quotidiennement par une loi ou par une autre; il ne peut y rester étranger: elle doit lui être familière et accessible. Or, quelle langue emploie-t-on pour la rédiger, pour atteindre le citoyen? Nos législateurs sont pressés, on le sait bien: ils bénéficient de l'aide d'excellents conseillers juridiques, mais les rédacteurs de lois sont-ils toujours attentifs (et d'ailleurs y sont-ils préparés ?) à l'énorme responsabilité qui est la leur lorsqu'ils traduisent par le langage une règle de conduite pour leurs concitoyens ?

Conscient de ce problème et de ce besoin, le Conseil de la langue française s'est donné un secteur de recherches sur les techniques et les conditions **de la rédaction des lois** et ces efforts ont débouché sur des publications et des colloques à participation internationale dont le dernier s'est tenu à Pointe-au-Pic en septembre de l'année dernière. La publication que nous avons lancée tout à l'heure sur *Les locutions latines dans le droit positif québécois* marque un autre jalon dans les efforts entrepris par le Conseil pour rapprocher la linguistique et le droit et pour sensibiliser, autant que faire se peut, les juristes et les législateurs à la nécessité de dépouiller la langue juridique de son fatras moyenâgeux et de certains emprunts qui en compromettent la clarté, pour en arriver le plus vite possible à une langue limpide, directe, élégante, accessible à tous.

Mais s'il arrive souvent que le simple citoyen s'embourbe dans la lecture d'une loi, comment se retrouvera-t-il dans l'ensemble des dispositions qui le régissent ? Comment ne se sentira-t-il pas écrasé sous le gratte-ciel juridique, si on ne met pas devant ses yeux une maquette à échelle d'homme qui lui montre clairement et familièrement les fondations, les structures et les clefs de voûte de cet échafaudage qui constitue sa propre maison ? L'entreprise de codification des lois tire sa noblesse et son importance du fait qu'elle est tout à la fois et en même temps une oeuvre de logique, de philosophie sociale, de morale et de pédagogie. Le codificateur est un maître, au vrai sens du terme : le justiciable est son disciple, qui conformera en quelque sorte son agir sur l'image de lui-même que lui renvoie le précepteur.

Et par quel moyen ce grand maître s'acquitte-t-il de sa responsabilité ? Par le moyen du mot, du verbe, de la phrase, du langage. Si le mot est flou ou inconsistant, le citoyen se trompera de porte, et la codification ne sera plus la fin du hasard. Si la phrase est sinueuse, éparpillée ou alambiquée, on ne trouvera plus que des dédales là où on cherchait un chemin clair et une structure ordonnée. Si le langage échappe à la rigueur de la logique, l'échafaudage ne sera plus qu'un amas de préceptes où s'entassent pêle-mêle l'essentiel et l'accessoire. La codification des lois est une entreprise trop importante, elle touche à trop de valeurs personnelles, familiales et sociales pour en faire un simple « bibelot d'inanité sonore ».

N'y a-t-il pas d'ailleurs une analogie frappante entre le processus même de codification et le processus du langage ? On n'arrivera jamais à parler ni à codifier par simple addition de mots ou simple compilation de lois. Qu'il parle ou qu'il codifie, le maître est d'abord un architecte : il obéit à un plan. Qu'il s'agisse d'un échafaudage de paroles ou d'un échafaudage de lois, il faut connaître le destinataire, ses habitudes, ses besoins, ses comportements et faire en sorte qu'il se retrouve dans la maison qu'on lui fabrique. C'est pourquoi il n'y a ni langage, ni codification sans un mûrissement intérieur du produit à fournir, sans une connaissance adéquate de l'interlocuteur, sans une inter-pondération des mots et des matériaux, sans une « subalternation » préméditée de l'essentiel et de l'accessoire. L'orateur et le codificateur ne font qu'une seule et même chose, qui consiste à renvoyer à l'interlocuteur une image de son univers qu'ils ont construite pour lui, afin qu'il s'y retrouve.

Le Conseil de la langue française croit à la nécessité de rapprocher dans une même réflexion et le processus de codification, et la considération des valeurs, et leur moyen d'expression commun : le langage.

Et c'est pourquoi le Conseil a été heureux de saisir l'occasion qui lui était donnée de s'associer aux deux universités qui, avec lui, vous accueillent ce soir. Et pour rendre à César ce qui appartient à César, je voudrais saluer ici Ejan Mackaay, professeur titulaire à la Faculté de droit de l'Université de Montréal, qui le premier a eu l'idée de ce colloque, et Paul-André Crépeau, directeur de l'Institut de droit comparé de l'Université McGill, qui l'a relayé dès les débuts, et je voudrais aussi féliciter particulièrement mon collègue Michel Sparer, du Conseil de la langue française, pour s'être associé à eux dès les premières heures et pour avoir apporté au Comité d'organisation ses dons d'organisateur et de chercheur.

Je voudrais souligner en terminant que le Conseil de la langue française publiera tous les travaux qui auront cours dans le cadre de ce colloque. Mesdames et Messieurs, nous sommes heureux de vous accueillir et honorés de la présence parmi nous de spécialistes, de conférenciers et de participants de divers pays qui ont accepté avec empressement de collaborer à la réflexion commune.

L'application des législations linguistiques dans les pays francophones

allocution prononcée à l'ouverture de la rencontre internationale sur « L'application des législations linguistiques dans les pays francophones », Paris, mai 1982

Le Québec est heureux de s'associer à la France et aux autres pays francophones pour ces deux jours de discussion sur l'application des législations linguistiques et en particulier sur la protection linguistique du consommateur et du travailleur.

C'est avec beaucoup d'intérêt que nous prendrons connaissance *in vivo* des efforts, juridiques ou autres, qui ont été faits récemment, ou qu'on projette de faire en France et dans les autres pays francophones, pour assurer au consommateur le droit d'être abordé et servi en français, et au travailleur le droit de travailler en français.

Vous connaissez bien, pour la plupart, les mesures législatives mises de l'avant par la Charte de la langue française du Québec à cet égard, et je n'entends pas les développer ici dans cette brève allocution d'ouverture. Quelques copies de cette charte ont été mises en circulation pour les besoins de cette rencontre ; vous pourrez aussi en discuter à loisir avec les quatre membres de la délégation québécoise qui prendront part à différents ateliers ; et chacun des trois organismes a préparé à votre intention un bref sommaire des actions qu'il mène dans ces secteurs de l'activité sociale.

Qu'il me suffise seulement de rappeler que, si la Charte de la langue française du Québec considère l'administration publique comme le cadre de son aménagement linguistique et l'éducation comme son fondement, elle accorde une extrême importance au milieu du commerce et des affaires, et au monde du travail, qu'elle considère comme le « nerf » de la francisation.

Les chapitres VI et VII, de même que le chapitre sur la francisation des entreprises, contiennent une cinquantaine d'articles de loi très importants concernant ces deux secteurs.

***

[. . .] Un mot de l'application de la loi, puisque cette question touche directement le thème de notre rencontre. La législation linguistique québécoise est à la fois souple et ferme. Elle prévoit des délais et des dérogations. Mais toute contravention constitue une infraction d'ordre pénal (et non pas d'ordre criminel), punissable d'une amende.

Faisons remarquer cependant que la Commission de surveillance, avec ses inspecteurs et ses commissaires-enquêteurs, est un organisme administratif, et non judiciaire. Sur près de 6 000 plaintes fondées reçues des citoyens, des consommateurs ou des travailleurs depuis quatre ans, elle a réussi, dans la très grande majorité des cas, à convaincre le contrevenant et à régler à l'amiable ; la Commission n'a envoyé, au total, que 26 mises en demeure formelles et n'a transmis que 19 dossiers au Procureur général du Québec pour poursuites. Seulement 6 poursuites judiciaires ont été effectivement intentées.

Les plaintes les plus fréquentes — près de 70% — ont trait à la langue du commerce et des affaires. Elles touchent les inscriptions sur les produits, les modes d'emploi, les catalogues, les brochures publicitaires, les factures et les bons de commande. Cette situation s'explique par le flux incessant des biens de consommation de toutes sortes et de toutes provenances, en particulier des États-Unis, du Japon et de Formose. Afin de remédier à cette situation, l'intervention du commissaire-enquêteur se fait simultanément auprès du distributeur québécois et du fournisseur étranger. Cette stratégie d'intervention s'est révélée très efficace dans de nombreux cas. Elle a même amené certaines grandes entreprises à modifier leurs politiques d'achat à l'étranger, lorsque leurs fournisseurs étaient incapables de livrer au Québec des produits avec inscriptions rédigées en français.

Dans le domaine du travail, la législation linguistique prévoit aussi des mesures d'ordre civil: recours à l'arbitrage ou à un commissaire-enquêteur; elle prévoit en plus des cas de nullité, par exemple pour toute stipulation d'une convention collective contraire à une disposition de la Charte de la langue française.

Jusqu'à maintenant, 68 plaintes ont été portées auprès d'un commissaire du travail pour congédiement, rétrogradation, mutation ou refus d'engagement d'un employé ne connaissant que le français. Quant à l'Office de la langue française, il a rendu 21 décisions d'ordre administratif (au civil) sur le bien-fondé d'un employeur à exiger une autre langue que le français: dans la moitié des cas seulement la connaissance d'une langue autre que le français a été reconnue nécessaire.

***

Le Québec est heureux de constater que d'autres pays francophones, et la France en premier lieu, éprouvent maintenant le besoin d'assurer, par des moyens appropriés, le droit du consommateur et du travailleur à être servi et à travailler en français. Pour les Québécois, ce droit commençait à être sérieusement compromis, et le coup de barre nécessaire a été et continue d'être donné, avec l'appui de la majorité francophone. Mais ce n'est pas d'aujourd'hui que l'omniprésence anglo-américaine, plus évidente au Canada, mais non moins réelle ailleurs, a commencé d'éroder aussi ce droit du travailleur et du consommateur français que l'on croyait protégé et bien à l'abri.

Loin de moi l'idée d'affirmer que les mesures prises au Québec doivent être transposées en France ou ailleurs. À chaque pays ses solutions propres, selon ses besoins et ses sensibilités. Mais il nous paraît évident qu'il faut y mettre tout de même un minimum de moyens, sans quoi la langue française risque de déserter les lieux de travail et les grands magasins pour ne plus se montrer que dans les grandes soirées.

C'est le mérite de rencontres comme celle-ci de permettre à tous les partenaires des pays francophones d'établir les diagnostics qui s'imposent, de développer une conscience linguistique appropriée aux réalités nationales et internationales d'aujourd'hui, et de s'épauler les uns les autres dans la recherche et la mise en place des mesures propres à chacun. Dans cette recherche commune et cet appui réciproque, le Québec se fera toujours un plaisir d'être présent.

Ve Rencontre francophone de Québec

allocution prononcée à l'occasion de la Ve Rencontre
francophone de Québec, juillet 1982

[. . .] Les Rencontres francophones de Québec fêtent ce soir
leur Ve anniversaire, cinq ans d'efforts soutenus pour créer au
coeur du Vieux-Québec, berceau de la vie française en Amérique, un lieu de rencontre, de ressourcement et de retour périodique, où la grande famille francophone du continent, et même
des autres parties du monde, ait le goût de se retrouver chaque
année pour mesurer sa cohésion et décupler sa force. En 1978, à
l'instigation du premier ministre du Québec, monsieur René
Lévesque, et pour souligner le 370e anniversaire de la fondation de Québec par Samuel de Champlain le 3 juillet 1608, avait
lieu à Québec une manifestation de grande envergure, ayant
pour thème la « Fête du retour aux sources » : c'était la Ire Rencontre des francophones d'Amérique ou, si vous voulez,
comme on dit maintenant en substituant le lieu de rencontre au
lieu de provenance : la Ire Rencontre francophone de Québec.

[. . .] Depuis cette Ire Rencontre, les groupements francophones hors Québec et les communautés franco-américaines
sont présentes aux rencontres de Québec, et c'est toujours avec
une très grande joie que les Québécois donnent la main à leurs
frères acadiens, franco-ontariens, francophones des Prairies ou
de l'Ouest, à ceux de la Nouvelle-Angleterre, de la Louisiane,
du Midwest américain ou de la Californie.

Mais, dès les débuts aussi, les rencontres de Québec ont été ouvertes aux francophones d'Europe, d'Afrique, d'Haïti que nous accueillons aussi chaleureusement.

Après 5 ans, les Rencontres des peuples francophones de Québec ont presque atteint l'âge de la maturité : elles bénéficient d'une organisation rodée et reposent entre les mains d'une équipe dévouée et expérimentée. La qualité de l'organisation et du programme de cette Vᵉ Rencontre, centrée sur le thème de la « Jeunesse », en est la meilleure preuve. Quarante-cinq organisations québécoises ont été mises à contribution comme personnes-ressources ou animateurs de la présente rencontre. Et on a fait appel aux organismes de jeunes : vous êtes 170 jeunes participants, dont 40 Québécois, ici présents, qui prouvez hors de tout doute la vitalité de la francophonie de demain.

Bien sûr, la langue française sera toujours menacée en Amérique du Nord. Les lois du nombre et de l'encerclement imposeront toujours aux quelques millions de francophones d'ici, entourés de 250 millions d'anglophones, l'obligation constante d'être tenaces et vigilants. Mais qu'à cela ne tienne ! Une preuve qui s'étale sur 375 ans, c'est beaucoup plus qu'une garantie, dès lors qu'on entretient la volonté d'être soi-même !

Le mouvement se prouve en marchant : c'est en organisant et en pratiquant le sport en français, c'est en écoutant et en produisant de la télévision française, c'est en faisant du journalisme en français, c'est en planifiant des voyages ou des échanges en français, c'est en travaillant et en investissant en français, bref c'est en vivant en français qu'on assure le mieux la longévité et l'avenir de nos communautés francophones. C'est ce que vous êtes venus vous dire les uns aux autres en vous mettant ensemble pour faire quelque chose en français. Le ministre Godin disait hier soir, en reprenant à son compte l'expression anglaise TIME is MONEY, qu'il faudrait plutôt dire pour le Québec : LANGUAGE is MONEY. Et effectivement, la majorité des Québécois ont appris, depuis vingt ans, et surtout depuis la promulgation de la Charte de la langue française en 1977, qu'en parlant français, qu'en étant soi-même sans compromis, on pouvait gagner de l'argent, on pouvait vivre et gagner sa vie. C'est en marchant en français que les Québécois ont prouvé que la francophonie fonctionne. Il faut de la détermination, mais aussi de la persévérance, car le fait français en Amérique ne se fera jamais tout seul: il y faudra toujours la beauté de notre patience et de notre entêtement collectif. LANGUAGE is MONEY sans doute, mais peut-être faudrait-il dire surtout: TIME and LANGUAGE are MONEY.

Je voudrais dire en terminant que le Conseil de la langue française aide et appuie chaque année le Secrétariat permanent des peuples francophones pour l'organisation de la Rencontre francophone de Québec. C'est chaque année également dans le cadre de cette rencontre, que le Conseil de la langue française, à l'occasion d'une cérémonie présidée par le premier ministre — ce sera cette année le 3 juillet — remet à des personnes ou à des institutions qui se sont consacrées au maintien et à l'épanouissement de la vie française en Amérique, le prix 3-Juillet-1608 et les médailles de l'Ordre des francophones d'Amérique dont l'une sera décernée à un jeune écrivain francophone.

Le Conseil de la langue française a apporté également son appui au Congrès de fondation de la Fédération internationale des écrivains de langue française (FIDELF) qui se tient actuellement dans le cadre de cette rencontre.

Enfin, le Conseil de la langue française est particulièrement touché et intéressé par les thèmes des ateliers abordés par les jeunes au cours de cette rencontre. Le Conseil s'est préoccupé de la qualité de la langue utilisée par les journalistes et il a créé l'an dernier le prix Jules-Fournier (une bourse de 3 000 $) destiné à encourager le journalisme de langue française, et qui a été remis pour la première fois à une jeune journaliste dynamique, Nathalie Petrowski.

D'autre part, le Conseil a publié il y a quelques mois, sous le titre de *Conscience linguistique des jeunes Québécois*, une vaste enquête qu'il a menée auprès des étudiants des niveaux secondaire et collégial du Québec pour connaître le degré d'éveil des jeunes aux réalités linguistiques environnantes et leurs habitudes de consommation des médias écrits et électroniques. À certains égards, les résultats de cette enquête paraissent inquiétants, car on y constate une augmentation de la tendance chez les jeunes à s'abreuver aux productions télévisuelles, musicales ou artistiques anglo-américaines.

Enfin, le Conseil a publié des études sur la langue utilisée au Québec dans les commerces et les services publics et aussi sur les disparités de revenus selon la langue.

C'est dire tout l'intérêt que porte le Conseil de la langue française aux attitudes et aux comportements des jeunes face à la langue dans des secteurs aussi importants que ceux qui leur sont proposés dans les ateliers de cette rencontre et qui rejoignent les préoccupations mêmes du Conseil.

Enfin, le Conseil de la langue française vient de confier à un de ses comités le soin d'analyser les conditions d'avenir de la langue française au Québec et en Amérique. Il est donc extrêmement sensible à la convergence de cette priorité avec le sujet de cette Ve Rencontre francophone où, comme dans un laboratoire vivant, composé de jeunes, peuvent déjà être pressenties les voies de l'avenir. Je souhaite que cet avenir, que nous cherchons tous à analyser, à prévoir, à orienter, réserve à chacune de nos communautés francophones la fierté et les gratifications collectives dont nous avons tant besoin, et à l'ensemble de la francophonie une place enviable et un rôle prépondérant dans l'édification d'un nouvel ordre mondial dont la nécessité se fait tant sentir chaque jour.

Le congrès « Langue et société au Québec »

causerie prononcée devant l'Association des conseils en francisation du Québec, Montréal, septembre 1982

[. . .] Le Conseil de la langue française et l'Association des conseils en francisation sont restés en contact, comme nous l'avions souhaité. Il est évident que nous avons des préoccupations communes. Il est évident que périodiquement nous nous posons la même question : Comment se porte la francisation, aussi bien dans ses résultats que dans son cheminement ? C'est votre Association qui a été à l'origine de l'idée d'une rencontre sur la francisation des entreprises, que le Conseil de la langue française a effectivement organisée et tenue à l'Hôtel de la Cité, l'année dernière.

Et maintenant que le Conseil a décidé de tenir un grand congrès sur la langue française en novembre prochain, nous avons encore profité des ressources de votre Association et demandé à plusieurs de vos membres d'agir comme intervenants ou personnes-ressources. Et je suis là aujourd'hui, à l'invitation de votre président, monsieur Richard Malo, pour vous parler de notre congrès.

[. . .] Quelle est la situation réelle du français au Québec ? Le français est-il devenu, comme le dit la loi 101, la langue normale et habituelle du travail, du commerce, de la consommation, des communications et des affaires ? Parle-t-on davantage

275

le français au Québec? Le parle-t-on mieux? Comment est-il enseigné, dans les écoles françaises d'abord? et dans les écoles anglaises? Voilà des questions que l'on entend formuler chaque jour. Voilà aussi des questions que le Conseil est obligé de se poser, puisque son mandat consiste à étudier l'évolution de la situation de la langue au Québec, à mesurer en quelque sorte les progrès accomplis par la langue française à la fois dans la place 'qu'elle occupe et dans la qualité dont elle fait montre. Ce n'est pas une mince tâche: nous n'avons pas encore trouvé l'appareil photographique gyroscopique qui serait capable de fixer devant nous, en une seule fois, de façon précise et complète, le portrait 1982 de la situation de la langue française au Québec dans tous les domaines, par rapport à celui, inexistant ou fragmentaire, de 1970 ou 1972.

Nous devons nous contenter jusqu'ici d'approcher la réalité au moyen d'études et de recherches qui, pour être fiables, comportent toujours une certaine modestie scientifique et nous obligent à un découpage de la situation linguistique en secteurs: démographique, sociologique, économique, linguistique, juridique. C'est ainsi que nous nous sommes intéressés ou que nous nous intéressons, par nos recherches, à la langue du commerce et des affaires, la langue du travail, la langue des médias (chez les jeunes et en général), le revenu des Québécois selon la langue, l'évolution des clientèles scolaires selon la langue, la langue des publications scientifiques, le français dans les hôpitaux, l'avenir du français au Québec, les attitudes de la population face à la langue et les législations linguistiques des différents pays en relation avec les droits fondamentaux des individus et des groupes.

Nous sommes conscients de l'extrême nécessité de ces recherches et en même temps de l'impossibilité où nous sommes, à moins de disposer d'une armée de chercheurs (ce à quoi la conjoncture économique actuelle ne semble pas vouloir se prêter), d'en arriver à offrir à la population le portrait global — le portrait d'ensemble — que vous et moi, je n'en doute pas, nous souhaiterions posséder.

C'est pourquoi nous tâchons de suppléer par d'autres activités susceptibles d'apporter un éclairage utile et surtout un complément d'information au «corpus» de connaissances que nous tâchons d'édifier sur la situation linguistique du Québec. Ces autres activités sont, en particulier, les rencontres, les colloques du Conseil et les consultations régionales, comme celle de Montréal que nous entreprendrons le mois prochain et qui s'étendra sur deux ans.

Ceci m'amène tout droit à notre congrès de novembre. Ce sera une excellente occasion pour nous d'ajouter à nos recherches sur la situation de la langue française au Québec et d'essayer, de façon moins scientifique sans doute mais non moins intéressante, de réaliser un peu cet «instantané» panoramique et ambitieux dont je parlais tout à l'heure. Cette mise au point photographique se fera dans plus de 80 ateliers à la fois et l'impression finale — c'est là notre pari — ne pourra être tirée que par celui qui réussira à faire la synthèse des actes du colloque, car il me paraît impossible que le journaliste le plus nerveux ou le congressiste le plus voltigeur arrive jamais, en deux jours, à se multiplier au point de saisir ce qui se passera dans tous les ateliers.

Donc, nous cherchons à faire le point, à dresser un bilan, à dégager des orientations d'avenir, et cela nous paraît essentiel après toutes ces années de planification linguistique au Québec, et en particulier cinq ans après l'entrée en vigueur de la Charte de la langue française. C'est le premier objectif de ce congrès qui vous touche et qui nous touche de près, et pour lequel nous sollicitons votre contribution, votre savoir, votre expérience, votre vécu linguistique au sein de vos entreprises.

Mais nous poursuivons aussi deux autres objectifs qui vous touchent également de très près et pour lesquels nous avons aussi besoin de votre participation.

Nous voulons tenter en effet un rapprochement des différents agents du dossier linguistique. Vous n'ignorez pas que le Conseil organise ce congrès avec l'Association québécoise des professeurs de français. Les enseignants seront nombreux à y participer. Si la langue française les touche de près, la loi 101, par contre, ne les a pas touchés. Trop souvent ils ne se sentent pas concernés par le mouvement de francisation et plusieurs d'entre eux ignorent les changements qui se sont produits dans les entreprises et dans le monde du travail en faveur du français. Ils ne soupçonnent pas le genre de besoins et d'exigences nouvelles qu'a fait naître dans l'entreprise la pénétration et l'usage accru de la langue française.

Vous, par contre, vous êtes devenus extrêmement sensibles à ces besoins. Vous avez un message à livrer aux enseignants. Vous souhaiteriez qu'ils se rendent compte de la réalité. Vous souhaiteriez, de leur part, une prise de conscience qui les stimule. Le congrès de novembre sera l'occasion de ce rapprochement, de cette interaction entre les enseignants et vous. Il faut les amener à être dans le coup de la francisation. Vous avez tout à gagner d'un enseignement du français qui aiderait l'entreprise à pouvoir compter sur des employés faisant usage d'une terminologie française et soucieux d'un français correct dans les communications de travail parlées ou écrites.

Je sais que votre Association est vivement préoccupée de la qualité du français qui a cours dans les entreprises : le mémoire que vous déposiez devant le Conseil il y a deux ans en faisait foi. Et depuis, les observations et les commentaires que le Conseil a recueillis lors de ses consultations régionales traduisent la même préoccupation du public, des dirigeants d'entreprises, des parents. Les enseignants sont-ils bien conscients des exigences nouvelles de notre société face au français ? Je crois que les enseignants ont besoin de vous entendre. C'est pourquoi nous aimerions favoriser un croisement des participants en provenance des entreprises et du système scolaire à l'intérieur des ateliers, lors du congrès. Ce rapprochement ne peut être que fertile et bénéfique.

Nous visons enfin un troisième objectif qui est celui d'une « reprise en charge » du dossier linguistique par les citoyens et les associations. Nous espérons que ce congrès en sera l'amorce ou l'occasion. Une certaine démobilisation s'est produite depuis quelques années, depuis que l'État a décidé de jouer un rôle important dans la protection et le développement de la langue française. On n'entend plus beaucoup la voix des groupes qui, traditionnellement, se chargeaient de défendre la langue française. La cause de la langue n'est pas uniquement celle du gouvernement, c'est celle de tout le monde. La langue a ses racines dans la vie quotidienne des individus, aussi bien culturelle qu'utilitaire. Son développement et son épanouissement sont fonction essentiellement de l'importance qu'y attachent tous les membres de la collectivité et de la mobilisation qu'elle réussit à créer. Une nouvelle prise de conscience s'impose, une relance, une réappropriation du dossier par la base. La langue ne saurait se soutenir sans l'appui de chacun.

[. . .] L'idée de ce congrès est née d'un désir de rapprochement entre l'Association québécoise des professeurs de français, le Conseil de la langue française et la revue *Québec français*, un désir de collaborer à un projet commun, de mettre ensemble nos idées et nos ressources en vue d'une contribution utile à la consolidation du fait français au Québec.

Après vingt ans de législation linguistique au Québec, après cinq ans d'application de la Charte de la langue française, il nous a paru utile, important, voire nécessaire, de faire le point sur l'état de la langue française au Québec et sur les rapports qu'entretiennent la langue et la société au Québec. Ce colloque important va renouer en quelque sorte, sinon par sa méthode, du moins par son souffle et son envergure, avec les grands congrès de la langue française du début du siècle et dont le dernier a eu lieu il y a trente ans.

À cette rencontre sur la langue et sur la société québécoise, sont invités tous ceux que préoccupent l'évolution et l'avenir du Québec français : travailleurs, responsables d'entreprises, professionnels de l'art et de la culture, citoyens de tous les secteurs de la vie économique et sociale et, bien entendu, professionnels du monde de l'éducation.

La Charte de la langue française, je le répète, a bousculé les habitudes et les façons de voir dans plusieurs secteurs de la société québécoise, mais le monde de l'éducation n'a peut-être pas développé autant qu'on le souhaiterait la conscience du fait français en marche et de la mutation des comportements linguistiques québécois. Une enquête publiée récemment par le Conseil de la langue française montre en effet que l'école contribue très peu à l'éveil de la conscience linguistique chez les étudiants des niveaux secondaire et collégial du Québec.

J'ai l'occasion de me réjouir aujourd'hui. L'Association québécoise des professeurs de français, qui compte un nombre important de membres, et qui se démarque, au sein de la population enseignante du Québec, par son engagement à la cause de la promotion du statut de la langue française au Québec, lancera prochainement, avec le Conseil de la langue française et la revue *Québec français*, un appel à tous les enseignants du Québec et les invitera à venir, à l'occasion du congrès de novembre, prendre conscience de tous les rapports qui existent entre la langue et la société, afin que cette conscience sociale et linguistique se répercute dans leur enseignement, et atteigne tous les jeunes qui, avec eux chaque jour, cherchent à se situer dans leurs valeurs sociales, culturelles et linguistiques.

Chacun des quatre secteurs de réflexion et de discussion prévus pour le colloque de novembre est susceptible d'aider l'enseignant à mieux remplir sa tâche d'éducation à l'intérieur de sa classe et de l'école, car les étudiants n'ont pas que des préoccupations didactiques, littéraires ou linguistiques : ils s'intéressent aussi, par eux-mêmes ou à cause de ce qu'ils vivent dans leur famille ou de ce qu'ils voient à la télévision, à toutes les activités socio-économiques que rejoint la langue [. . .]

Un Conseil de la langue française tourné vers l'avenir

exposé sur les priorités du Conseil, septembre 1983

Le Conseil a procédé à un examen large et attentif de la situation de la langue française, avec son acquis et son passif, et c'est ainsi qu'il a été amené à revoir ses propres orientations et priorités. Cette opération s'est faite en deux temps.

Dans un premier temps de réflexion, au début de 1982, le Conseil avait d'abord dressé une liste des « problèmes qui subsistent » et des « contraintes qu'il reste à lever » pour que « les objectifs visés à l'origine » par la Charte de la langue française « soient pleinement atteints ».

Parmi les problèmes importants ou les préoccupations majeures qui ont retenu son attention, le Conseil indiquait, en tête de liste, les priorités suivantes :

— l'avenir de la langue française au Québec (instaurer une réflexion de fond) ;

— l'enseignement du français, langue maternelle (déterminer ce qui ne va pas et ce qu'il faut faire) ;

— la place du français et des francophones dans les entreprises (évaluer la francisation « réelle ») ;

— la place du français dans la télématique et les autres moyens modernes de communication ainsi que dans la production des biens culturels (mettre en place des mesures incitatives efficaces) ;

— l'enseignement de la langue seconde au Québec (déterminer ce qui ne va pas et ce qu'il faut faire) ;

— l'information du public sur la politique québécoise de la langue française (prendre les moyens pour corriger et améliorer cette information).

Dans un deuxième temps de réflexion, qui eut lieu à la fin de 1982 et au début de 1983, le Conseil fit le point sur ses activités passées et à venir. Il reprit cette liste de préoccupations en l'intégrant et en la complétant. Cette opération fut connue sous le nom *Bilan et orientations du Conseil de la langue française (1980-1985)*[1].

Orientations des cinq dernières années

Le mandat confié au Conseil par la Charte de la langue française est de conseiller le ministre sur la politique québécoise de la langue française, sur l'interprétation et l'application de la loi, et sur la situation de la langue française au Québec.

Depuis sa création jusqu'en 1982, le Conseil a remis au ministre des avis, des recommandations, des commentaires ou des rapports sur plusieurs points. On pourrait dire, de façon sommaire, que :

a) au cours des années 1978 et 1979, la majeure partie des assemblées du Conseil a porté sur l'étude des règlements préparés par l'Office de la langue française ;

b) en 1980-1981, plusieurs réunions ont été consacrées, entre autres, à l'analyse des conséquences du projet constitutionnel canadien sur la politique québécoise de la langue française ;

---

1. Voir le document portant ce titre et adopté par le Conseil le 16 février 1983.

c) en 1981-1982, le Conseil a accordé une certaine priorité à l'étude de problèmes reliés à l'interprétation et à l'application de la loi (avis au ministre sur les tests linguistiques, révision des règlements découlant de la Charte);

d) en 1982-1983, le Conseil a attaché plus d'importance à l'identification des priorités d'étude et d'action en vue d'atteindre pleinement les objectifs de la Charte.

Mais, dès le point de départ, le Conseil a consacré l'essentiel de ses énergies à suivre de près et à analyser l'évolution de la situation linguistique au Québec quant au statut de la langue française et à sa qualité. Dès 1978, il mettait en marche son secteur de recherche, auquel il attache une extrême importance.

Pour ses recherches, le Conseil a choisi une approche multi-disciplinaire et il a maintenu jusqu'ici l'orientation suivante: décrire l'évolution de la situation linguistique du Québec en abordant simultanément ses aspects démographiques, sociologiques, économiques, juridiques et linguistiques.

Quant au choix des secteurs et des objets de recherche,on constate que les études et recherches du Conseil de la langue française ont obéi aux grandes préoccupations suivantes:

— *Quelles sont la place et l'importance du français et des francophones au Québec, surtout dans le monde du travail, comparées à celles de l'anglais et des anglophones et aussi des allophones?*

Dix études ont abordé cette préoccupation: elles portaient notamment sur les revenus, la main-d'oeuvre hautement qualifiée, les postes de cadres, la propriété des entreprises, la langue de travail, la communication scientifique.

— *Comment évolue la population québécoise? De quels groupes est-elle composée? Quelle est l'évolution du poids relatif des anglophones par rapport aux francophones et quelles sont les conséquences démographiques de celle-ci?*

Douze études ont été consacrées à cette préoccupation: elles traitaient notamment de l'immigration et des mouvements migratoires et de la répartition des clientèles scolaires selon la langue et les écoles. Elles ont analysé les conséquences de l'application éventuelle au Québec de l'article 23 du projet constitutionnel. Elles se sont attachées à tracer le portrait démographique de certaines communautés culturelles.

— *Quels sont les comportements, les attitudes et les habitudes linguistiques des Québécois ?*

Six études ou recherches se sont tournées vers cette préoccupation. Elles ont porté sur la langue utilisée par les consommateurs dans les commerces et les services publics, sur la langue de l'informatique et sur la langue utilisée par les citoyens et par les jeunes Québécois francophones et anglophones dans la consommation des biens culturels et des médias (écrits et électroniques).

— *Quelle est la portée et quel est le fondement de la politique et de la législation linguistiques québécoises et comment celles-ci se comparent-elles avec ce qui se fait ailleurs ?*

Dix études juridiques ont commencé à répondre à cette préoccupation. Elles ont analysé les fondements de la législation linguistique du Québec, élucidé la notion de langue officielle, comparé les lois 63, 22 et 101, examiné l'impact de la nouvelle Constitution sur la Charte de la langue française, et étudié les législations linguistiques du Canada, de certaines provinces canadiennes et de la France.

— *Quel est l'état de la qualité de la langue au Québec ?*

Douze études ou recherches (auxquelles il faut en ajouter cinq autres du secteur juridique) ont exploré cette dimension, soit dans le domaine du droit, de la rédaction et de la traduction des lois, soit dans les secteurs de l'enseignement, de la publicité et des médias.

La loi donne aussi au Conseil de la langue française un rôle d'écoute et d'information. Les groupes et les individus peuvent se faire entendre au Conseil, soit sur des questions relatives au statut et à la qualité de la langue française, soit sur les difficultés d'application de la loi 101. Ces rencontres « sur demande » n'ont pas été très nombreuses au cours des cinq dernières années, malgré la publication et la diffusion de dépliants faisant connaître le rôle et la disponibilité du Conseil. Moins d'une dizaine d'organismes ou d'entreprises ont manifesté leur désir de rencontrer le Conseil.

Le Conseil lui-même a pris plusieurs moyens pour se mettre à l'écoute des individus et de la population, et pour aller rencontrer les associations, les groupes, les entreprises :

— d'abord, le Conseil s'est donné des comités chargés de recueillir l'information pertinente sur des sujets précis et de faire la synthèse des opinions entendues. Ces comités ont abordé diverses questions comme, par exemple : les tests linguistiques, les règlements de la Charte, les services d'assistance linguistique, la langue française dans le domaine du cinéma et de l'audiovisuel ;

— dès 1979, le Conseil se donna comme priorité de rejoindre le public *in vivo*, au moyen de consultations régionales, et d'aller écouter sur place ce que la population a à dire sur la question de la langue. Ces consultations ont eu lieu successivement dans les régions du Saguenay, de Trois-Rivières, de Sherbrooke et de Hull. Une autre consultation est commencée dans la région de Montréal. Les comptes rendus de ces consultations sont publiés dans la collection « Notes et documents » du Conseil ;

— enfin, de 1978 à 1982, le Conseil a planifié et tenu neuf **colloques**, aux niveaux national et international, se mettant ainsi à l'écoute des experts et de la population d'ici et d'ailleurs, soit pour mieux évaluer les chances d'avenir du français, soit pour mesurer le progrès accompli dans la francisation ou dans tel autre secteur, soit pour faire le point sur un problème particulier de la politique ou du cheminement linguistiques du Québec.

En même temps, dès janvier 1980, le Conseil se donnait une priorité très nette, à laquelle il s'est tenu fidèlement : **rejoindre le public et l'informer adéquatement en donnant toute l'extension voulue à la publication et à la diffusion des résultats de**

ses études et de ses recherches. En moins de quatre ans, il a publié 12 recherches majeures, une dizaine de documents importants et quelque 30 titres dans sa collection « Notes et documents ».

Une quantité impressionnante d'études et de documents du Conseil ont été commentés par les médias ou les éditorialistes, et le Conseil ne s'est jamais dérobé à son obligation d'être présent sur la place publique pour informer ou éclairer la population.

Il faut dire enfin que le Conseil de la langue française s'est aussi donné comme objectif complémentaire d'être présent sur le plan international pour être informé de ce qui se passe et pour jouer un rôle de chef de file et d'expert en matière linguistique.

Il a organisé des colloques internationaux marquants sur la place du français dans les publications et les communications scientifiques, ainsi que sur la rédaction des lois. Il a commencé à réaliser un programme de coopération linguistique avec la France. Il a contribué à donner au Québec une présence active et compétente dans les forums internationaux où sont débattues les questions de langue.

Bref, le Conseil de la langue française, bien qu'étant un organisme encore jeune, a réussi, au cours des quatre dernières années, à investir à peu près tous les domaines que lui assigne la loi. Par un éventail d'activités que nous avons très sommairement décrites, il a assuré une présence dynamique sur le plan national, et même sur le plan international.

Quelle orientation compte-t-il prendre maintenant au cours des deux prochaines années ?

Priorités des deux prochaines années (1983-1985)

Le Conseil entend se tourner résolument vers l'avenir. Ce qui inté-ressera avant tout le Conseil, c'est l'avenir de la langue française au Québec. La priorité ne sera pas accordée, par exemple, aux recherches historiques ; et la réflexion sur les situations linguistiques présentes, lorsqu'elle sera nécessaire, devra déboucher sur des considérations propres à éclairer l'avenir.

Dans cette perspective, quelques orientations principales ont été retenues, sur lesquelles devraient être axées la réflexion et les délibérations du Conseil, la plupart de ses activités d'étude et de recherche, et une bonne partie de ses activités d'écoute et d'information.

Ces orientations peuvent être définies de la façon suivante :

— **La prospective elle-même.** Quelles projections d'avenir peut-on faire pour la langue française au Québec, à partir des tendances exprimées dans la réalité présente et des forces vives contenues dans la société ?

— **Les conditions d'avenir.** Quelles difficultés faut-il lever, quelles attitudes faut-il développer, quelles relations intergroupes faut-il créer pour assurer l'avenir du français au Québec ?

— **L'évolution des situations linguistiques :**

a) *Le développement scientifique et technique.* Quelles sont les chances et les conditions d'avenir du français dans ce secteur en évolution rapide, et notamment dans tout le secteur de la télématique et des communications modernes ?

b) *Le statut du français dans la société québécoise.* Quelle place peut-on prévoir au français dans l'évolution démographique et dans l'ensemble des activités sociales au Québec ?

c) *La qualité de la langue.* Quel rôle la qualité de la langue est-elle appelée à jouer dans l'avenir du français au Québec ?

d) *L'enseignement du français, langue maternelle* (et aussi langue seconde). Quel rôle l'école doit-elle jouer pour assurer l'avenir du français au Québec ? et aussi assurer l'insertion des communautés culturelles dans un Québec français ?

e) *Les relations entre langue et culture.* L'avenir de la langue est-il lié, et de quelle façon, à une culture spécifique?

— **L'évolution des politiques et des législations linguistiques.** Compte tenu de la société québécoise et de ce qui se fait ailleurs, faut-il prévoir, et de quelle façon, une réorientation de notre politique et de notre législation linguistiques pour mieux assurer l'avenir de la langue française au Québec?

La majeure partie des ressources du Conseil a été consacrée jusqu'ici à l'évaluation du progrès de la langue et à la connaissance de la situation linguistique dans les divers secteurs d'activités de la société québécoise.

À compter de maintenant, le Conseil s'engagera donc davantage, nous l'espérons, dans un examen attentif des scénarios d'avenir qu'on peut envisager pour le français au Québec et en Amérique du Nord, ainsi que dans l'analyse des grands paramètres ou des principaux facteurs qui peuvent infléchir l'avenir dans un sens ou dans l'autre. Au-delà de ce travail d'étude et d'analyse, le Conseil n'exclut pas la possibilité de faire également oeuvre d'animation auprès des instances et des groupes dont dépend largement l'avenir du français.

À titre d'illustration, indiquons quelques préoccupations qui ont amené ces nouvelles orientations du Conseil, et quelques-unes des activités auxquelles celles-ci donneront lieu.

a) Régulièrement, on entend dire que le Québec français est noyé dans un océan anglo-saxon et que, plus ça va, plus on est envahi par l'anglais. Certains considèrent même comme des combats d'arrière-garde les efforts accomplis en faveur du français. Qu'en est-il au juste? Nos investissements se font-ils à perte? Quelles sont nos chances réelles d'avenir, en termes démographiques et géopolitiques?

Le Conseil aimerait se donner le plus d'éclairages et d'assurances possible sur cette question. Pour ce faire, il a confié à une équipe de chercheurs le soin de dégager les hypothèses les plus précises et les plus réalistes qu'on puisse exprimer sur l'avenir de la langue française et des francophones au Québec. Il a demandé aussi à des écrivains, à des penseurs, à des critiques de la société québécoise, de livrer leurs opinions à ce sujet et il s'efforcera aussi de rendre compte des perceptions que se fait la population francophone québécoise de son propre avenir.

b) À tout propos, au cours de ses différentes consultations régionales, le Conseil a entendu la population se plaindre de la piètre qualité du français, et en particulier de l'enseignement du français. Il ne s'agit pas d'instaurer ici un procès ni de dramatiser à outrance. Mais il y a là un problème, dont le Québec n'est pas seul à souffrir, mais qu'il faut percer et résoudre. Le Conseil attache à ce problème une extrême importance. Il croit en effet que la qualité du français au Québec est une condition importante de sa survie et de son développement en Amérique du Nord. Il croit aussi que l'enseignement du français est un facteur déterminant dans l'avenir du français au Québec.

Aussi, le Conseil entend-il lancer une recherche importante, pour laquelle il souhaite l'appui et la collaboration des enseignants, des écoles et du ministère de l'Éducation. Il espère que les conclusions de cette recherche pourront aider le milieu scolaire, les parents et les employeurs à mieux saisir les enjeux en cause, à rapprocher les attentes et les perceptions réciproques, à mieux comprendre et accepter les diagnostics posés et à contribuer éventuellement à une action commune et soutenue en faveur d'un enseignement exigeant du français oral et écrit. Il va de soi qu'une recherche, même importante et planifiée, ne peut absolument pas atteindre par elle-même les objectifs que nous décrivons ici. Nous espérons surtout qu'elle puisse être le point de départ d'une volonté commune et d'une action concertée.

c) Au cours des deux dernières années, le Conseil a réalisé et publié une étude en quatre volets sur la *Conscience linguistique des jeunes Québécois*. On s'est rendu compte, chiffres en main, jusqu'à quel point les jeunes Québécois francophones sont de grands consommateurs d'une culture qui s'exprime en anglais (radio, télévision, cassettes, journaux, micro-ordinateurs, etc.). À l'inverse, on a constaté combien les jeunes Québécois anglophones vivent culturellement en dehors des manifestations culturelles du Québec français. Le Conseil s'inquiète vivement de la signification et de la répercussion de cet état de fait sur l'avenir de la langue et de la culture françaises au Québec et en Amérique du Nord.

Dans le prolongement des études qu'il a faites, mais dans une nette perspective d'avenir, il se propose d'analyser davantage les effets possibles de ces habitudes culturelles, de même que les causes de l'attraction exercée par les biens culturels américains ou d'expression anglaise, et de rechercher les stratégies les plus aptes soit à rétablir un certain équilibre, soit à accroître la place du français dans la consommation des biens culturels, soit à donner aux produits culturels québécois un attrait plus marqué.

d) L'étude réalisée par le Conseil sur l'usage du français au travail démontre que les progrès du français sur le marché du travail et dans les communications entre travailleurs ont été peu significatifs au cours des dix dernières années, et que cela tient pour une bonne part aux attitudes et aux comportements linguistiques des travailleurs francophones eux-mêmes qui, tout en appuyant les objectifs de la loi 101, ne manifestent pas, en pratique, toute la détermination voulue. Cette lenteur, dans un domaine aussi vital que la langue de travail au Québec, inquiète le Conseil, qui se propose d'étudier les stratégies de changement et de sensibilisation qu'on pourrait proposer aux travailleurs afin de modifier leurs attitudes et leurs comportements linguistiques.

Voilà quelques-unes des questions qui préoccupent le Conseil de la langue française et qui ont déjà marqué le choix de ses priorités pour les prochaines années.

Mais comme le Québec a décidé de soutenir l'avenir du français et des francophones au moyen d'une politique et d'une législation linguistiques, c'est l'avenir même de celles-ci qui préoccupe aussi le Conseil.

Par ses recherches, ses consultations et ses sondages, le Conseil s'est rendu compte que la politique linguistique du Québec est souvent mal comprise à l'intérieur comme à l'extérieur, et que sa législation linguistique est mal connue et souvent mal perçue. Cette situation ne peut que nuire à l'avenir du français et des francophones.

Le Conseil a donc inscrit aussi dans ses priorités l'examen des moyens à prendre pour améliorer cette situation. Parmi ces moyens, on peut sans doute mentionner :

— la poursuite des objectifs de la Charte de la langue française dans un plus grand climat de justice et d'ouverture à l'égard des communautés culturelles du Québec ;

— la promotion du fait français par des mesures dynamiques, attrayantes et créatrices qui s'ajoutent aux mesures législatives et qui les dépassent.

Le Conseil de la langue française pourrait jouer un rôle actif à ce chapitre. D'abord, il pourrait mener à terme les études qu'il a entreprises sur les différentes législations linguistiques à travers le monde et tenir un colloque international où l'on pourrait clairement comparer ce que fait le Québec par rapport à d'autres pays. Ensuite, le Conseil pourrait, comme il l'a fait un peu jusqu'ici, mais en accentuant sa présence publique sur le plan national et international, au moyen de rencontres, de conférences et de documents, expliquer le bien-fondé de la politique québécoise de la langue française et faire clairement connaître le contenu et la souplesse de la Charte de la langue française. Ce serait là un excellent investissement, dont le Québec ne s'est pas suffisamment préoccupé jusqu'ici, et qui pourrait contribuer à enlever bien des obstacles sur la route d'avenir du français en Amérique.

Mais surtout, le Conseil de la langue française pourrait être un des principaux artisans d'une présence active du Québec au sein de la francophonie, si, de par une volonté politique sûre et soutenue, le Québec décidait vraiment de prendre toute la place qui lui revient dans la francophonie et d'en retirer du même coup les avantages qui en découlent.

Les racines profondes de notre nationalisme

conférence prononcée devant la Société nationale des
Québécois, Drummondville, mai 1984

Je voudrais d'abord partager la joie qu'éprouve votre mouvement et chacun de ses membres à célébrer aujourd'hui un anniversaire qui vous permet de renouer un peu avec le passé et de rendre hommage à ceux qui vous ont précédés et qui ont tant fait pour assurer la vie et le développement de notre langue et de notre société québécoise.

Je suis heureux d'être avec vous ce soir, et je vous remercie de m'avoir invité à me joindre à vous en ce grand jour. On m'a donné de toutes pièces un thème à développer qu'on a intitulé « Les racines profondes de notre nationalisme ». Bon ! J'avoue que ce n'est pas le titre que j'aurais choisi pour aller donner une conférence à Alliance-Québec, mais dans les circonstances il me convient tout à fait.

C'est en effet surtout dans les périodes de crise qu'il faut prendre le temps de s'arrêter pour faire le point, et replonger un peu vers ses racines profondes. Or, comme période de crise, nous sommes bien servis depuis quelques années. On ne parle que de crise et sur tous les plans : économique, politique, culturelle, religieuse, morale, éducative, familiale. Les enjeux sont de taille : consommation versus récession, indépendance versus fédéralisme, québécitude versus culture américaine, confessionnalité versus neutralité, laisser-faire moral et pédagogique versus éducation aux valeurs et enseignement structuré. De toutes parts, on est forcé de prendre position, à moins de se réfugier dans une indifférence peu coûteuse.

La crise est partout : elle nous questionne au plus profond de nous-mêmes, au coeur même de notre langue, de notre appartenance première, de notre sentiment national. Aux yeux de certains, notre projet de société lui-même a l'air de s'écrouler et nous serions en perte de vitesse sur tous les plans.

Je m'entretenais dernièrement avec une personne que j'estime et que je côtoie depuis plusieurs années. Cette personne est professeur d'université : elle habite le Québec depuis plus de 25 ans : elle n'est pas d'origine québécoise, elle n'est pas de formation chrétienne, elle n'est ni péquiste ni indépendantiste, et ses points de vue en matière de langue et de politique s'écartent souvent de ceux qui sont largement répandus chez les Québécois francophones. Eh bien ! cette personne s'inquiète actuellement de la baisse du nationalisme québécois. Elle a vécu avec une certaine stupéfaction la Révolution tranquille, et elle reste encore étonnée de la facilité avec laquelle les Québécois ont largué les amarres de la religion pour s'accrocher à l'État et au projet national. Elle craint maintenant que ce projet national (qu'elle-même pourtant ne partage pas) ne soit lui-même emporté par le vent et que le peuple québécois ne paie très cher son inconstance et son manque de volonté. Que nous resterait-il alors ? Le souvenir d'un rêve, la condamnation à l'individualisme forcé, une nation vidée de sa force et de son sens.

Ne voit-on pas déjà des signes de cette catastrophe possible dans l'incapacité de plusieurs Québécois de choisir la seule voie véritable, qui est la voie difficile de l'affirmation de soi ? « Choisir, disait Gide, c'est prendre, mais c'est aussi délaisser ». Combien de Québécois veulent tout prendre sans rien perdre ? Il leur faut tout, ou en tout cas un peu de tout : un peu de nationalisme, un peu de fédéralisme, un peu d'Ottawa, un peu de Québec, un peu de Floride, un peu de religion, un peu de neutralité, un peu de français, un peu d'anglais, etc. À quoi mène, je vous le demande, cet esprit de compromis et de maquillonnage de petit commerçant ? Par respect pour soi-même, et sans tomber dans l'intolérance, il faut un bon jour savoir ce qu'on veut comme peuple, sinon on est condamné à vivoter éternellement.

Je ne suis pas venu dicter à personne une ligne d'action. Je ne suis pas venu tenir un discours indépendantiste. Pas du tout! Je suis venu réfléchir avec vous sur les conditions et les attitudes susceptibles d'assurer notre avenir comme société française en Amérique. Et je dis que la première condition est notre détermination personnelle et collective, seule capable de nous aider à surmonter la période de crise, de doute et de flottement que nous traversons actuellement.

Cette détermination personnelle et collective trouvera sa force dans un triple enracinement: d'abord la terre que nous habitons (le Québec); ensuite dans notre culture, notre patrimoine; enfin, dans notre histoire; en un mot, dans notre langue, puisque la langue comprend et résume tout. Elle est en effet beaucoup plus qu'un simple moyen de communication: « Le langage qu'un homme parle est un monde dans lequel il vit et agit; il lui appartient plus profondément, plus essentiellement que la terre et les choses qu'il nomme son pays » (R. Guardini).

Reprenons quand même brièvement chacune de ces racines profondes qui nous identifient et nous expriment.

La terre ou le pays

Et d'abord la terre ou le pays. J'ai été un peu abasourdi l'autre jour par les propos que m'a tenus un chauffeur de taxi de la ville de Québec, un francophone « pure laine ». Passant devant un immense terrain inoccupé, il me dit: « Voyez-vous, Monsieur, ce terrain est vacant depuis des années, et il y en a plein comme ça. Il faudrait que les Américains prennent ça en main, je vous assure que ça changerait de poil: eux, ils savent exploiter les richesses, et ça donnerait plus de travail à la région ». « Oui, bien sûr, lui répondis-je; il faudrait seulement veiller à ne pas trop hypothéquer nos terres — et il faudrait aussi pouvoir travailler en français ». Ce à quoi il me répondit avec fierté: « Monsieur, j'ai un frère, moi, qui a fait sa 3e année, et qui a appris à parler anglais tout seul, et qui le parle couramment aujourd'hui : c'est quelque chose, ça, Monsieur ». Oui, il faut que notre sol produise au maximum, c'est certain — il faut cultiver, il faut bâtir, il faut ériger, il faut exploiter. J'ai déjà dit ailleurs que, puisque nous vivons en Amérique, ce serait un atout pour tous les Québécois de savoir parler anglais.

Mais quand il est question de notre territoire et de notre sol, de nos ressources naturelles, de notre travail quotidien et de l'exploitation de notre labeur, j'entends bien qu'on y regarde à deux fois et que notre identité culturelle et linguistique ne soit pas aliénée au nom d'un pseudo-progrès ou d'une exploitation à tout prix. Nous avons enfin eu le courage politique et collectif d'exiger que nos entreprises parlent français et fonctionnent en français. La propriété même des entreprises au Québec s'est assez largement francisée, comme le démontre une étude du Conseil de la langue française qui sera publiée prochainement.* La Charte de la langue française a affirmé le droit fondamental des Québécois de travailler en français, de communiquer en français, d'être informé et servi en français. L'affichage public commence à affirmer clairement à tous les étrangers qu'en entrant au Québec on pénètre en territoire francophone. Dans les restaurants et les commerces de Montréal on arrive beaucoup plus facilement qu'autrefois à se faire servir en français.

Une chose n'est pas encore acquise cependant, c'est la volonté, c'est la détermination même des individus, des travailleurs francophones, à exiger des autres qu'on leur parle en français, à exiger d'eux-mêmes de communiquer en français avec leurs patrons ou leurs compagnons de travail, puisque les études du Conseil de la langue française ont démontré que depuis dix ans les progrès de l'usage du français au travail n'ont pas été très sensibles. Ça, la loi ne peut pas le faire, c'est à chacun à y voir. Nous avons eu le courage politique et collectif. Il nous reste à démontrer, patiemment et longuement, que nous avons le courage quotidien et individuel. Et cela, des mouvements comme le vôtre peuvent aider grandement les tra-

---

* André RAYNAULD et François VAILLANCOURT, *L'appartenance des entreprises : le cas du Québec en 1978*, Conseil de la langue française, Québec, Dossiers nᵒ 19, 1984.

vailleurs francophones à se respecter eux-mêmes, à changer leur mentalité et leurs habitudes et à exiger du français en milieu de travail.

La culture, le patrimoine et l'histoire

Notre détermination, avons-nous dit, s'enracine aussi dans notre culture, dans notre patrimoine, et dans notre histoire. Je n'entreprendrai pas ici le fameux débat sur l'existence ou non d'une culture québécoise : pour moi, 300 ans d'histoire et d'institutions politiques et sociales, ajoutés à une production culturelle et littéraire originale et à des traditions qui nous font reconnaître, suffisent à donner la réponse. Que cette culture et ce patrimoine aient été fortement influencés à la fois par la France et par l'Amérique ne font qu'ajouter à son originalité. C'est même dans cette synthèse, à mon avis, que réside la meilleure chance de développement de notre culture. Ce que je crains justement, c'est qu'elle se dépouille un peu trop de ses racines françaises pour n'épouser que les modèles américains. Le fait par exemple que les jeunes du secondaire et du cégep donnent leur préférence à la télévision anglo-américaine dans une proportion, qui selon nos études, varie de 21% à 49%, me laisse assez perplexe sur l'avenir de notre langue et de notre culture, puisque pour moi l'une et l'autre sont indissociablement reliées.

« Il faut conserver l'esprit si l'on veut garder la langue ». Telle était la constatation et le thème du 2ᵉ Congrès de la langue française, à Québec, il y a un demi-siècle. Cet impératif reste toujours valable. Sauf qu'on ne peut pas compter sur la loi 101 pour le réaliser. La Charte de la langue française touche à quatre secteurs bien précis : l'administration publique, la langue des entreprises, la langue du commerce et des affaires, et l'accès à l'école anglaise. Elle ne touche en aucune façon le domaine de la culture, des communications et de la technologie. Elle ne touche en aucune façon non plus le domaine de l'éducation ou de l'enseignement.

Et pourtant, il me semble que les menaces qui pèseront sur l'avenir de notre langue et de notre société françaises, au cours des années qui viennent, affecteront bien plus les jeunes dans leurs comportements culturels et « technologiques » que dans d'autres secteurs. S'ils n'ont pas, eux non plus, la volonté, la détermination de vivre en français leur culture et leurs loisirs, à quoi ressemblera le Québec de demain ?

Ceci m'amène à parler un peu de la formation des jeunes dans les écoles. Le Conseil de la langue française met sur pied actuellement deux ateliers de réflexion avec des jeunes et des enseignants dans l'espoir d'arriver à proposer des mesures pour donner à la langue française, aussi bien dans les écoles multiethniques que dans les écoles françaises plus homogènes, une position plus forte et une plus grande valeur dans l'enseignement, dans la vie de l'école et dans l'effort de création des jeunes.

Un mouvement comme le vôtre peut collaborer efficacement à la réalisation de cet objectif par des activités de sensibilisation auprès des parents, des jeunes et des directions d'école. Voilà des choses que la loi 101 ne peut pas faire par elle-même : une grande partie de l'effort de sensibilisation doit venir des citoyens eux-mêmes et des groupes organisés dont la voix doit se faire entendre à nouveau.

Il faut en quelque sorte s'efforcer de mettre en place les conditions les plus favorables à une sorte de contagion de cette volonté collective et individuelle, de cette détermination dont nous avons parlé et qui s'enracine profondément dans notre pays, dans notre culture, notre patrimoine, notre histoire, en un mot dans notre langue.

Mais il faut appliquer à cette action un esprit qui corresponde à notre temps. Et c'est par là que je terminerai. En période de crise, je l'ai dit, il est bon de s'arrêter, de prendre un peu de recul et de regarder « notre maître le passé ». Mais cette pause n'est bonne que si elle inspire à nouveau notre action dans un esprit lui-même renouvelé. L'attitude nostalgique, immobiliste, passéiste ne sert à rien. Il faut se réengager, faire face aux nouveaux défis, comprendre que l'ancienne homogénéité n'existe plus, mais raviver ses convictions authentiques au milieu de notre société pluraliste.

Il y a plus d'un an, au lendemain du congrès « Langue et société au Québec » qu'avait organisé le Conseil de la langue française, la *Gazette* rendait compte de quelques interventions convaincues et parlait d'une nouvelle religion. J'accepte et je récuse ce mot tout à la fois. S'il veut dire conviction, croyance profonde, rattachement (du latin *religare*) à ses origines, fidélité à soi-même et à ses valeurs, je l'accepte car je crois que le contraire serait un manque de respect envers soi-même. Mais s'il veut dire vérité absolue, intolérance, rejet des autres, réductionnisme, alors je le récuse complètement.

L'avenir de notre langue et de notre société doit se bâtir à la fois dans le respect des autres et dans la force de la conviction individuelle et collective. Ce que j'ai dit tout à l'heure de l'éveil de la conscience linguistique dans les écoles n'est ni de la propagande politique, ni du conditionnement psychologique, ni de l'enrégimentation patriotique. C'est uniquement de l'éducation pure et simple, qui a trop failli à sa tâche jusqu'ici, car comment peut-on dire qu'un étudiant est formé et prêt à jouer son rôle de citoyen s'il ne sait même pas ce qui s'est passé au Québec sur le plan linguistique, politique et historique? Prêter des intentions aux enseignants qui voudraient jouer leur rôle, c'est vouloir une éducation aseptisée et hypocrite qui est tout le contraire de l'éducation.

J'ai entendu plusieurs personnes depuis un an dire qu'on parle trop de la langue au Québec. «Laissez la langue française tranquille! Arrêtez d'en parler! Elle ne s'en portera que mieux!» Cette attitude est fausse à deux points de vue. D'abord, les sondages du Conseil de la langue française montrent qu'une majorité de personnes croient que les questions de langue sont importantes et que les débats linguistiques ne sont pas du temps perdu. Ensuite, il faut être idéaliste, ou irréaliste si vous voulez, pour croire qu'il suffit de soustraire la langue française aux pressions et aux discours pour qu'aussitôt elle se mette à se développer spontanément. C'est bien le contraire qui se produirait, dans un monde où l'attention a besoin d'être fortement sollicitée pour développer un intérêt durable.

Je crois plutôt que nous commençons à avoir affaire à une nouvelle catégorie de «pudibonds» et «de discrets»: les «pudibonds de la langue», qui seraient peut-être aussi enclins à penser qu'on parle trop d'éducation, de santé, d'environnement... J'ai toujours cru qu'il fallait parler de ce qui nous tient à coeur, de ce qui améliore notre qualité de vie. Il ne faudrait pas me pousser beaucoup pour me faire croire que cette nouvelle « pudeur », cette nouvelle « discrétion excessive » en matière de langue traduit une nouvelle forme de colonialisme, au sens que décrit Jacques Thibau dans « La France colonisée » ... Je veux bien être internationaliste et « citoyen du monde », à la condition que ce ne soit pas une façon d'échapper à mes obligations d'ici. J'aime même la pudeur et la discrétion, mais non pas l'attitude invertébrée de celui qui ne sait pas être lui-même.

[...] Qu'on parle d'autonomie nationale ou d'autonomie individuelle, celle-ci ne peut être que le fruit de notre autonomie intérieure, de notre détermination quotidienne et patiente, individuelle et collective. Nous avons parlé de religion. Peut-être la croyance au rite magique est-elle restée en nous ... ? Nous nous sommes donné une loi 101, et peut-être croyons-nous qu'elle possède la grâce miraculeuse de convertir tout le monde et de tout changer. Non ! il nous faut, vous et moi, enseignants et travailleurs, parents et animateurs, citoyens d'aujourd'hui et jeunes citoyens de demain, réinventer patiemment et chaque jour les chemins de notre avenir. Cela demande autant d'effort et autant de joie que d'apprendre à écrire et apprendre à s'exprimer. Difficile cheminement pour les jeunes, habitués à l'instantané, au tout fait, au bouton de télévision, à la touche d'ordinateur. Comme dit Jacques Grand'Maison dans un magnifique article :

> Ce que voudrait peut-être la génération du « fast-food » : Un *big mac* en français tout mâché à l'avance ? Le *fast word* qui dit toute la vie, tout le problème, toute la solution comme un slogan de manifestation, comme un message publicitaire ? Non, non, non, vous ne m'aurez pas ! J'aime trop la vie, ma langue et ma culture, j'aime trop Vigneault, ma grand'mère et ma grammaire pour troquer cette lumière contre votre nuit. Ce serait vous rendre un mauvais service que de devenir votre complice.

> J'aime mieux creuser le puits patiemment plutôt que de miser sur le torrent d'une seule saison. Il n'y a pas d'avenir dans ce qui n'a pas pris la peine de mûrir.

L'attitude des jeunes face à la langue

communication faite aux étudiants du cégep Bois-de-
Boulogne lors du colloque sur « Le français, question
d'amour ou d'argent ? », Montréal, novembre 1984

La qualité ou l'intégrité de la langue

[. . .] On constate que la qualité de la langue écrite est en
perte de vitesse chez les étudiants. Par exemple, chez les élèves
du primaire, l'étude du professeur Roberge que le Conseil de la
langue française vient de publier montre qu'entre 1961 et 1982,
le nombre moyen de fautes d'orthographe est passé de 2 à 18
chez les garçons et de 0,8 à 14 chez les filles. Quant au français
parlé, en dépit d'une amélioration générale au cours des dernières années, il laisse encore beaucoup à désirer chez les
étudiants.

D'après Roberge, c'est chez les élèves eux-mêmes qu'il faut
chercher les causes de la détérioration de la qualité de la langue. Quelles sont donc les attitudes des étudiants face à la langue ? J'avance ici une hypothèse que je voudrais vérifier avec
vous.

Je pense qu'en général les étudiants ont une certaine perception spontanéiste de l'apprentissage de la langue maternelle. Ils
ne croient pas vraiment que la langue doit être apprise de façon
systématique. Pour les uns, sans doute, c'est la loi du moindre
effort qui joue ici comme ailleurs. Mais pour plusieurs, c'est

surtout l'idée que la langue, ça s'apprend comme ça : on n'a qu'à écouter et à faire comme les autres, et surtout pas mieux que les autres ! D'après nos enquêtes sur la « conscience linguistique » des jeunes, entre 5% et 10% seulement des étudiants du secondaire accordent la première place au français parmi les matières scolaires. Ce pourcentage est un peu plus élevé au niveau collégial et atteint presque 17% au Saguenay. Pourtant, quand on demande aux cégépiens de regarder en arrière et d'évaluer l'enseignement du français qui leur a été donné, ils se montrent assez sévères, et « leur principal motif d'insatisfaction réside dans le fait que les cours donnés ne les ont pas aidés à améliorer leur français ».

L'attitude des étudiants face à la langue ne traduit-elle pas une certaine « perception minimale » de la langue ? Dans certains domaines, on est riche et fier : on exige pour soi la meilleure qualité. Mais pour ce qui est de la langue, on n'est pas trop « regardant », on n'est pas très fier : c'est comme si on se contentait de l'auto la moins chère, sans les options, pourvu que ça roule ! . . . Pour bien des jeunes, la langue ne représente pas une valeur, un investissement. Entre 23% et 41% des étudiants du secondaire estiment que « vivre en français, pour eux, n'est pas nécessaire à leur épanouissement personnel ».

L'usage de la langue

Je ne crois pas me tromper en disant que non seulement la langue française, pour plusieurs étudiants, ne représente pas une valeur personnelle, mais elle ne représente pas non plus une valeur sociale. Dans les attitudes des jeunes, on dirait que l'anglais est encore plus important que le français au Québec. Je pense même que plusieurs d'entre eux ignorent la francisation qui s'est opérée dans les entreprises depuis dix ans et s'imaginent encore que tout se passe en anglais. Parmi les cégépiens qui ont répondu à nos enquêtes, entre 19% et 32% sont indifférents au fait de se faire servir en anglais dans les commerces, et plus de 41% préfèrent garder silence et tolérer la situation. Par ailleurs, on sait que la proportion du temps consacré à l'écoute de la télévision anglaise par les étudiants du secondaire et du cégep varie de 21% à 49% selon les régions.

Ces constatations ne vous inquiètent-elles pas un peu ? Quelles attitudes révèlent-elles chez les jeunes ? Pour ma part, j'ai tendance à penser que les étudiants sont passablement inconscients. Qu'on veuille apprendre l'anglais, très bien ! c'est nécessaire en Amérique du Nord. Mais qu'on ne tienne pas à parler français au Québec, là je ne comprends plus ! Être indifférent au fait de se faire aborder en français ou en anglais, c'est avoir un comportement léger et inconscient. C'est déjà en quelque sorte ouvrir la porte toute grande à l'anglais, car on n'a qu'à laisser faire pour que l'anglais occupe progressivement toute la place dans le commerce et les affaires. Ce manque d'exigences dans le comportement linguistique des jeunes dénote, à mon avis, une mauvaise connaissance de la situation linguistique du Québec en même temps qu'un faux sentiment de sécurité.

On devrait montrer, à l'intérieur de l'enseignement du français et aussi de l'histoire, comment un peuple peut perdre sa langue tout simplement par manque de vigilance et par glissement naturel, et comment il peut la maintenir et la développer à condition de le vouloir et de poser chaque jour les gestes qu'il faut pour éviter l'érosion [...].

On m'a demandé d'être bref. Voilà quelques idées que je vous lance en vrac. Sans doute êtes-vous prêts à réagir [...].

Lancement de la revue
Médecine-Sciences

allocution à l'occasion du lancement de la revue *Médecine-Sciences*, Montréal, mars 1985

En novembre 1981, le Conseil de la langue française tenait, à Montréal, un grand colloque international sur l'avenir du français dans les publications et les communications scientifiques et techniques. Nous ne savions pas, à ce moment-là, à quelle sorte de réaction finale nous amènerait la mise en présence de deux corps qu'on dit parfois étrangers l'un à l'autre, la science et la langue !... Mais nous étions déterminés à faire en sorte qu'il se passe quelque chose. Nous avions fait un pari. Et nous l'avons gagné.

J'entends encore le président Jaumotte, après avoir décrit la régression du français scientifique, insister sur « la création progressive d'un réseau de revues de langue française de haut niveau » et conclure qu'« il ne s'agit pas de gérer une retraite mais de regagner lentement du terrain, en tout cas de ne plus en perdre ». Et j'entends aussi le ministre Chevènement se questionner sur les résistances au changement et répondre : « Le fleuve du changement est comme le Saint-Laurent : c'est une force tranquille. Il finira bien par emporter les résistances. Cela coûtera cher ? Certes ! mais la construction d'une force de dissuasion a coûté incomparablement plus cher que ne coûtera, tout aussi vitale, une grande politique du français. »

Plus de 350 participants, en majorité des scientifiques, avaient participé à ce colloque, dont le grand organisateur avait été Gérard Lapointe, secrétaire du Conseil de la langue française. Les analyses et les constats avaient été précis, nombreux, accablants, sur la régression du français dans l'information scientifique occidentale. Les suggestions avaient été également fortes et convergentes. Il y a de cela trois ans et demi.

Le Saint-Laurent a continué de couler tranquillement. Ce soir, nous faisons la preuve que le français commence à regagner du terrain dans les communications scientifiques internationales. Certes, le salut du français scientifique n'est pas assuré pour autant. C'est un premier pas. Mais c'est un pas important.

Dans le prolongement du colloque de 1981, et avec l'idée bien arrêtée de mettre sur pied une première revue scientifique en français, un comité franco-québécois s'était donné pour tâche d'identifier les partenaires intéressés et de soutenir leur intérêt jusqu'à la constitution d'une Société de la revue.

J'ai l'honneur d'être ce soir le porte-parole des principaux fondateurs québécois, dont en particulier le ministère des Relations internationales, le ministère de la Science et de la Technologie et de l'Enseignement supérieur, le Fonds de recherche en santé du Québec, et le Conseil de la langue française.

C'est donc avec beaucoup de joie et de satisfaction que nous saluons la naissance de cette grande revue internationale *Médecine Sciences*, qui se propose d'engager, en français, un nouveau dialogue entre la recherche scientifique et la pratique médicale, en livrant à ses lecteurs, à travers le monde, des articles de synthèse et des notes de recherche. Et nous sommes particulièrement heureux de l'appui et de l'encouragement que nous apporte, par sa présence ce soir, le rédacteur en chef de la revue *Science*, monsieur Abelson. C'est un grand jour pour la science. C'est un grand jour pour la langue française.

C'est également un grand jour pour la coopération franco-québécoise, puisque le lancement de cette revue a été rendu possible grâce à l'entente qui a été conclue entre la France et le Québec au terme des mille et une démarches et discussions relatives à l'orientation et à l'organisation de la revue, comme aussi au soutien financier que lui apportent les fondateurs pour lui permettre de démarrer. Et nous sommes très heureux, par conséquent, de saluer ce soir nos homologues français en la personne du Consul général de France, Renaud Vignal, dont la présence et l'appui nous sont si précieux !

Je parlais à l'instant du Saint-Laurent tranquille qui finit par emporter toutes les résistances. Permettez-moi, en terminant, de rendre un hommage tout particulier à trois personnes qui ont, en quelque sorte, porté conjointement la revue depuis sa conception jusqu'à sa naissance, et que le groupe des fondateurs, ce soir, tient à saluer chaleureusement : Gérard Lapointe, secrétaire du Conseil de la langue française, André Bruneau, de la Direction des affaires françaises du ministère des Relations internationales, et le docteur Michel Bergeron, professeur et chercheur à l'Université de Montréal et maintenant rédacteur en chef de la revue. Nous ne serions pas là ce soir sans la détermination, la conviction et l'admirable entêtement de ces trois pionniers qui ont eu raison de toutes les difficultés, et qui ont démontré, comme le disait le ministre Jacques-Yvan Morin, à l'ouverture du colloque de 1981, que « les réalités sont souvent, au moins pour une bonne part, **ce qu'on choisit** de les faire ».

Mesdames, Messieurs, nous voudrions remercier tous les organismes français et québécois, toutes celles et tous ceux qui ont fait route avec nous, qui nous ont apporté leur appui, leur concours, leur adhésion, et nous souhaitons que cette revue scientifique internationale que nous lançons ce soir puisse illustrer de façon convaincante qu'il est possible de chercher, de créer et de communiquer en français, bref d'exprimer en français les réalités et les préoccupations humaines et scientifiques les plus contemporaines.